Über dieses Buch »Wenn einem ein Verlag schon die Chance offeriert, seine eigenen Lieblinge in einem einzigen Buch säuberlich gebündelt zu sehen: dann soll man sie immerhin annehmen; vom Spaß des Auswählens und Komponierens und Tüftelns mal zu schweigen«, befindet Eckhard Henscheid und stellt seine Auserwählten vor: Dichter, Literaten, freiwillige und unfreiwillige Komiker – »Realsatiriker« gewissermaßen. Der Verfasser der Roman-›Trilogie des laufenden Schwachsinns‹ und Mitherausgeber des Lexikons ›Dummdeutsch‹ kommentiert die ausgewählten Texte sachlich, launig, polemisch – je nachdem.

»Diesem oder jenem Leser wird vielleicht die Mixtum-Compositum-Anlage des Buchs nicht auf Anhieb einleuchten. Sie ist indes wohlbedacht. Vom ›Sich-Wiedererkennen‹ der ›Oberstimmen der Hoch- und Kunstpoesie‹ und des ›Basso continuo populärer Grundgesänge‹ im Poesie-Ganzen redete einmal Peter Rühmkorf. Die Grundidee, daß zumal in einer Anthologie Hohes nahbei den Niederen stehen darf: sie hat zumindest in Deutschland noch keine allzu selbstverständliche Tradition. Wunderlich eigentlich insofern, als das Hohe durch die Kontrastansicht des Niederen ja keineswegs verliert, sondern nur gewinnen kann ... Freilich, nicht allein der Kontrastreiz ist es. Nicht will ich verhehlen, daß mir im Zweifelsfall das möglichst Sumpfige kaum minder gefällt als das Sublimste.« (Eckhard Henscheid)

Der Herausgeber Eckhard Henscheid, geb. 1941 in Amberg, lebt heute dort und in Frankfurt am Main. Mitbegründer der satirischen Zeitschrift ›Titanic‹. *Buchveröffentlichungen:* Romantrilogie ›Die Vollidioten‹ (1973), ›Geht in Ordnung – sowieso – genau‹ (1977) und ›Die Mätresse des Bischofs‹ (1978); ›Verdi ist der Mozart Wagners‹ (1979) ›Ein scharmanter Bauer‹ (1980); ›Unser Goethe‹ (Ein Lesebuch, hrsg. mit F. W. Bernstein, 1982); ›Roßmann, Roßmann ...‹ (Drei Kafka-Geschichten, 1982); ›Wie Max Horkheimer einmal sogar Adorno hereinlegte‹ (Anekdoten über Fußball, Kritische Theorie, Hegel und Schach, 1983); ›Dolce Madonna Bionda‹ (Roman, 1983); ›Frau Killermann greift ein‹ (1985); ›Helmut Kohl – Biographie einer Jugend‹ (1985).
Im Fischer Taschenbuch Verlag erschienen außerdem: ›Beim Fressen beim Fernsehen fällt der Vater dem Kartoffel aus dem Maul‹ (Bd. 8130); Immanuel Kant/Eckhard Henscheid, ›Der Neger (Negerl)‹ (Bd. 8131); Henscheid u. a., ›Dummdeutsch. Ein satirisch-polemisches Wörterbuch‹ (Bd. 7583).

Eckhard Henscheid

Mein Lesebuch

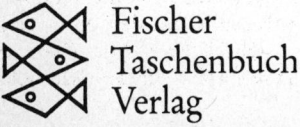

Fischer
Taschenbuch
Verlag

Unter dem Titel ›Mein Lesebuch‹ veröffentlicht der Fischer Taschenbuch Verlag Anthologien, in denen Schriftsteller von heute ganz subjektiv ausgewählte Texte der Weltliteratur vorstellen.

Bereits erschienen:

Alfred Andersch, Bd. 2033
Joachim E. Berendt, Bd. 5052
Horst Bienek, Bd. 5841
Heinrich Böll, Bd. 2077
Michael Ende, Bd. 5323
Hubert Fichte, Bd. 1769
Max von der Grün, Bd. 2235
Peter Härtling, Bd. 2198
Walter Kempowski, Bd. 2182
Pavel Kohout, Bd. 5350
Günter Kunert, Bd. 5760
Leonie Ossowski, Bd. 5227
Luise Rinser, Bd. 2207
Peter Rühmkorf, Bd. 5960
Günter Wallraff, Bd. 5794
Wolf Wondratschek, Bd. 5269

In Vorbereitung:

Robert Jungk

Lektorat: Inge Seelig

Originalausgabe
Veröffentlicht im Fischer Taschenbuch Verlag GmbH,
Frankfurt am Main, September 1986

Copyright für diese Textauswahl, für das Vorwort und
die Kommentare von Eckhard Henscheid:
© 1986 Fischer Taschenbuch Verlag GmbH, Frankfurt am Main
Umschlaggestaltung: Jan Buchholz/Reni Hinsch
Umschlagfoto: Isolde Ohlbaum
Gesamtherstellung: Clausen & Bosse, Leck
Printed in Germany
980-ISBN-3-596-25762-x

Inhalt

Mein Lesebuch

Es war vor gut zehn Jahren, da saßen ein Kollege und ich eines müßigen Nachmittags beieinander und erwogen, wie schön es doch wäre, gäbe uns ein Verlegerpotentat die Macht in die Hand, unsere jeweils »zehn schönsten Erzählungen der Weltliteratur« in einem Anthologieband veröffentlichen zu dürfen. Ich erinnere mich, daß der Kollege und ich zu den ungefähr nämlichen Ergebnissen kamen, als wir unsere schönsten zehn notierten; und ich erinnere mich vor allem meiner Favoriten genau:
Eichendorff: ›Taugenichts‹; Gottfried Keller: ›Romeo und Julia auf dem Dorfe‹ (wahlweise: ›Das verlorene Lachen‹); Tolstoi: ›Der Tod des Iwan Iljitsch‹; Tschechow: ›Eine langweilige Geschichte‹ (wahlweise: ›Die Dame mit dem Hündchen‹); Dostojewski: ›Eine peinliche Geschichte‹; Kafka: ›Der Heizer‹ (wahlweise: ›Der Bau‹); Flaubert: ›Ein schlichtes Herz‹; Svevo: ›Ein gelungener Scherz‹ (wahlweise: ›Vom guten alten Herrn und vom schönen Mädchen‹); Melville: ›Bartleby‹. Und als zehntes entweder Andersens ›Meerjungfrau‹ oder etwas von Nabokov oder von Arno Schmidt oder – heraus damit – von mir selber.
Die steinalte Anthologien-Idee: Mit dem vorliegenden Lesebuch, nämlich meinem, ist sie spät und immerhin partiell Fleisch geworden. Der Geschmack, scheint's, ändert sich nach dem 30. Lebensjahr nicht mehr sehr: Präsent sind in diesem Lesebuch, leider Gottes nur sehr auszugsweise, aber immerhin, die Erzählungen von Keller, Flaubert, Melville, Tolstoi, Tschechow und Kafka; von Eichendorff, Dostojewski, Svevo und Nabokov findet sich der alten Liste Verwandtes; und auf Andersen und Schmidt zum Beispiel habe ich nicht gern verzichtet.
Dafür hat es sonst noch eine ganze Menge Lieblingstexte in diesem Buch; und eben nicht nur Erzählprosa. Ich will weder metaphysieren noch sonstwie den großen Botschafter und

Theoretiker vorstellen; sondern denke, es waren zwei, drei Motive, die mich nach einigem Zögern dazu bestimmten, die Sammlung zusammenzustellen: Wenn einem, erstens, ein Verlag schon die Chance offeriert, seine eigenen Lieblinge in einem einzigen Buch säuberlich gebündelt zu sehen: dann soll man sie immerhin annehmen; vom Spaß des Auswählens und Komponierens und Tüftelns mal zu schweigen. Zweitens versteht sich das Lesebuch natürlich auch ein wenig als Anregung, als pädagogisch und als didaktisch sowieso. Wer soviel zusammengelesen hat wie unsereins, der soll auch wieder ab- und weitergeben dürfen. Ein paarmal verweise ich auf Autoren, die vielleicht noch zu wenig bekannt sind.

Nicht durchaus bin ich vor allem im ersten Teil meiner Textsammlung aus dem ausgeschert, was in den vergangenen Jahren meist etwas degoutierlich »bürgerlicher Bildungskanon« hieß. Zum einen, weil in diesem Kanon gewaltig viel Gutes steckt, das es heute eher erst wieder kennenzulernen beziehungsweise zu erwecken denn zu bekritteln gilt. Vor allem aber deshalb, weil mir persönlich große Teile dieses Kanons sehr wohl behagen und, das versteht sich aber fast von selbst, für meine eigenen literarischen Arbeiten überaus nützlich waren; was ihnen hiermit expressis verbis gedankt sei.

Werturteile, fast überflüssig, es zu erwähnen, sind mit meiner Auswahl nicht partout verbunden. Homer, Dante und Shakespeare sind meines Wissens schon bedeutender als Hermann Lingg, Theodor Kramer und vielleicht sogar F. W. Bernstein. Aber diese letzteren drei sind noch immer namentlich nicht ganz so bekannt und darum vorstellenswert. Von meinem persönlichen Vergnügen an deren Bevorzugung zu schweigen, das mir die Absenz von sagen wir George Eliots ›Silas Marner‹, Berthold Auerbach, Fontane, Schmidt, Niebelschütz und Peter Rühmkorf sowie vieler anderer erträglicher macht. Freilich, einiger Schmerz bleibt. Aber das ist die Elegie fast aller Herausgeber.

Eher ungeschmerzt habe ich auf die Aufnahme eigener Arbeiten verzichtet. In einem einzigen Ausnahmefall – siehe die Anmerkungen zum zweiten Karl Valentin-Text – ging es schlecht ganz ohne mich. Und ich bin nicht ganz unfroh darüber: Der fünf Jahre alte Valentin-Aufsatz scheint mir noch immer nicht übel und ist noch in keinem meiner Bücher enthalten.

Diesem oder jenem Leser wird vielleicht die Mixtum-Compositum-Anlage des Buchs nicht auf Anhieb einleuchten. Sie ist indes wohlbedacht. Vom »Sich-Wiedererkennen« der »Oberstimmen der Hoch- und Kunstpoesie« und des »Basso continuo populärer Grundgesänge« im Poesie-Ganzen redete einmal Peter Rühmkorf. Die Grundidee, daß zumal in einer Anthologie Hohes nahbei dem Niederen stehen darf: sie hat zumindest in Deutschland noch keine allzu selbstverständliche Tradition. Wunderlich eigentlich insofern, als das Hohe durch die Kontrastansicht des Niederen ja keineswegs verliert, sondern nur gewinnen kann. In genau diesem Sinne findet sich in diesem Buch unübersehbar kalkuliert neben Ewigkeitlichem herzlich Dumpfes und Kreuzflaches; neben Flaubert der Pfarrervers; oder, gleichsam umklammernd zwei weggetretene, ja verruchte Pressetexte, Eichendorff. Freilich, nicht allein der Kontrastreiz ist es. Nicht will ich verhehlen, daß mir im Zweifelsfall das möglichst Sumpfige kaum minder gefällt als das Sublimste. Ja, irgendwo wittere ich tatsächlich geheime Korrespondenzen zwischen sagen wir einem späten Hölderlin-Gedicht und den wunderlich-wahnsinnigen Kleintexten meines langjährigen Spezialfreunds und Weggefährten, des Lokalredakteurs Hassold aus dem bayerischen Weißenburg.

Anders gesagt: Einen eigenen Sektor des Buchs bilden, vorzüglich im letzten Drittel, zeitdokumentarische Texte; zumeist unfreiwillig, vielleicht auch schon wieder freiwillig und jedenfalls sehr freisinnig verhaute und verdummte Texte: Satire ihrer selbst und für sich selber sprechend – im Fachjargon sogenannte »Fertigsatire« von Barzel über Graeter bis zum genannten Hassold. Ähnlich wie bei zwei Sammelbänden eigener Texte, die ich 1980 bzw. 1985 zusammenstellte, dünkte mich die Aufnahme solcher Monster im Sinne des lehrhaften Lesebuchs wie auch im Sinne der Lesevergnüglichkeit sehr angezeigt. In den überwiegenden Fällen deshalb, weil »Zeitgeist« bis hin zum sternsplitternden Wahnsinn sich eben doch zuweilen am überzeugendsten im »Originalen«, »Authentischen« verrät, dessen Ausdrucksmächtigkeit machmal nicht von Satire und nicht von Literatur und schwerlich selbst von Botho Strauß eingeholt wird; nein, von dem schon gleich gar nicht. Viele solcher Texte scheinen mir jenseits und ungeachtet ihrer Fluchwürdigkeit in sich selber selig – mir aber ist umgekehrt als verantwortlichem Zeitgenossen daran gelegen, daß sie auf diese Weise einer immerhin winzigen Ewigkeit erhalten bleiben. Möge Gott selber sie einst nachlesen, wenn er, mit dem Hauptmann Lebjadkin aus Dostojewskis ›Dämonen‹-Roman zu reden, sich beim Jüngsten Gericht mal ordentlich über seine Schöpfung wundern möchte; und an sich selbst verzagen.

Vom bisherigen Usus der Fischer-Taschenbuch-Lesebuch-Reihe abweichend, habe ich mich von dem Gedanken leiten lassen, daß es, zumindest für meine Absichten, sinniger sein möchte, das Vorwort möglichst bündig zu halten und dafür die meisten der Texte mehr oder weniger umfangreich zu kommentieren. Je nach Notwendigkeit und Laune und zuweilen auch mit eher persönlichen Notizen. Das hat zur Folge bzw. kommt umgekehrt daher, daß große poetologische Grundsatzdeklarationen weithin fehlen; weil sie mir weniger liegen bzw. jedenfalls zur Zeit nicht sehr sinnreich vorkommen. So wie ich cum grano salis überhaupt zu wähnen glaube, daß deren große Zeit – zum Beispiel im ersten Nachkriegsjahrzehnt, dann nochmals im Gefolge der Studentenbewegung mit all ihren fundamental-programmatischen Positions- und »Stellenwert«-Bestimmungen – ziemlich vorbei ist; sofern derlei für die Literatur und für die auf Literatur angewiesenen Menschen denn tatsächlich je besonders nützlich gewesen sein sollte – man hat da immer wieder seine Zweifel. Reine Poesie hier – Engagement dort; Artistik hier – Verständigung und Kommunikation dort; Vergnügen hier – Aufklärung, Sozialisation und gar noch »Betroffenheit« dort: Wie die steinalt-ewigneuen, theoretisch und wissenschaftlich sicherlich nicht ganz unerheblichen, meist literaturpolitisch eingewuchteten Gegensatzpaare und Frontstellungen immer geheißen haben und künftig als altneuer Hut heißen mögen – zumindest für den Rahmen eines Lesebuchs halte ich ihre Erörterung nebst Confessio der eigenen Befindlichkeit auch für reichlich hypertroph; und meinem Begriff von Literatur wenig entgegenkommend. Vielmehr schwant mir, ohne daß ich irgend dabei in einem seichten und »permissiven« Pluralismus zu versacken gedächte, die Vision einer unio mystica starker, genialer oder doch origineller Texte in allen poetischen und poetologischen Revieren; um es ganz verkürzt zu sagen, und jedenfalls solange der Klassenkampf unsereinem nichts Gescheiteres einsichtig macht.

Und ein Blick ins Inhaltsverzeichnis bestätigt jedenfalls mir, daß erhebliche Texte allerorten zu finden sind: In der sogenannten engagierten Literatur und Journalistik ebenso wie unterm freilich löchrigen Panier sogenannter ewigkeitlicher Lyrik oder, beispielsweise, in der aktuellen Satire- und Unfugsproduktion. Um mich aber nicht vollends aus der Erklärungsverantwortung zu stehlen und ganz auf die Harmonie allseitiger Koexistenz herauszureden: Mir persönlich sind im Zweifelsfalle die unverantwortlichen »Artisten« zweifellos näher und lieber als jene meist sehr kunstfernen Lautstarken, deren erweckungswütendes oder aber betroffenheitssensibles Engagement nach Adorno noch allemal auf dusseliges Geblöke hinausläuft.

Wo ich denn wirklich meinte, poetologisch, wirkungsgeschichtlich usw. Einschneidendes sagen zu müssen – etwa zum offenbaren Dauermißverständnis der Dostojewski-Lektüre –, habe ich es an Ort und Stelle und gleichfalls möglichst knapp getan. Das schien mir im Sinne der Nähe zu den jeweiligen Texten nützlicher. Meine eher privaten Anmerkungen andererseits mag der eine Leser interessant, der andere ziemlich kokett finden. Der letztere übe Nachsicht und gedenke des Titels ›Mein Lesebuch‹.

Auffällig im Buch ist die nicht geringe Präsenz dessen, was neuerlich vermehrt in den Medien »Die neue Frankfurter (Komik-)Schule«, zuzeiten auch abschätzig »Die neue Heiterkeit«, heißt – welcher Schule, wenn ich es recht sehe, auch ich zugeschlagen werde. Schon deshalb ist diese starke Präsenz kein Zufall; sondern Absicht und hochverdient.

Zuletzt, auf plötzliches und dringliches Verlangen meines Herausgeber-Egos nun doch noch ein keusches Grundsatzerklärungswörtchen. Als »schädliche und überflüssige Sache« empfand zuweilen der Romancier Italo Svevo die Literatur. Vom Literaturbetrieb zu schweigen, der uns allen heute

auf die Nerven schlägt und allerdings auch nicht wenig er-
heitert.

»Literatur ist Liebe«, hielt Nabokov im Roman ›Verzweiflung‹ dagegen.

Sicherlich nicht nur, weißgott nicht; aber am Ende vielleicht
doch.

Eingang

Was reif in diesen Zeilen steht,
Was lächelnd winkt und sinnend fleht,
Das soll kein Kind betrüben;
Die Einfalt hat es ausgesät,
Die Schwermut hat hindurch geweht,
Die Sehnsucht hat's getrieben.
Und ist das Feld einst abgemäht,
Die Armut durch die Stoppeln geht,
Sucht Ähren, die geblieben;
Sucht Lieb', die für sie untergeht,
Sucht Lieb', die mit ihr aufersteht,
Sucht Lieb', die sie kann lieben.
Und hat sie einsam und verschmäht
Die Nacht durch, dankend in Gebet,
Die Körner ausgerieben,
Liest sie, als früh der Hahn gekräht,
Was Lieb' erhielt, was Leid verweht,
Ans Feldkreuz angeschrieben:
»O Stern und Blume, Geist und Kleid,
Lieb', Leid und Zeit und Ewigkeit!«

Das Fliegenpapier

Das Fliegenpapier Tangle-foot ist ungefähr sechsunddreißig Zentimeter lang und einundzwanzig Zentimeter breit; es ist mit einem gelben, vergifteten Leim bestrichen und kommt aus Kanada. Wenn sich eine Fliege darauf niederläßt – nicht besonders gierig, mehr aus Konvention, weil schon so viele andere da sind – klebt sie zuerst nur mit den äußersten, umgebogenen Gliedern aller ihrer Beinchen fest. Eine ganz leise, befremdliche Empfindung, wie wenn wir im Dunkel gingen und mit nackten Sohlen auf etwas träten, das noch nichts ist als ein weicher, warmer, unübersichtlicher Widerstand und schon etwas, in das allmählich das grauenhaft Menschliche hineinflutet, das Erkanntwerden als eine Hand, die da irgendwie liegt und uns mit fünf immer deutlicher werdenden Fingern festhält.

Dann stehen sie alle forciert aufrecht, wie Tabiker, die sich nichts anmerken lassen wollen, oder wie klapprige alte Militärs (und ein wenig o-beinig, wie wenn man auf einem scharfen Grat steht). Sie geben sich Haltung und sammeln Kraft und Überlegung. Nach wenigen Sekunden sind sie entschlossen und beginnen, was sie vermögen, zu schwirren und sich abzuheben. Sie führen diese wütende Handlung so lange durch, bis die Erschöpfung sie zum Einhalten zwingt. Es folgt eine Atempause und ein neuer Versuch. Aber die Intervalle werden immer länger. Sie stehen da, und ich fühle, wie ratlos sie sind. Von unten steigen verwirrende Dünste auf. Wie ein kleiner Hammer tastet ihre Zunge heraus. Ihr Kopf ist braun und haarig, wie aus einer Kokosnuß gemacht; wie menschenähnliche Negeridole. Sie biegen sich vor und zurück auf ihren festgeschlungenen Beinchen, beugen sich in den Knien und stemmen sich empor, wie Menschen es machen, die auf alle Weise versuchen, eine zu schwere Last zu bewegen; tragischer als Arbeiter es tun, wahrer im sportlichen Ausdruck der äußersten Anstrengung als Laokoon. Und dann kommt der immer gleich seltsame Augenblick, wo das Bedürfnis einer gegenwärtigen Sekunde über alle mächtigen Dauergefühle des Daseins siegt. Es ist der Augenblick, wo ein Kletterer wegen des Schmerzes in den Fingern freiwillig den Griff der Hand öffnet, wo ein Verirrter im Schnee sich hinlegt wie ein Kind, wo ein Verfolgter mit brennenden Flanken stehenbleibt. Sie halten sich nicht mehr mit aller Kraft ab von unten, sie sinken ein wenig ein und sind in diesem Augenblick ganz menschlich. Sofort werden sie an einer neuen Stelle gefaßt, höher oben am Bein oder hinten am Leib oder am Ende eines Flügels.

Wenn sie die seelische Erschöpfung überwunden haben und nach einer kleinen Weile den Kampf um ihr Leben wieder aufnehmen, sind sie bereits in einer ungünstigen Lage fixiert, und ihre Bewegungen werden unnatürlich. Dann liegen sie mit gestreckten Hinterbeinen auf den Ellbogen gestemmt und suchen sich zu heben. Oder sie sitzen auf der Erde, aufgebäumt, mit ausgestreckten Armen, wie Frauen, die vergeblich ihre Hände aus den Fäusten eines Mannes winden wollen. Oder sie liegen auf dem Buch, mit Kopf und Armen voraus, wie im Lauf gefallen, und halten nur noch das Gesicht hoch. Immer aber ist der Feind bloß passiv und gewinnt bloß von ihren verzweifelten, verwirrten Augenblicken. Ein Nichts, ein Es zieht sie hinein. So langsam, daß man dem kaum zu folgen vermag, und meist mit einer jähen Beschleunigung am Ende, wenn der letzte innere Zusammenbruch über sie kommt. Sie lassen sich dann plötzlich fallen, nach vorne aufs Gesicht, über die Beine weg; oder seitlich, alle Beine von sich gestreckt; oft auch auf die Seite, mit den Beinen rückwärts rudernd. So liegen sie da. Wie gestürzte Aeroplane, die mit einem Flügel in die Luft ragen. Oder wie krepierte Pferde. Oder mit unendlichen Gebärden der Verzweiflung. Oder wie Schläfer. Noch am nächsten Tag wacht manchmal eine auf, tastet eine Weile mit einem Bein oder schwirrt mit dem Flügel. Manchmal geht solch eine Bewegung über das ganze Feld, dann sinken sie alle noch ein wenig tiefer in ihren Tod. Und nur an der Seite des Leibs, in der Gegend des Beinansatzes, haben sie irgend ein ganz kleines, flimmerndes Organ, das lebt noch lange. Es geht auf und zu, man kann es ohne Vergrößerungsglas nicht bezeichnen, es sieht wie ein winziges Menschenauge aus, das sich unaufhörlich öffnet und schließt.

FRANZ KAFKA

Der Heizer

*Wie ich schon im Nachwort meiner Quasi-Fortschreibung ›Roß-
mann, Roßmann…‹ gestand, ist Kafkas Romanfragment ›Amerika‹,
genannt auch ›Der Verschollene‹, mein Lieblingsroman. Man sollte
diese albtraumtraurige und -komische Geschichte des jungen Karl
Roßmann im Leben mindestens fünfmal lesen: Das Buch hat eine
wunderbar »roßmanneske« Szene nach der anderen. Eine einzige
auszuwählen, ist deshalb ziemlich unbefriedigend. In meiner Ratlosigkeit habe ich mich einfach für den Anfang des Eingangskapitels
›Der Heizer‹ entschieden, das zu Kafkas Lebzeiten auch separat veröffentlicht wurde.*

Als der sechzehnjährige Karl Roßmann, der von seinen armen Eltern nach Amerika geschickt worden war, weil ihn ein
Dienstmädchen verführt und ein Kind von ihm bekommen
hatte, in dem schon langsam gewordenen Schiff in den Hafen
von New York einfuhr, erblickte er die schon längst beobachtete Statue der Freiheitsgöttin wie in einem plötzlich stärker
gewordenen Sonnenlicht. Ihr Arm mit dem Schwert ragte wie
neuerdings empor, und um ihre Gestalt wehten die freien
Lüfte.
›So hoch!‹ sagte er sich und wurde, wie er so gar nicht an das
Weggehen dachte, von der immer mehr anschwellenden
Menge der Gepäckträger, die an ihm vorüberzogen, allmählich bis an das Bordgeländer geschoben.
Ein junger Mann, mit dem er während der Fahrt flüchtig bekannt geworden war, sagte im Vorübergehen: »Ja, haben Sie
denn noch keine Lust, auszusteigen?« »Ich bin doch fertig«,
sagte Karl, ihn anlachend, und hob aus Übermut, und weil er
ein starker Junge war, seinen Koffer auf die Achsel. Aber wie
er über seinen Bekannten hinsah, der ein wenig seinen Stock
schwenkend sich schon mit den andern entfernte, merkte er
bestürzt, daß er seinen eigenen Regenschirm unten im Schiff
vergessen hatte. Er bat schnell den Bekannten, der nicht sehr

beglückt schien, um die Freundlichkeit, bei seinem Koffer einen Augenblick zu warten, überblickte noch die Situation, um sich bei der Rückkehr zurechtzufinden, und eilte davon. Unten fand er zu seinem Bedauern einen Gang, der seinen Weg sehr verkürzt hätte, zum erstenmal versperrt, was wahrscheinlich mit der Ausschiffung sämtlicher Passagiere zusammenhing, und mußte Treppen, die einander immer wieder folgten, durch fortwährend abbiegende Korridore, durch ein leeres Zimmer mit einem verlassenen Schreibtisch mühselig suchen, bis er sich tatsächlich, da er diesen Weg nur ein- oder zweimal und immer in größerer Gesellschaft gegangen war, ganz und gar verirrt hatte. In seiner Ratlosigkeit und da er keinen Menschen traf und nur immerfort über sich das Scharren der tausend Menschenfüße hörte und von der Ferne, wie einen Hauch, das letzte Arbeiten der schon eingestellten Maschinen merkte, fing er, ohne zu überlegen, an eine beliebige kleine Tür zu schlagen an, bei der er in seinem Herumirren stockte.

»Es ist ja offen«, rief es von innen, und Karl öffnete mit ehrlichem Aufatmen die Tür. »Warum schlagen Sie so verrückt auf die Tür?« fragte ein riesiger Mann, kaum daß er nach Karl hinsah. Durch irgendeine Oberlichtluke fiel ein trübes, oben im Schiff längst abgebrauchtes Licht in die klägliche Kabine, in welcher ein Bett, ein Schrank, ein Sessel und der Mann knapp nebeneinander, wie eingelagert, standen. »Ich habe mich verirrt«, sagte Karl, »ich habe es während der Fahrt gar nicht so bemerkt, aber es ist ein schrecklich großes Schiff.« »Ja, da haben Sie recht«, sagte der Mann mit einigem Stolz und hörte nicht auf, an dem Schloß eines kleinen Koffers zu hantieren, den er mit beiden Händen immer wieder zudrückte, um das Einschnappen des Riegels zu behorchen. »Aber kommen Sie doch herein!« sagte der Mann weiter, »Sie werden doch nicht draußen stehn!« »Störe ich nicht?« fragte Karl. »Ach, wie werden Sie denn stören!« »Sind Sie ein Deutscher?« suchte sich Karl noch zu versichern, da er viel von den Gefahren gehört hatte, welche besonders von Irländern den Neuankömmlingen in Amerika drohen. »Bin ich, bin ich«, sagte der Mann. Karl zögerte noch. Da faßte unversehens der Mann die Türklinke und schob mit der Türe, die er rasch schloß, Karl zu sich herein. »Ich kann es nicht leiden, wenn man mir vom Gang hereinschaut«, sagte der Mann, der wieder an seinem Koffer arbeitete, »da läuft jeder vorbei und schaut herein, das soll der Zehnte aushalten!« »Aber der Gang ist doch ganz leer«, sagte Karl, der unbehaglich an den Bettpfosten gequetscht dastand. »Ja, jetzt«, sagte der Mann. ›Es handelt sich doch um jetzt‹, dachte Karl, ›mit dem Mann ist schwer zu reden.‹ »Legen Sie sich doch aufs Bett, da haben Sie mehr Platz«, sagte der Mann. Karl kroch, so gut es ging, hinein und lachte dabei laut über den ersten vergeblichen Versuch, sich hinüberzuschwingen. Kaum war er aber im Bett, rief er: »Gotteswillen, ich habe ja ganz meinen Koffer vergessen!« »Wo ist er denn?« »Oben auf dem Deck, ein Bekannter gibt acht auf ihn. Wie heißt er nur?« Und er zog aus seiner Geheimtasche, die ihm seine Mutter für die Reise im Rockfutter angelegt hatte, eine Visitkarte. »Butterbaum, Franz Butterbaum.« »Haben Sie den Koffer sehr nötig?« »Natürlich.« »Ja, warum haben Sie ihn dann einem fremden Menschen gegeben?« »Ich hatte meinen Regenschirm unten vergessen und bin gelaufen, um ihn zu holen, wollte aber den Koffer nicht mitschleppen. Dann habe ich mich auch hier noch verirrt.« »Sie sind allein? Ohne Begleitung?« »Ja, allein.« ›Ich sollte mich vielleicht an diesen Mann halten‹, ging es Karl durch den Kopf, ›wo finde ich gleich einen besseren Freund.‹ »Und jetzt haben Sie auch noch den Koffer verloren. Vom Regenschirm rede ich gar nicht.« Und der Mann setzte sich auf den Sessel, als habe Karls Sache jetzt einiges Interesse für ihn gewonnen. »Ich glaube aber, der Koffer ist noch nicht verloren.« »Glauben macht selig«, sagte der Mann und kratzte sich kräftig in seinem dunklen, kurzen, dichten Haar, »auf dem Schiff wechseln mit den Hafenplätzen auch die Sitten. In Hamburg hätte Ihr Butterbaum den Koffer vielleicht bewacht, hier ist höchstwahrscheinlich von beiden keine Spur mehr.« »Da muß ich aber doch gleich hinaufschaun«, sagte Karl und sah sich um, wie er hinauskommen könnte. »Bleiben Sie nur«, sagte der Mann und stieß ihn mit einer Hand gegen die Brust, geradezu rauh, ins Bett zurück. »Warum denn?« fragte Karl ärgerlich. »Weil es keinen Sinn hat«, sagte der Mann, »in einem kleinen Weilchen gehe ich auch, dann gehen wir zusammen. Entweder ist der Koffer gestohlen, dann ist keine Hilfe, oder der Mann hat ihn stehengelassen, dann werden wir ihn, bis das Schiff ganz entleert ist, desto besser finden. Ebenso auch Ihren Regenschirm.« »Kennen Sie sich auf dem Schiff aus?« fragte Karl mißtrauisch, und es schien ihm, als hätte der sonst überzeugende Gedanke, daß auf dem leeren Schiff seine Sachen am besten zu finden sein würden, einen verborgenen Haken. »Ich bin doch Schiffsheizer«, sagte der Mann. »Sie sind Schiffsheizer!« rief Karl freudig, als überstiege das alle Erwartungen, und sah, den Ellbogen aufgestützt, den Mann näher an. »Gerade vor der Kammer, wo ich mit dem Slowaken geschlafen habe, war eine Luke angebracht, durch die man in den Maschinenraum sehen konnte.« »Ja, dort habe ich gearbeitet«, sagte der Heizer. »Ich habe mich immer so für Technik interessiert«, sagte Karl, der in einem bestimmten Gedankengang blieb, »und ich wäre sicher später Ingenieur geworden, wenn ich nicht nach Amerika hätte fahren müssen.« »Warum haben Sie denn fahren müssen?« »Ach was!« sagte Karl und warf die ganze Geschichte mit der Hand weg. Dabei sah er lächelnd den Heizer an, als bitte er ihn selbst für das Nichteingestandene um seine Nachsicht. »Es wird schon einen Grund haben«, sagte der Heizer, und man wußte nicht recht, ob er damit die Erzählung dieses Grundes fordern oder abwehren wollte. »Jetzt könnte ich auch Heizer werden«, sagte Karl, »meinen Eltern ist es jetzt ganz gleichgültig, was ich werde.« »Meine Stelle wird frei«, sagte der Heizer, gab im Vollbewußtsein dessen die Hände in die Hosentaschen und warf die Beine, die in faltigen, lederartigen, eisengrauen Hosen staken, aufs Bett hin, um sie zu strecken. Karl mußte mehr an die Wand rükken. »Sie verlassen das Schiff?« »Jawohl, wir marschieren heute ab.« »Warum denn? Gefällt es Ihnen nicht?« »Ja, das sind die Verhältnisse, es entscheidet nicht immer, ob es einem gefällt oder nicht. Übrigens haben Sie recht, es gefällt mir auch nicht. Sie denken wahrscheinlich nicht ernstlich daran, Heizer zu werden, aber gerade dann kann man es am leichtesten werden. Ich also rate Ihnen entschieden ab. Wenn Sie in Europa studieren wollten, warum wollen Sie es denn hier nicht? Die amerikanischen Universitäten sind ja unvergleichlich besser als die europäischen.« »Es ist ja möglich«, sagte Karl, »aber ich habe ja fast kein Geld zum Studieren. Ich habe zwar von irgend jemandem gelesen, der bei Tag in einem

Geschäft gearbeitet und in der Nacht studiert hat, bis er Doktor und ich glaube Bürgermeister wurde, aber dazu gehört doch eine große Ausdauer, nicht? Ich fürchte, die fehlt mir. Außerdem war ich kein besonders guter Schüler, der Abschied von der Schule ist mir wirklich nicht schwer geworden. Und die Schulen hier sind vielleicht noch strenger. Englisch kann ich fast gar nicht. Überhaupt ist man hier gegen Fremde so eingenommen, glaube ich.« »Haben Sie das auch schon erfahren? Na, dann ist's gut. Dann sind Sie mein Mann. Sehen Sie, wir sind doch auf einem deutschen Schiff, es gehört der Hamburg-Amerika-Linie, warum sind wir nicht lauter Deutsche hier? Warum ist der Obermaschinist ein Rumäne? Er heißt Schubal. Das ist doch nicht zu glauben. Und dieser Lumpenhund schindet uns Deutsche auf einem deutschen Schiff! Glauben Sie nicht« – ihm ging die Luft aus, er fackelte mit der Hand –, »daß ich klage, um zu klagen. Ich weiß, daß Sie keinen Einfluß haben und selbst ein armes Bürschchen sind. Aber es ist zu arg!« Und er schlug auf den Tisch mehrmals mit der Faust und ließ kein Auge von ihr, während er schlug. »Ich habe doch schon auf so vielen Schiffen gedient« – und er nannte zwanzig Namen hintereinander, als sei es ein Wort, Karl wurde ganz wirr – »und habe mich ausgezeichnet, bin belobt worden, war ein Arbeiter nach dem Geschmack meiner Kapitäne, sogar auf dem gleichen Handelssegler war ich einige Jahre« – er erhob sich, als sei das der Höchstpunkt seines Lebens – »und hier auf diesem Kasten, wo alles nach der Schnur eingerichtet ist, wo kein Witz gefordert wird, hier taug ich nichts, hier stehe ich dem Schubal immer im Wege, bin ein Faulpelz, verdiene hinausgeworfen zu werden und bekomme meinen Lohn aus Gnade. Verstehen Sie das? Ich nicht.« »Das dürfen Sie sich nicht gefallen lassen«, sagte Karl aufgeregt. Er hatte fast das Gefühl davon verloren, daß er auf dem unsicheren Boden eines Schiffes, an der Küste eines unbekannten Erdteils war, so heimisch war ihm hier auf dem Bett des Heizers zumute. »Waren Sie schon beim Kapitän? Haben Sie schon bei ihm Ihr Recht gesucht?« »Ach gehen Sie, gehen Sie lieber weg. Ich will Sie nicht hier haben. Sie hören nicht zu, was ich sage, und geben mir Ratschläge. Wie soll ich denn zum Kapitän gehen!«

Und müde setzte sich der Heizer wieder und legte das Gesicht in beide Hände.

›Einen besseren Rat kann ich ihm nicht geben‹, sagte sich Karl. Und er fand überhaupt, daß er lieber seinen Koffer hätte holen sollen, statt hier Ratschläge zu geben, die doch nur für dumm gehalten wurden. Als ihm der Vater den Koffer für immer übergeben hatte, hatte er im Scherz gefragt: »Wie lange wirst du ihn haben?« und jetzt war dieser treue Koffer vielleicht schon im Ernst verloren. Der einzige Trost war noch, daß der Vater von seiner jetzigen Lage kaum erfahren konnte, selbst wenn er nachforschen sollte. Nur daß er bis New York mitgekommen war, konnte die Schiffsgesellschaft gerade noch sagen. Leid tat es aber Karl, daß er die Sachen im Koffer noch kaum verwendet hatte, trotzdem er es beispielsweise längst nötig gehabt hätte, das Hemd zu wechseln. Da hatte er also am unrichtigen Ort gespart; jetzt, wo er es gerade am Beginn seiner Laufbahn nötig haben würde, rein gekleidet aufzutreten, würde er im schmutzigen Hemd erscheinen müssen. Sonst wäre der Verlust des Koffers nicht gar so arg gewesen, denn der Anzug, den er anhatte, war sogar besser als jener im Koffer, der eigentlich nur ein Notanzug war, den die Mutter noch knapp vor der Abreise hatte flicken müssen. Jetzt erinnerte er sich auch, daß im Koffer noch ein Stück Veroneser Salami war, die ihm die Mutter als Extragabe eingepackt hatte, von der er jedoch nur den kleinsten Teil hatte aufessen können, da er während der Fahrt ganz ohne Appetit gewesen war und die Suppe, die im Zwischendeck zur Verteilung kam, ihm reichlich genügt hatte. Jetzt hätte er aber die Wurst gern bei der Hand gehabt, um sie dem Heizer zu verehren. Denn solche Leute sind leicht gewonnen, wenn man ihnen irgendeine Kleinigkeit zusteckt, das wußte Karl von seinem Vater her, welcher durch Zigarrenverteilung alle die niedrigeren Angestellten gewann, mit denen er geschäftlich zu tun hatte. Jetzt besaß Karl an Verschenkbarem nur noch sein Geld, und das wollte er, wenn er schon vielleicht den Koffer verloren haben sollte, vorläufig nicht anrühren. Wieder kehrten seine Gedanken zum Koffer zurück, und er konnte jetzt wirklich nicht einsehen, warum er den Koffer während der Fahrt so aufmerksam bewacht hatte, daß ihm die Wache fast den Schlaf gekostet hatte, wenn er jetzt diesen gleichen Koffer so leicht sich hatte wegnehmen lassen. Er erinnerte sich an die fünf Nächte, während derer er einen kleinen Slowaken, der zwei Schlafstellen links von ihm gelegen war, unausgesetzt im Verdacht gehabt hatte, daß er es auf seinen Koffer abgesehen habe. Dieser Slowake hatte nur darauf gelauert, daß Karl endlich, von Schwäche befallen, für einen Augenblick einickte, damit er den Koffer mit einer langen Stange, mit der er immer während des Tages spielte oder übte, zu sich hinüberziehen könne. Bei Tage sah dieser Slowake unschuldig genug aus, aber kaum war die Nacht gekommen, erhob er sich von Zeit zu Zeit von seinem Lager und sah traurig zu Karls Koffer hinüber. Karl konnte dies ganz deutlich erkennen, denn immer hatte hie und da jemand mit der Unruhe des Auswanderers ein Lichtchen angezündet, trotzdem dies nach der Schiffsordnung verboten war, und versuchte, unverständliche Prospekte der Auswanderungsagenturen zu entziffern. War ein solches Licht in der Nähe, dann konnte Karl ein wenig eindämmern, war es aber in der Ferne oder war dunkel, dann mußte er die Augen offenhalten. Diese Anstrengung hatte ihn recht erschöpft, und nun war sie vielleicht ganz nutzlos gewesen. Dieser Butterbaum, wenn er ihn einmal irgendwo treffen sollte!

In diesem Augenblick ertönten draußen in weiter Ferne in die bisherige vollkommene Ruhe hinein kleine kurze Schläge, wie von Kinderfüßen, sie kamen näher mit verstärktem Klang, und nun war es ein ruhiger Marsch von Männern. Sie gingen offenbar, wie es in dem schmalen Gang natürlich war, in einer Reihe, man hörte Klirren wie von Waffen. Karl, der schon nahe daran gewesen war, sich im Bett zu einem von allen Sorgen um Koffer und Slowaken befreiten Schlafe auszustrecken, schreckte auf und stieß den Heizer an, um ihn endlich aufmerksam zu machen, denn der Zug schien mit seiner Spitze die Tür gerade erreicht zu haben. »Das ist die Schiffskapelle«, sagte der Heizer, »die haben oben gespielt und gehen jetzt einpacken. Jetzt ist alles fertig und wir können gehen. Kommen Sie!« Er faßte Karl bei der Hand, nahm noch im letzten Augenblick ein eingerahmtes Muttergottesbild von der Wand über dem Bett, stopfte es in seine Brusttasche, ergriff seinen Koffer und verließ mit Karl eilig die Kabine.

»Jetzt gehe ich ins Büro und werde den Herren meine Meinung sagen. Es ist kein Passagier mehr da, man muß keine Rücksicht nehmen.« Dieses wiederholte der Heizer verschiedenartig und wollte im Gehen mit Seitwärtsstoßen des Fußes eine den Weg kreuzende Ratte niedertreten, stieß sie aber bloß schneller in das Loch hinein, das sie noch rechtzeitig erreicht hatte. Er war überhaupt langsam in seinen Bewegungen, denn wenn er auch lange Beine hatte, so waren sie doch zu schwer.

Sie kamen durch eine Abteilung der Küche, wo einige Mädchen in schmutzigen Schürzen – sie begossen sie absichtlich – Geschirr in großen Bottichen reinigten. Der Heizer rief eine gewisse Line zu sich, legte den Arm um ihre Hüfte und führte sie, die sich immerzu kokett gegen seinen Arm drückte, ein Stückchen mit. »Es gibt jetzt Auszahlung, willst du mitkommen?« fragte er. »Warum soll ich mich bemühn, bring mir das Geld lieber her«, antwortete sie, schlüpfte unter seinem Arm durch und lief davon. »Wo hast du denn den schönen Knaben aufgegabelt?« rief sie noch, wollte aber keine Antwort mehr. Man hörte das Lachen aller Mädchen, die ihre Arbeit unterbrochen hatten.

Sie aber gingen weiter und kamen an eine Tür, die oben einen kleinen Vorgiebel hatte, der von kleinen, vergoldeten Karyatiden getragen war. Für eine Schiffseinrichtung sah das recht verschwenderisch aus. Karl war, wie er merkte, niemals in diese Gegend gekommen, die wahrscheinlich während der Fahrt den Passagieren der ersten und zweiten Klasse vorbehalten gewesen war, während man jetzt vor der großen Schiffsreinigung die Trennungstüren ausgehoben hatte. Sie waren auch tatsächlich schon einigen Männern begegnet, die Besen an der Schulter trugen und den Heizer gegrüßt hatten. Karl staunte über den großen Betrieb, in seinem Zwischendeck hatte er davon freilich wenig erfahren. Längs der Gänge zogen sich auch Drähte elektrischer Leitungen, und eine kleine Glocke hörte man immerfort.

Der Heizer klopfte respektvoll an der Türe an und forderte, als man »Herein!« rief, Karl mit einer Handbewegung auf, ohne Furcht einzutreten. Dieser trat auch ein, aber blieb an der Tür stehen. Vor den drei Fenstern des Zimmers sah er die Wellen des Meeres, und bei Betrachtung ihrer fröhlichen Bewegung schlug ihm das Herz, als hätte er nicht fünf lange

Tage das Meer ununterbrochen gesehen. Große Schiffe kreuzten gegenseitig ihre Wege und gaben dem Wellengang nur so weit nach, als es ihre Schwere erlaubte. Wenn man die Augen klein machte, schienen diese Schiffe vor lauter Schwere zu schwanken. Auf ihren Masten trugen sie schmale, aber lange Flaggen, die zwar durch die Fahrt gestrafft wurden, trotzdem aber noch hin und her zappelten. Wahrscheinlich von Kriegsschiffen her erklangen Salutschüsse, die Kanonenrohre eines solchen nicht allzuweit vorüberfahrenden Schiffes, strahlend mit dem Reflex ihres Stahlmantels, waren wie gehätschelt von der sicheren, glatten und doch nicht waagrechten Fahrt. Die kleinen Schiffchen und Boote konnte man, wenigstens von der Tür aus, nur in der Ferne beobachten, wie sie in Mengen in die Öffnungen zwischen den großen Schiffen einliefen. Hinter alledem aber stand New York und sah Karl mit hunderttausend Fenstern seiner Wolkenkratzer an. Ja, in diesem Zimmer wußte man, wo man war.

An einem runden Tisch saßen drei Herren, der eine ein Schiffsoffizier in blauer Schiffsuniform, die zwei anderen, Beamte der Hafenbehörde, in schwarzen amerikanischen Uniformen. Auf dem Tisch lagen, hochaufgeschichtet, verschiedene Dokumente, welche der Offizier zuerst mit der Feder in der Hand überflog, um sie dann den beiden anderen zu reichen, die bald lasen, bald exzerpierten, bald in ihre Aktentaschen einlegten, wenn nicht gerade der eine, der fast ununterbrochen ein kleines Geräusch mit den Zähnen vollführte, seinem Kollegen etwas in ein Protokoll diktierte.

Am Fenster saß an einem Schreibtisch, den Rücken der Tür zugewendet, ein kleinerer Herr, der mit großen Folianten hantierte, die auf einem starken Bücherbrett in Kopfhöhe vor ihm aneinandergereiht waren. Neben ihm stand eine offene, wenigstens auf den ersten Blick leere Kassa.

Das zweite Fenster war leer und gab den besten Ausblick. In der Nähe des dritten aber standen zwei Herren in halblautem Gespräch. Der eine lehnte neben dem Fenster, trug auch die Schiffsuniform und spielte mit dem Griff des Degens. Derjenige, mit dem er sprach, war dem Fenster zugewendet und enthüllte hie und da durch eine Bewegung einen Teil der Ordensreihe auf der Brust des andern. Er war in Zivil und hatte ein dünnes Bambusstöckchen, das, da er beide Hände an den Hüften festhielt, auch wie ein Degen abstand.

Karl hatte nicht viel Zeit, alles anzusehen, denn bald trat ein Diener auf sie zu und fragte den Heizer mit einem Blick, als gehöre er nicht hierher, was er denn wolle. Der Heizer antwortete, so leise als er gefragt wurde, er wolle mit dem Herrn Oberkassier reden. Der Diener lehnte für seinen Teil mit einer Handbewegung diese Bitte ab, ging aber dennoch auf den Fußspitzen, dem runden Tisch in großem Bogen ausweichend, zu dem Herrn mit den Folianten. Dieser Herr – das sah man deutlich – erstarrte geradezu unter den Worten des Dieners, kehrte sich aber endlich nach dem Manne um, der ihn zu sprechen wünschte, und fuchtelte dann, streng abwehrend, gegen den Heizer und der Sicherheit halber auch gegen den Diener hin. Der Diener kehrte darauf zum Heizer zurück und sagte in einem Tone, als vertraue er ihm etwas an: »Scheren Sie sich sofort aus dem Zimmer!«

Der Heizer sah nach dieser Antwort zu Karl hinunter, als sei dieser sein Herz, dem er stumm seinen Jammer klage. Ohne weitere Besinnung machte sich Karl los, lief quer durchs Zimmer, daß er sogar leicht an den Sessel des Offiziers streifte, der Diener lief gebeugt mit zum Umfangen bereiten Armen, als jage er ein Ungeziefer, aber Karl war der erste beim Tisch des Oberkassiers, wo er sich festhielt, für den Fall, daß der Diener versuchen sollte, ihn fortzuziehen.

Natürlich wurde gleich das Zimmer lebendig. Der Schiffsoffizier am Tisch war aufgesprungen, die Herren von der Hafenbehörde sahen ruhig, aber aufmerksam zu, die beiden Herren am Fenster waren nebeneinandergetreten, der Diener, welcher glaubte, er sei dort, wo schon die hohen Herren Interesse zeigten, nicht mehr am Platze, trat zurück. Der Heizer an der Türe wartete gespannt auf den Augenblick, bis seine Hilfe nötig würde. Der Oberkassier endlich machte in seinem Lehnsessel eine große Rechtswendung.

[...]

HERMAN MELVILLE

Bartleby

Obwohl alles andere als vollkommen, gehört Melvilles Erzählung
›Bartleby‹ doch zu den ganz großen, bewegenden, rührenden.
Kommt's daher, daß sich in der geheimnisvollen Person des Kanzlei-
schreibers Bartleby erstmals und lang vor Walser, Kafka und Svevo
die Unmenschlichkeit des Angestelltenlebens inkarniert? Ist Bartleby
ein frühes Manifest dessen, was fast hundert Jahre später Herbert
Marcuse als große Verweigerung postulierte? Mag man ihn als das
beckett-bennsche bleibend Stille bewahrende, sich umgrenzende
Ich?

[...]
Nun nahm meine Berufstätigkeit – die eines Notars, eines
Jägers nach Besitztiteln und Verfassers geheimnisvoller Dokumente jeder Art – mit der Übernahme des Beisitzeramtes
beträchtlich zu. Jetzt gab es für die Schreiber viel zu tun. Ich
mußte nicht nur die Angestellten, die ich bereits hatte, zur
Arbeit antreiben, sondern brauchte zusätzliche Hilfe.
Auf meine Zeitungsanzeige hin stand eines Morgens ein junger Mann unbeweglich auf meiner Schwelle, denn da Sommer
war, stand die Tür offen. Ich sehe die Gestalt noch vor mir –
bläßlich, sauber, erbarmungswürdig achtbar, unrettbar hilf-
los! Es war Bartleby.
Nach ein paar Worten über seine Eignung stellte ich ihn an,
froh, in der Schar meiner Kopisten einen Mann von so ein-
zigartig gesetztem Äußeren zu haben, der, wie ich glaubte,
einen wohltuenden Einfluß auf das flüchtige Temperament
des Truthahns und auf das heftige der Kneifzange ausüben
werde.
Ich hätte schon vorher erwähnen sollen, daß meine Räumlichkeiten durch Mattglasflügeltüren in zwei Teile getrennt
wurden, von denen einen meine Schreiber und den anderen
ich benutzte. Je nach meiner Laune öffnete ich sie oder ließ sie
zu. Ich entschloß mich, Bartleby einen Platz neben dieser

Tür, aber auf meiner Seite, zu geben, so daß ich diesen stillen Menschen in bequemer Reichweite hatte für den Fall, daß irgendeine Kleinigkeit zu erledigen wäre. Ich stellte sein Pult dicht an ein kleines Seitenfenster in diesem Teil des Zimmers, ein Fenster, das ursprünglich einen Ausblick auf einige schmutzige Hinterhöfe und Backsteinmauern bot, aber nun nach der Errichtung weiterer Bauten überhaupt keine Aussicht mehr gewährte, wenn es auch etwas Licht hereinließ. Drei Fuß weit von den Fensterscheiben entfernt befand sich eine Wand, und das Licht fiel weit von oben zwischen zwei hohen Gebäuden wie aus einer kleinen Öffnung in einer hohen Kuppel herab. Als weitere angenehme Einrichtung beschaffte ich einen hohen grünen Wandschirm, der Bartleby meinen Blicken völlig entrückte, ohne ihn dem Bereich meiner Stimme zu entziehen. So waren gewissermaßen Privatleben und Gemeinschaft miteinander in Einklang gebracht.

Anfangs erledigte Bartleby eine ungeheure Menge von Schreibarbeit. Als ob er seit langem danach hungerte, etwas zu kopieren, schien er sich mit meinen Dokumenten vollzupfropfen. Eine Verdauungspause gab es nicht. Er machte Tag- und Nachtschicht, kopierte bei Sonnenschein und bei Kerzenlicht. Sein Fleiß hätte mir gefallen können, wäre er mit mehr Freude eifrig gewesen. Aber still, bleich und mechanisch schrieb er vor sich hin.

Natürlich besteht ein unentbehrlicher Teil der Arbeit eines Schreibers darin, die Genauigkeit seiner Abschrift Wort für Wort nachzuprüfen. Befinden sich in einem Büro zwei oder mehr Schreiber, so helfen sie sich gegenseitig bei der Nachprüfung, wobei der eine die Abschrift liest und der andere das Original in der Hand hat. Das ist eine sehr stumpfsinnige und ermüdende Tätigkeit. Ich kann mir vorstellen, daß sie einem lebhaften Temperament unerträglich ist. So vermag ich nicht zu glauben, daß der feurige Dichter Byron sich in aller Ruhe mit Bartleby zusammen hingesetzt hätte, um fünfhundert in einer kleinen Handschrift eng beschriebene Seiten eines juristischen Aktenstücks zu vergleichen.

Dann und wann war es in der Eile der Geschäfte meine Gewohnheit gewesen, bei der Vergleichung irgendeines kurzen Schriftstückes helfend einzugreifen und den Truthahn oder die Kneifzange zu mir zu rufen. Als ich Bartleby so bequem zu mir hinter den Wandschirm setzte, verfolgte ich damit die Absicht, mich bei solchen alltäglichen Anlässen seiner Dienste zu bedienen. Es war, wie ich glaube, am dritten Tage seiner Anwesenheit bei mir und ehe sich eine Notwendigkeit ergeben hatte, seine eigenen Schreibarbeiten nachzuprüfen. Ich wollte eine kleine Angelegenheit, die ich gerade zur Hand hatte, schnell erledigen, und so rief ich kurzerhand nach Bartleby. In meiner Eile und der natürlichen Erwartung, unmittelbare Willfährigkeit zu finden, saß ich, den Kopf über den Originaltext auf meinem Schreibtisch gebeugt und die Rechte mit der Abschrift etwas nervös zur Seite gestreckt, so daß Bartleby sie, wenn er aus seinem Versteck auftauchte, sofort ergreifen und ohne den geringsten Aufenthalt an die Arbeit gehen konnte.

In dieser Haltung saß ich also da, als ich nach ihm rief, und setzte ihm in aller Eile auseinander, was ich von ihm wollte, nämlich ein kurzes Schriftstück mit ihm vergleichen. Man vergegenwärtige sich meine Überraschung, ja meine Bestürzung, als Bartleby, ohne sich aus seiner Ecke herauszubewegen, in einem seltsam sanften bestimmten Ton erwiderte: »Ich würde vorziehen, es nicht zu tun.«

Eine Weile saß ich in tiefem Schweigen da, um meine verblüfften Gedanken wieder zu sammeln. Dann sagte ich mir, meine Ohren müßten mich wohl getäuscht oder Bartleby meine Absicht völlig mißverstanden haben. Ich wiederholte meine Bitte im deutlichsten Ton, der mir möglich war, aber in einem ebenso deutlichen erhielt ich die vorherige Antwort: »Ich würde vorziehen, es nicht zu tun.«

»Vorziehen, es nicht zu tun!« echote ich und sprang in höchster Erregung auf, um den Raum mit einem Satz zu durchqueren. »Was wollen Sie damit sagen? Sind Sie nicht ganz bei Trost? Ich wünsche, daß Sie mir helfen, dieses Blatt zu vergleichen – nehmen Sie es.« Und damit reichte ich es ihm hin.

»Ich würde vorziehen, es nicht zu tun«, wiederholte er.

Ich blickte ihn scharf an. Sein Gesicht war schmal und gefaßt, seine grauen Augen matt und gelassen. Keine Spur von Bewegung regte sich in ihm. Hätte sein Benehmen auch nur die geringste Unsicherheit, Empörung, Ungeduld oder Unverschämtheit gezeigt, mit anderen Worten, wäre etwas gewöhnlich Menschliches darin gewesen, zweifellos hätte ich ihn kurzerhand vor die Tür gesetzt. Aber so wie die Dinge lagen, hätte ich ebenso meine Cicero-Stuckbüste hinauswerfen können. Einen Augenblick lang stand ich da und blickte ihn an, während er seine eigenen Schreibarbeiten fortführte, und dann setzte ich mich wieder an mein Pult. Das ist sehr seltsam, sagte ich mir. Was war da am besten zu tun? Aber mein Geschäft eilte. Ich entschloß mich, fürs erste die Sache zu vergessen und sie für einen späteren ruhigeren Augenblick aufzubewahren. So rief ich die Kneifzange aus dem anderen Zimmer, und bald war das Schriftstück durchgesehen.

Einige Tage später beendete Bartleby die Abschrift von vier umfangreichen Dokumenten, die vierfache Kopie einer sich über eine ganze Woche hinziehenden Aussage eines Zeugen, der vor meinem Hohen Kanzleigerichtshof vernommen worden war. Es ergab sich die Notwendigkeit, sie nachzuprüfen. Es handelte sich um einen wichtigen Rechtsstreit, und größte Genauigkeit war geboten. Nachdem alles geordnet war, rief ich den Truthahn, die Kneifzange und die Pfeffernuß aus dem Nebenzimmer, um meinen vier Angestellten die vier Abschriften in die Hand zu geben, während ich das Original vorlas. So hatten sich der Truthahn, die Kneifzange und die Pfeffernuß, jeder sein Schriftstück in der Hand, in einer Reihe hingesetzt, als ich Bartleby rief, seinen Platz in dieser wichtigen Gruppe einzunehmen.

»Bartleby, schnell, ich warte!«

Ich hörte das leise Scharren seiner Stuhlbeine auf dem kahlen Fußboden, und dann erschien er am Eingang seiner Klause.

»Was wünschen Sie?« fragte er sanft.

»Die Abschriften, die Abschriften«, sagte ich eilig. »Wir wollen Sie vergleichen. Hier –« und ich hielt ihm die vierte Kopie hin.

»Ich würde vorziehen, es nicht zu tun«, sagte er und verschwand hinter seinem Wandschirm.

Einen Augenblick lang stand ich zur Salzsäure erstarrt vor der Schar meiner sitzenden Angestellten. Dann faßte ich mich wieder, und indem ich auf den Wandschirm zutrat, erkundigte ich mich nach dem Grund eines solchen ungewöhnlichen Benehmens.

»Warum weigern Sie sich?«

»Ich würde vorziehen, es nicht zu tun.«

Bei jedem anderen wäre ich sofort in eine fürchterliche Erregung geraten, hätte auf jedes weitere Wort verzichtet und ihn mit Schimpf und Schande weggejagt. Aber an Bartleby war etwas, was mich nicht nur auf seltsame Weise entwaffnete, sondern mich auch wunderlich berührte und verwirrte. Ich begann auf ihn einzureden.

»Das sind Ihre Abschriften, die wir nachprüfen wollen. Das erspart Ihnen Arbeit, denn eine Durchsicht genügt für alle Ihre vier Kopien. Das ist so üblich. Jeder Kopist ist verpflichtet, bei der Nachprüfung seiner Abschriften zu helfen. Stimmt das etwa nicht? Wollen Sie nicht sprechen? Antworten Sie.«

»Ich würde vorziehen, es nicht zu tun«, erwiderte er in einem flötensanften Ton. Wie mir schien, hatte er, während ich mit ihm sprach, jedes meiner Worte sorgfältig überlegt, hatte ihren Sinn vollkommen verstanden und vermochte den zwingenden Schluß nicht anzufechten. Gleichzeitig war er aber durch eine schwerwiegende Überlegung veranlaßt, mir so zu antworten.

»Sie haben sich also vorgenommen, meinem Wunsch nicht zu entsprechen – einem Wunsch, der im Sinne der allgemeinen Gepflogenheiten und des gesunden Menschenverstandes geäußert wurde.«

Er gab mir kurz zu verstehen, daß in diesem Punkt mein Urteil richtig sei. Ja, seine Entscheidung sei unumstößlich.

Es ist nicht selten der Fall, daß ein Mensch, den man auf eine noch nicht dagewesen und kraß unvernünftige Weise vor den Kopf gestoßen hat an seinem eigenen einfachsten Glauben irre wird. So seltsam es auch klingen mag, er beginnt doch sozusagen zu unterstellen, alles Recht und alle Vernunft seien auf der Gegenseite. So wird er sich, wenn Unbeteiligte anwesend sind, an diese wenden, um eine Stärkung seiner eigenen schwankenden Meinung zu finden.

»Truthahn«, begann ich, »was halten Sie davon? Bin ich nicht im Recht?«

»Mit Verlaub, Sir«, erwiderte dieser in seinem sanftesten Ton, »ich glaube doch.«

»Kneifzange«, fuhr ich fort, »was halten *Sie* davon?«

»Ich würde ihn hinausschmeißen, meine ich.«

Hier wird der Leser, wenn er genau Obacht gibt, feststellen, daß Vormittag war und des Truthahns Entgegnung in höflichem und ruhigem Ton vorgebracht wurde, während die Kneifzange schlechtgelaunt antwortete, oder, um einen früheren Vergleich zu wiederholen, die üble Laune der Kneifzange war im Dienst und die des Truthahns hatte Urlaub.

»Pfeffernuß«, sagte ich, denn ich wollte auch die geringste Stimme zu meinen Gunsten notieren, »was hältst du davon?«

»Ich glaube, der ist ein bißchen bekloppt, Sir«, erwiderte dieser grinsend.

»Sie hören, was sie sagen«, wandte ich mich dem Wandschirm zu. »Kommen Sie heraus und tun Sie Ihre Pflicht.«

Aber er geruhte nicht zu antworten. Einen Augenblick lang dachte ich schmerzlich verwirrt nach. Doch das Geschäft drängte aufs neue zur Eile. So entschloß ich mich wieder, die Erwägungen über diese Schwierigkeiten für einen späteren, ruhigeren Zeitpunkt aufzuschieben. Mit einigen Schwierigkeiten gelang es uns, die Schriftstücke ohne Bartlebys Hilfe durchzuprüfen, obgleich der Truthahn nach einigen Seiten immer wieder in aller Bescheidenheit seine Ansicht kundtat, dieses Verfahren entspreche in keiner Weise den Gepflogenheiten, während die Kneifzange mit der Nervosität eines Magenkranken auf ihrem Stuhl herumrückte und hin und wieder zwischen den zusammengepreßten Zähnen zischende Verwünschungen gegen den eigensinnigen Tölpel hinter dem Wandschirm hervorstieß, und was ihn – die Kneifzange – angehe, so sei dies das erste und letzte Mal, daß er anderer Leute Arbeit ohne Bezahlung verrichte.

Inzwischen saß Bartleby hinter seinem Wandschirm, für nichts anderes zugänglich als für seine Arbeit.

Einige Tage vergingen, während der Schreiber mit einer anderen langwierigen Aufgabe beschäftigt war. Sein kürzliches merkwürdiges Verhalten veranlaßte mich, mir seine Gewohnheiten einmal genauer anzusehen. Ich bemerkte, daß er nie zu Tisch ging, ja daß er überhaupt nirgendwo hinging. Bis jetzt hatte ich aus eigener Kenntnis niemals festgestellt, daß er mein Büro verließ. Er war in seiner Ecke eine dauernde Schildwache. Indes sah ich, daß gegen elf Uhr vormittags die

Pfeffernuß sich der Öffnung von Bartlebys Wandschirm näherte, als sei er durch eine von meinem Platz aus unsichtbare stumme Handbewegung herbeigewinkt worden. Dann verließ der Junge mit ein paar Pence klimpernd das Büro und erschien wieder mit einer Handvoll Pfeffernüssen, die er in der Klause ablieferte, wo er zwei davon für seine Mühe erhielt.

Er lebt also von Pfeffernüssen, sagte ich mir, ißt niemals zu Mittag, er muß also Vegetarier sein. Aber nein, er ißt auch kein Gemüse, er ißt nichts als Pfeffernüsse. Dann verliefen meine Gedanken sich in Träume über die mutmaßlichen Wirkungen der ausschließlichen Ernährung mit Pfeffernüssen auf die menschliche Konstitution. Pfeffernüsse heißen so, weil sie Pfeffer als einen ihrer charakteristischen Bestandteile und entscheidende Geschmackszutat enthalten. Und was war Pfeffer? Ein feuriges Gewürz. War Bartleby feurig und würzig? Keineswegs. Der Pfeffer übte also auf ihn keine Wirkung aus. Wahrscheinlich zog er es vor, das nicht zu tun.

Nichts ärgert einen Menschen so sehr wie passiver Widerstand. Ist derjenige, dem der Widerstand entgegengesetzt wird, nicht gerade unmenschlicher Gemütsart und der Widerspenstige vollkommen harmlos in seiner Untätigkeit, so wird der erstere bei besserer Stimmung bemüht sein, dasjenige mitleidsvoll in seine Vorstellung zu übertragen, was sich ihm in seiner Beurteilung als unerklärlich darstellt. So also betrachtete ich Bartleby und seine Gewohnheiten meistenteils. Der arme Kerl! sagte ich mir, er meint es nicht böse. Offenbar beabsichtigt er keine Unverschämtheiten. Sein Äußeres genügt zu beweisen, daß seine Verschrobenheiten ungewollt sind. Er ist mir nützlich. Ich werde mit ihm fertig. Entlasse ich ihn, so wird er möglicherweise einem weniger duldsamen Arbeitgeber in die Hände fallen. Dort wird er dann grob behandelt und schließlich vielleicht elendiglich verhungern. Ja, hier kann ich mir auf billige Weise eine angenehme Selbstzufriedenheit verschaffen. Bartleby begünstigen, sich in seinen seltsamen Eigensinn fügen wird mich wenig oder gar nichts kosten, während ich in meinem Innern etwas zurücklege, was sich gegebenenfalls als süßer Bissen für mein Gewissen erweisen wird. Aber diese Stimmung hielt nicht unverändert an. Bisweilen ging mir Bartlebys Passivität

auf die Nerven. Auf eine seltsame Weise fühlte ich mich ange-
stachelt, ihn bei einer neuen Widersetzlichkeit zu ertappen –
ihm irgendeinen Zornesfunken zu entlocken, der meinem
eigenen entsprach. Aber tatsächlich hätte ich ebensogut versuchen können, mit meinem Knöchel Funken aus einem Stück
Windsorseife zu schlagen. Doch eines Nachmittags über-
mannte mich der böse Trieb in mir, und folgende kleine Szene
spielte sich ab.

»Bartleby«, begann ich, »wenn diese Schriftstücke alle kopiert
sind, möchte ich sie mit Ihnen vergleichen.«

»Ich würde vorziehen, es nicht zu tun.«

»Wie? Sie beabsichtigen doch sicher nicht, sich auf diesen störrigen Einfall zu versteifen?«

Keine Antwort.

Ich stieß die Flügeltür neben mir auf und rief dem Truthahn
und der Kneifzange zu: »Bartleby sagt zum zweitenmal, er will
seine Schriftstücke nicht durchsehen. Was halten Sie davon,
Truthahn?«

Es war an einem Nachmittag, wohlgemerkt. Glühend wie ein
Messingkochkessel saß der Truthahn da. Sein Kahlkopf
dampfte, seine Hände fuhren zwischen seinen bekleckste Pa-
pieren umher.

»Was ich davon halte?« brüllte er. »Ich glaube, ich werd mal
kurz hinter seinen Wandschirm gehen und ihm ein blaues Auge
verpassen.«

Mit diesen Worten stand er von seinem Stuhl auf und hob die
Arme in Boxerstellung. Eilig wollte er sein Versprechen wahr
machen, als ich ihn, besorgt darüber, unvorsichtigerweise
seine nachmittägliche Kampflust geweckt zu haben, zurück-
hielt.

»Setzen Sie sich hin, Truthahn«, sagte ich, »und hören Sie zu,
was die Kneifzange zu sagen hat. Was halten Sie davon, Kneifzange? Wäre ich nicht berechtigt, Bartleby fristlos zu entlassen?«

»Verzeihen Sie, Sir, aber das müssen Sie selbst entscheiden. Ich
halte sein Benehmen für völlig ungewöhnlich und tatsächlich,
was den Truthahn und mich betrifft, für unrecht. Aber es kann
nur eine vorübergehende Laune sein.«

»Ach!« rief ich aus, »Sie haben Ihre Ansicht ja auf eine seltsame
Weise geändert – Sie sprechen ja sehr sanftmütig über ihn!«

»Das kommt vom Bier!« rief der Truthahn. »Die Sanftmut ist die Wirkung des Bieres – die Kneifzange und ich haben heute miteinander zu Mittag gegessen. Sie sehen, wie sanftmütig *ich* bin, Sir. Soll ich hingehen und ihm ein blaues Auge schlagen?«

»Sie sprechen von Bartleby, wie ich annehme. Nein, heute nicht, Truthahn«, erwiderte ich. »Bitte halten Sie Ihre Fäuste bei sich.«

Ich schloß die Tür und ging zu Bartleby. In wachsendem Maße fühlte ich mich dazu getrieben, es mit meinem Schicksal aufzunehmen. Ich brannte darauf, Widerstand zu finden. Mir fiel ein, daß Bartleby das Büro nie verließ.

»Bartleby«, begann ich, »die Pfeffernuß ist weggegangen. Laufen Sie doch bitte gerade mal hinüber zum Postamt« – es waren nur drei Minuten zu gehen –, »und sehen Sie nach, ob etwas für mich da ist.«

»Ich würde vorziehen, es nicht zu tun.«

»Sie *wollen* nicht?«

»Ich *ziehe es vor.*«

Ich stolperte zu meinem Schreibtisch und saß dort, in tiefes Nachdenken versunken. Meine blinde Hartnäckigkeit kehrte zurück. Gab es noch etwas anderes, was mir von diesem armseligen Wicht, meinem von mir bezahlten Angestellten, eine schmähliche Ablehnung eintragen konnte? Welchen weiteren völlig vernünftigen Auftrag gab es, den er mit Sicherheit ablehnen würde?«

»Bartleby!«

Keine Antwort.

»Bartleby!« in noch lauterem Ton.

Keine Antwort.

»Bartleby!« brüllte ich.

Richtig wie ein Geist, der den Gesetzen magischer Beschwörung erst bei der dritten Anrufung gehorcht, erschien er am Eingang seiner Klause.

»Gehen Sie nach nebenan und sagen Sie der Kneifzange, sie möchte zu mir kommen.«

»Ich würde vorziehen, es nicht zu tun«, erwiderte er in respektvollem, sanftem Ton und verschwand leise wieder.

»Sehr gut, Bartleby«, sagte ich mit ruhiger, freundlicher und beherrschter Stimme, die den unabänderlichen Entschluß einer drohenden schrecklichen Vergeltung andeuten sollte. In diesem Augenblick hatte ich beinahe etwas Derartiges im Sinn. Aber dann schien es mir, da für mich die Stunde der Abendmahlzeit nahte, das beste zu sein, den Hut aufzusetzen und, gequält von Verwirrung und Kummer, nach Hause zu gehen.

Soll ich es gestehen? Das Ende der ganzen Angelegenheit bestand darin, daß es in meinen Büroräumen zu einer feststehenden Tatsache wurde, daß ein bleicher junger Schreiber namens Bartleby dort ein Pult innehatte, daß er für mich gegen die übliche Bezahlung von vier Cents für die Folioseite – zu hundert Wörtern – kopierte, daß er aber dauernd der Verpflichtung entbunden war, die Arbeit nachzuprüfen, die er geleistet hatte, daß diese Aufgabe dem Truthahn und der Kneifzange übertragen war – zweifellos in Anerkennung ihres größeren Scharfblickes –, daß darüber hinaus der besagte Bartleby niemals, unter keinen Umständen, zu den geringfügigsten Botengängen irgendwelcher Art abgeordnet werden durfte und daß, selbst wenn er gebeten wurde, etwas Derartiges zu übernehmen, allgemein angenommen werden mußte, er »würde vorziehen, es nicht zu tun« – mit anderen Worten, daß er es rundweg ablehnte.

Während so die Tage vergingen, söhnte ich mich immer mehr mit Bartleby aus. Seine Beständigkeit, seine Ablehnung gegen jede Zerstreuung, sein unermüdlicher Fleiß – abgesehen von den Augenblicken, in denen er hinter seinem Wandschirm in ein tiefes Träumen versank –, seine Lautlosigkeit, sein unter allen Umständen sich immer gleich bleibendes Benehmen machten ihn zu einer wertvollen Erwerbung. Ein besonderer Vorzug war dies: Er war stets da, der erste des Morgens, den ganzen Tag über und der letzte am Abend. Ich hatte ein einzigartiges Vertrauen zu seiner Ehrlichkeit. Meine wertvollsten Schriftstücke schienen mir in seinen Händen völlig sicher. Bisweilen konnte ich allerdings nicht umhin, daß mich aus meiner tiefsten Seele eine krampfhafte Wut gegen ihn überfiel, denn es war außerordentlich schwierig, stets diese seltsamen Einzelheiten, Vorrechte und unerhörten Ausnahmen im Kopf zu behalten, die für Bartleby die stillschweigende Voraussetzung bildeten, unter denen er in meinem Büro blieb. Hin und wieder forderte ich ihn in der Eile der

Geschäfte, ohne mir etwas dabei zu denken, in kurzem schnellem Ton auf, sagen wir einmal den Finger auf den Knoten eines roten Bindfadens zu legen, mit dem ich gerade einige Schriftstücke zusammenschnüren wollte. Natürlich erklang prompt hinter dem Wandschirm die gewohnte Antwort: »Ich würde vorziehen, es nicht zu tun.« Und wie konnte es dann ein menschliches, mit den üblichen Schwächen unserer Natur behaftetes Wesen vermeiden, sich bitter über soviel Verschrobenheit – soviel Unvernunft zu beklagen? Immerhin trug jene neue Zurechtweisung, die ich empfing, dazu bei, die Wahrscheinlichkeit einer Wiederholung solcher Unachtsamkeiten auszuschließen.

Hier muß gesagt werden, daß es entsprechend den Gewohnheiten der meisten Juristen, die ihre Praxis in den dichtbesiedelten Anwaltsgebäuden ausüben, zu meinen Büroräumen mehrere Schlüssel gab. Einer davon befand sich in den Händen einer Frau, die im Dachgeschoß wohnte und meine Räume wöchentlich einmal schrubbte, sie täglich aufwischte und darin Staub fegte. Einen anderen hatte aus praktischen Erwägungen der Truthahn in Verwahrung. Den dritten hatte ich bisweilen in der Tasche, und wer den vierten besaß, weiß ich nicht.

An einem Sonntag traf es sich nun, daß ich zur Trinity-Kirche ging, um einen berühmten Prediger zu hören, und da ich ziemlich zeitig an Ort und Stelle war, kam mir der Gedanke, noch einmal für einen Augenblick in mein Büro zu gehen. Zum Glück hatte ich meinen Schlüssel bei mir, aber als ich ihn in das Schloß stecken wollte, bemerkte ich einen Widerstand von etwas, was von innen hineingeschoben war. Völlig überrascht stieß ich einen Schrei aus, worauf zu meiner Bestürzung von innen ein Schlüssel umgedreht wurde und in Hemdärmeln und seltsamer zerschlissener, nachlässiger Kleidung die Gestalt Bartlebys erschien, der sein mageres Gesicht durch die halb geöffnete Tür steckte und in aller Ruhe erklärte, es tue ihm sehr leid, aber er sei jetzt gerade sehr beschäftigt und – möchte mich lieber nicht hereinlassen. Mit einigen kurzen Worten fuhr er darüber hinaus fort, vielleicht ginge ich besser ein paarmal um den Häuserblock herum. Wahrscheinlich werde er bis dahin mit seinen Angelegenheiten fertig sein.

Nun übte das völlig unerwartete Auftauchen Bartlebys, der sich an einem Sonntagmorgen in meinem Anwaltbüro häuslich niedergelassen hatte, mit seiner leichenhaften und doch weltmännisch sicheren und selbstbewußten Unbekümmertheit eine so eigenartige Wirkung auf mich aus, daß ich von meiner eigenen Tür wegschlich und tat, was er verlangte. Dies geschah allerdings nicht ohne vieles schmerzvolles inneres Aufbegehren gegen die sanfte Unverschämtheit meines rätselhaften Schreibers. Tatsächlich war es hauptsächlich seine erstaunliche Sanftmut, die mich nicht nur entwaffnete, sondern gleichsam entmannte. Denn ich bin der Ansicht, daß jemand gleichzeitig wie entmannt ist, wenn er sich von seinem bezahlten Angestellten in aller Ruhe Vorschriften machen und sich aus seinen eigenen Räumlichkeiten wegschicken läßt. Überdies war ich beunruhigt, was Bartleby in Hemdärmeln und auch sonst in abgerissenem Zustand an einem Sonntagmorgen in meinem Büro tat. Ging da irgend etwas Unrechtes vor? Nun, das kam nicht in Frage. Nein, nicht einen Augenblick lang war daran zu denken, Bartleby könne ein unmoralischer Mensch sein. Aber was konnte er dort tun? Abschriften machen? Wiederum nein, denn er war bei all seinen Verschrobenheiten ein Mensch, der im hohen Maße auf Anstand hielt. Er wäre der letzte gewesen, der sich halb bekleidet an sein Pult gesetzt hätte. Überdies war Sonntag, und irgend etwas war im Wesen Bartlebys, das die Annahme ausschloß, er werde mit irgendeiner weltlichen Beschäftigung die Würde des Tages verletzen.

Trotzdem war ich nicht befriedigt, und erfüllt von einer unruhigen Neugierde, kehrte ich schließlich zur Tür zurück. Ohne Behinderung steckte ich meinen Schlüssel ins Schloß, öffnete und trat ein. Bartleby war nicht zu sehen. Besorgt blickte ich um mich und spähte hinter den Wandschirm, aber offenbar war er weg. Nachdem ich den Raum genau untersucht hatte, kam ich zu der Annahme, daß er seit einer unbestimmten Zeit in meinem Büro gegessen, sich angekleidet und geschlafen hatte, und zwar ohne Teller, Spiegel oder Bett. Die Polsterung eines morschen alten Sofas in einer Ecke trug die schwachen Spuren einer mageren liegenden Gestalt. Unter seinem Pult fand ich eine zusammengerollte Decke, unter dem leeren Kaminrost eine Büchse Stiefelwichse und eine Bürste und auf einem Stuhl eine Blechschüssel mit Seife und einem zerrissenen Handtuch, in einem Stück Zeitungspapier ein paar Pfeffernußbrocken und ein Stückchen Käse. Ja, sagte ich mir, das ist völlig klar. Bartleby hatte hier Wohnung genommen und ganz allein ein Junggesellendasein geführt. Sogleich darauf überkam mich der Gedanke, welch klägliches, freudloses und einsames Dasein sich hier offenbarte. Seine Armut ist groß, aber seine Einsamkeit, wie furchtbar. Man bedenke! An einem Sonntag ist die Wallstreet verlassen wie Petra, und am Abend eines jeden Tages ist sie eine Einöde. Auch dieses Gebäude, das an Wochentagen von Geschäftigkeit und Leben summt, hallt bei Einbruch der Nacht wider von völliger Leere, und den ganzen Sonntag über ist es gänzlich verlassen. Und hier schlägt Bartleby sein Zuhause auf als alleiniger Betrachter einer Einsamkeit, die er bevölkert gesehen hat – eine Art unschuldiger und verwandelter Marius, der grübelnd auf den Trümmern von Karthago sitzt.

Zum erstenmal in meinem Leben ergriff mich ein Gefühl überwältigender schmerzender Schwermut. Abgesehen von einer nicht unangenehmen Melancholie hatte ich bisher dergleichen nicht gekannt. Nun zog mich das Band eines gemeinsamen Menschentums unwiderstehlich in den Bann düsterer Gedanken. Brüderliche Schwermut! Denn wir, Bartleby und ich, waren beide Söhne Adams. Ich entsann mich der glänzenden Seidenstoffe und der strahlenden Gesichter, die ich heute in Festtagskleidern schwanengleich den Broadway hinabsegeln gesehen hatte, und ich verglich sie mit dem bleichen Kopisten. Ach, das Glück umwirbt das Licht, und so glauben wir, die Welt sei heiter, aber das Elend hält sich verborgen, und so meinen wir, es gebe keins. Diese traurigen Vorstellungen – Phantasien zweifellos eines kranken und albernen Gehirns – führten zu anderen und mehr ins einzelne gehenden Gedanken über Bartlebys Verschrobenheiten. Vorahnungen seltsamer Entdeckungen stiegen in mir auf. Vor mir erschien des Schreibers bleiche Gestalt ausgestreckt inmitten von gleichgültigen Fremden in seinem schauernden Leichentuch.

Mit einemmal zog Bartlebys verschlossenes Pult meine Aufmerksamkeit auf sich. Deutlich sichtbar steckte der Schlüssel im Schloß.

Ich beabsichtige nichts Böses, suche auch nicht die Befriedigung herzloser Neugier, so sagte ich mir. Außerdem gehört das Pult mir und ebenso sein Inhalt. So darf ich mir die Freiheit nehmen hineinzuschauen. Alles war ordentlich eingerichtet. Die Papiere lagen sauber an ihrem Platz. Die Fächer waren tief, und nachdem ich die Aktenstöße herausgenommen hatte, tastete ich hinten hinein. Plötzlich fühlte ich etwas und zog es heraus. Es war ein altes indisches Seidentaschentuch, schwer und verknotet. Ich öffnete es und sah, daß es eine Art Sparbüchse war.

Nun rief ich mir alle die stillen Geheimnisse ins Gedächtnis zurück, die ich an dem Menschen bemerkt hatte. Ich entsann mich, daß er nur sprach, um eine Antwort zu geben, daß ich ihn, obgleich er zwischendurch viel Zeit für sich hatte, nie hatte lesen sehen – nein, nicht einmal eine Zeitung –, daß er lange an seinem trüben Fenster hinter seinem Wandschirm zu stehen und hinaus auf die tote Backsteinmauer zu schauen pflegte. Ich war überzeugt, daß er nie einen Mittagstisch oder ein Speiserestaurant aufsuchte, während sein bleiches Gesicht deutlich bezeugte, daß er nie ein Glas Bier trank wie der Truthahn, oder auch nur Tee oder Kaffee wie andere Leute, daß er nie irgendwohin ging – zumindest erhielt ich nie davon Kenntnis –, daß er nie einen Spaziergang unternahm, abgesehen von dem gegenwärtigen Fall, daß er es abgelehnt hatte zu sagen, wer er sei, woher er komme oder ob er irgendwelche Verwandte in der Welt habe, daß er, obgleich er so mager und blaß war, nie über einen schlechten Gesundheitszustand klagte. Und noch mehr als das alles fiel mir ein gewisser unbewußter Ausdruck eines bleichen – wie soll ich es nennen? – eines bleichen Hochmuts oder vielmehr einer schroffen Zurückhaltung auf, die mich tatsächlich zu meiner nachsichtigen Duldung seiner Verschrobenheiten veranlaßt hatte, da ich mich davor fürchtete, von ihm den geringsten zufälligen Dienst zu verlangen, selbst wenn ich aus seiner langandauernden Reglosigkeit schließen mußte, daß er hinter seinem Wandschirm stand und in eine seiner Brandmauerträumereien versunken war.

Während ich dies alles bedachte und mit der soeben entdeckten Tatsache in Verbindung brachte, daß er mein Büro zu seinem dauernden Standquartier und Heim gemacht hatte, wenn ich mich dabei auch seiner krankhaften Launen erinnerte – während ich das alles bedachte, beschlich mich eine nüchterne Überlegung. Meine erste Regung war die einer reinen Schwermut und eines aufrichtigen Mitleids gewesen. Je mehr aber Bartlebys Einsamkeit sich in meiner Vorstellung steigerte, desto mehr verwandelte sich meine Schwermut in Furcht und mein Mitleid in Widerwillen. So wahr und auch so furchtbar es ist, daß bis zu einer gewissen Grenze der Gedanke an das Elend oder sein Anblick unsere besten Regungen weckt, so hat dies doch in gewissen, besonders gelagerten Fällen jenseits dieser Grenze ein Ende. Diejenigen irren, die dies unabänderlich der angeborenen Selbstsucht des menschlichen Herzens zuschreiben. Viel eher rührt dies von einer gewissen Hoffnungslosigkeit her, einem übertriebenen und organischen Übel Heilung bringen zu können. Für ein empfindsames Wesen ist Mitleid nicht selten Schmerz, und wenn man schließlich begreift, daß ein solches Mitleid nicht zu wirksamer Hilfe führen kann, so verlangt der gesunde Menschenverstand von der Seele, daß sie sich davon befreit. Was ich an jenem Morgen sah, überzeugte mich davon, daß der Schreiber das Opfer einer angeborenen und unheilbaren Störung war. Seinem Körper konnte ich Almosen geben, aber sein Körper verursachte ihm keinen Schmerz. Es war seine Seele, die litt, und seine Seele konnte ich nicht erreichen.

Meine Absicht, zur Trinity-Kirche zu gehen, führte ich an diesem Morgen nicht aus. Irgendwie machten mich die Dinge, die ich gesehen hatte, für den Augenblick zu einem Kirchgang unfähig. Ich ging nach Hause und dachte darüber nach, was ich mit Bartleby tun sollte. Schließlich entschloß ich mich zu folgendem: Ich wollte am nächsten Morgen in aller Ruhe einige Fragen hinsichtlich seines Lebens und dergleichen an ihn richten, und wenn er es ablehnte, sie offen und rückhaltlos zu beantworten – und ich nahm an, daß er vorziehen würde, es nicht zu tun –, wollte ich ihm über das hinaus, was ich ihm schuldete, einen Zwanzigdollarschein geben und ihm erklären, ich bedürfe seiner Dienste nicht länger. Wenn ich ihm aber auf andere Weise behilflich sein könnte, so würde ich das gerne tun. Besonders wenn er in seinen Heimatort zurückkehren wollte, würde ich, wo dieser auch sei, ihm bereitwilligst helfen, die Kosten aufzubringen. Sollte er darüber hinaus nach seiner Heimkehr irgendwann in die Lage geraten, Hilfe zu benötigen, so würde ein Brief von ihm auf Antwort rechnen können.

Der nächste Morgen kam.

»Bartleby«, begann ich, indem ich ihn so ruhig, wie ich vermochte, hinter seinem Wandschirm anrief.

Keine Antwort.

»Bartleby«, wiederholte ich in noch ruhigerem Ton. »Kommen Sie einmal hierher. Ich will von Ihnen nichts verlangen, was Sie vorziehen würden nicht zu tun – ich möchte einfach mit Ihnen reden.«

Daraufhin kam er lautlos zum Vorschein.

»Wollen Sie mir nicht einmal erzählen, wo Sie geboren sind, Bartleby?«

»Ich würde vorziehen, das nicht zu tun.«

»Wollen Sie mir nicht *etwas* von sich erzählen?«

»Ich würde vorziehen, das nicht zu tun.«

»Aber welchen vernünftigen Vorwand können Sie haben, nicht mit mir zu sprechen? Ich meine es doch gut mit Ihnen.«

Während ich dies sagte, sah er mich nicht an, sondern heftete seinen Blick auf meine Cicerobüste, die unmittelbar hinter meinem Sitzplatz etwa sechs Zoll hoch über meinem Kopf stand.

»Was sagen Sie dazu, Bartleby?« fragte ich ihn, nachdem ich eine ganze Zeitlang auf seine Antwort gewartet hatte. Währenddessen war seine Miene unbeweglich geblieben, und nur um seinen bleichen abgezehrten Mund zeigte sich ein kaum merkliches Zucken.

»Gegenwärtig ziehe ich es vor, keine Antwort zu geben«, erwiderte er und verschwand in seiner Klause.

Ich fühlte, das gebe ich zu, eine ziemliche Schwäche in mir. Aber sein Benehmen bei dieser Gelegenheit erboste mich. Es barg, wie mir schien, eine gewisse Mißachtung, und wenn man die nicht zu leugnende gute Behandlung und Nachsicht in Betracht zog, die ich ihm hatte angedeihen lassen, so empfand ich seine Verstocktheit als Undank.

Wieder saß ich da und grübelte, was zu tun sei. Sein Benehmen kränkte mich zwar, und als ich in das Büro kam, hatte ich mich entschlossen, ihn zu entlassen, aber trotzdem fühlte ich in meinem Herzen ein abergläubisches Klopfen, das mir verbot, mein Vorhaben auszuführen, und das mich einen Schurken nannte, wenn ich es wagen sollte, ein hartes Wort gegen diesen verlassensten aller Menschen fallen zu lassen.

Schließlich zog ich meinen Stuhl vertraulich hinter seinen Wandschirm und setzte mich zu ihm. »Bartleby«, begann ich, »es macht nichts. Sie brauchen mir Ihre Lebensgeschichte nicht zu erzählen. Aber erlauben Sie mir, Sie als Freund darum zu ersuchen, sich möglichst weitgehend den Gewohnheiten dieses Büros anzupassen. Sagen Sie mir jetzt, daß Sie morgen oder übermorgen helfen wollen, Schriftstücke nachzuprüfen, kurz, sagen Sie mir, daß Sie in den nächsten paar Tagen anfangen wollen ein wenig vernünftig zu sein. Sagen Sie mir das, Bartleby.«

»Gegenwärtig würde ich vorziehen, nicht ein wenig vernünftig zu sein«, war seine sanft leichenhafte Antwort.

In diesem Augenblick öffnete sich die Flügeltür, und Kneifzange erschien. Offenbar hatte er eine ungewöhnlich schlechte Nacht gehabt, die auf ernstere Magenbeschwerden als gewöhnlich zurückzuführen sein mochte. Bartlebys letzte Worte hörte er gerade noch mit.

»*Vorziehen nicht zu tun*, was?« knirschte er. »Ich würde ihn *vorziehen*, wenn ich Sie wäre, Sir«, wandte er sich an mich. »Ich würde ihn *vorziehen*. Ich würde ihm Vorzüge geben, diesem störrigen Maulesel. Was würde er denn jetzt vorziehen, nicht zu tun, Sir?«

Bartleby rührte kein Glied.

»Mr. Kneifzange«, sagte ich, »ich würde es vorziehen, wenn Sie vorerst verschwänden.«

Irgendwie hatte ich mir seit einiger Zeit angewöhnt, bei allen möglichen und nicht genau passenden Gelegenheiten diesen Ausdruck *vorziehen* anzuwenden, und ich zitterte bei dem Gedanken, mein naher Umgang mit dem Schreiber könnte mir bereits auf ernste Weise geistig geschadet haben. Und welche weiteren tieferen Verirrungen mochten daraus noch entstehen? Diese Besorgnis hatte nicht verfehlt, mich zu umfassenderen Maßnahmen zu veranlassen.

Nachdem die Kneifzange mit einem höchst sauren und verdrießlichen Blick verschwunden war, kam der Truthahn zahm und ehrerbietig herein.

»Mit Verlaub, Sir«, begann er, »gestern habe ich über Bartleby hier nachgedacht, und ich meine, wenn er vorzöge, täglich einen Schoppen gutes Starkbier zu trinken, so wäre das geeignet, ihn wieder in Ordnung zu bringen und ihn in die Lage zu versetzen, beim Durchsehen seiner Schriftstücke zu helfen.«

»So, Sie haben sich diesen Ausdruck auch schon angeeignet«, sagte ich leicht gereizt.

»Mit Verlaub, welchen Ausdruck, Sir?« fragte der Truthahn, indem er sich mit allem Respekt in den engen Raum hinter dem Wandschirm hineindrängte und mich auf diese Weise nahe an den Schreiber heranschob. »Welchen Ausdruck, Sir?«

»Ich würde vorziehen, hier allein gelassen zu werden«, sagte Bartleby, wie gekränkt darüber, daß er in seinen Privaträumen belästigt wurde.

»*Das* ist der Ausdruck, Truthahn«, rief ich, »*das* ist er!«

»Ach, *vorziehen*? Ach ja, ein verrücktes Wort. Ich selbst gebrauche es nie. Aber Sir, was ich sagen wollte, wenn er nun vorzöge –«

»Truthahn!« unterbrach ich ihn, »bitte, verschwinden Sie.«

»Aber gewiß, Sir, wenn Sie das vorziehen.«

Als er die Flügeltüren öffnete, um sich zurückzuziehen, bemerkte die Kneifzange von ihrem Pult aus, daß ich gerade hinüberblickte, und fragte mich, ob ich es vorzöge, die Kopie auf blauem oder auf weißem Papier zu haben. Er legte durchaus keine spaßhafte Betonung in den Ausdruck »vorziehen«. Es war völlig klar, daß es ihm unwillkürlich auf die Zunge kam. Auf jeden Fall mußte ich diesen Wahnsinnigen loswerden, sagte ich mir, der bereits in einem solchen Maße die Sprache, wenn nicht gar die Köpfe meiner Angestellten verwirrte. Aber es schien mir klug, die Entlassung nicht so unvermittelt vorzunehmen.

Am nächsten Tag bemerkte ich, daß Bartleby nichts tat, sondern in seiner Brandmauerträumerei am Fenster stand. Als ich ihn fragte, warum er nicht schreibe, sagte er, er habe sich entschlossen, nichts mehr zu kopieren.

»Wieso?« rief ich. »Was heißt das? Was kommt denn jetzt? Nichts mehr kopieren?«

»Nichts mehr.«

»Und was ist der Grund?«

»Sehen Sie den Grund nicht selbst?« erwiderte er gleichgültig.

Ich schaute ihn scharf an und bemerkte, daß seine Augen trübe und glasig waren. Sofort drängte sich mir der Gedanke auf, sein beispielloser Eifer beim Abschreiben an diesem halbdunklen Fenster in den ersten paar Wochen seiner Anwesenheit hätten vielleicht zeitweilig seinem Augenlicht geschadet.

Ich war gerührt. Ich sagte ihm ein paar mitfühlende Worte. Ich ließ durchblicken, daß er natürlich klug daran tue, eine Zeitlang das Schreiben zu unterlassen, und schlug ihm vor, die Gelegenheit wahrzunehmen, sich auf bekömmliche Weise in der frischen Luft zu betätigen. Das tat er allerdings nicht. Ein paar Tage später, als meine anderen Angestellten abwesend waren und ich einige dringende Briefe bei der Post abzugeben hatte, glaubte ich, Bartleby, der nichts anderes Greifbares zu tun hatte, werde sicher weniger unbeugsam sein als gewöhnlich und diese Briefe zum Postamt bringen. Aber er lehnte es rundum ab. So ging ich, so lästig mir das war, selbst.

Weitere Tage vergingen. Ob Bartlebys Augen sich besserten oder nicht, vermochte ich nicht zu sagen. Allem Anschein nach glaubte ich, daß es der Fall war, aber wenn ich ihn danach fragte, gönnte er mir keine Antwort. Auf jeden Fall wollte er nicht kopieren. Schließlich unterrichtete er mich auf meine dringenden Fragen dahingehend, daß er das Abschreiben endgültig aufgegeben habe.

»Was?« rief ich. »Angenommen, Ihre Augen würden wieder ganz gut – besser als je zuvor –, würden Sie dann nicht mehr kopieren?«

»Ich habe das Kopieren aufgegeben«, sagte er und verschwand.

Wie bisher war er ein fester Bestandteil meines Zimmers. Ja, er wurde – wenn das möglich gewesen wäre – noch mehr als vorher ein fester Bestandteil. Was war zu tun? Er leistete nichts im Büro. Warum sollte er hierbleiben? Nun war er, mit einfachen Worten gesagt, ein Mühlstein an meinem Halse geworden, nicht nur ein nutzloses Halsband, sondern eine schmerzliche Belastung. Und doch tat er mir leid. Aber ich sage weniger als die Wahrheit, wenn ich bemerke, daß er mir, und zwar um seiner selbst willen, Unbehagen bereitete. Hätte er auch nur einen einzigen Verwandten oder einen Freund namhaft gemacht, so hätte ich diesem sofort geschrieben und darauf gedrängt, daß er den armen Burschen zu einem geeigneten Zufluchtsort brachte. Aber er schien allein, absolut allein zu sein in der ganzen Welt, ein Stück eines Wracks mitten im Atlantik. Schließlich behielten die Erfordernisse meines Geschäfts die Oberhand über alle anderen Erwägungen. So schonend, wie ich konnte, teilte ich Bartleby mit, innerhalb von sechs Tagen müsse er bedingungslos das Büro verlassen. Ich deutete an, er solle inzwischen etwas unternehmen, um eine andere Bleibe zu finden. Ich bot ihm an, ihm bei diesen Bemühungen behilflich zu sein, wenn er seinerseits den ersten Schritt zu einem Umzug tue. »Und wenn Sie mich endgültig verlassen, Bartleby«, fuhr ich fort, »werde ich darauf achten, daß Sie nicht ganz unversorgt weggehen. Sechs Tage von dieser Stunde ab, denken Sie daran.«

Nach Ablauf dieser Frist spähte ich hinter den Wandschirm, und siehe da, Bartleby war anwesend.

Ich knöpfte meinen Rock zu und sammelte mich. Dann ging ich langsam zu ihm hin, berührte ihn an der Schulter und begann: »Die Stunde ist gekommen. Sie müssen diesen Platz räumen. Es tut mir leid. Hier ist Ihr Geld. Aber Sie müssen gehen.«

»Ich würde vorziehen, es nicht zu tun«, erwiderte er und hielt mir den Rücken zugekehrt.

»Sie *müssen*!«

Er schwieg.

Nun hatte ich ein unbegrenztes Vertrauen zu der Ehrlichkeit dieses Menschen. Er hatte mir wiederholt Sechspence- und Schillingstücke zurückgegeben, die unbemerkt auf den Boden gefallen waren, denn in solchen Kleinigkeiten bin ich sehr achtlos. Deshalb wird das Folgende nicht ungewöhnlich erscheinen.

»Bartleby«, fuhr ich fort, »ich schulde Ihnen laut Abrechnung zwölf Dollar. Hier sind zweiunddreißig. Die restlichen zwanzig sind für Sie – bitte nehmen Sie sie«, und ich reichte ihm die Scheine.

Aber er rührte sich nicht.

»Ich lasse Sie also hier liegen.« Mit diesen Worten schob ich sie unter einen Briefbeschwerer auf dem Tisch. Dann nahm ich meinen Hut und Stock, und indem ich zur Tür ging, wandte ich mich in aller Ruhe und fuhr fort: »Wenn Sie Ihre Sachen hier aus dem Büro weggebracht haben, Bartleby, wollen Sie natürlich die Tür verschließen – denn heute sind alle schon weg außer Ihnen –, und bitte legen Sie Ihren Schlüssel unter die Fußmatte, so daß ich ihn morgen habe. Ich werde Sie nicht wiedersehen, also leben Sie wohl. Wenn ich Ihnen später in Ihrer neuen Unterkunft dienlich sein kann, so versäumen Sie nicht, es mir brieflich mitzuteilen. Leben Sie wohl, Bartleby, und alles Gute!«

Aber er sagte kein Wort. Wie die letzte Säule eines zerstörten Tempels blieb er stumm und allein in dem sonst verlassenen Raum stehen.

[...]

GUSTAVE FLAUBERT

Ein schlichtes Herz

>Ein schlichtes Herz<, die erste der >Drei Novellen< Flauberts, sei ein
Text, schrieb einst Walter Boehlich, der in die Versuchung führe, ka-
tholisch werden zu wollen. Félicité, die Protagonistin, ist die Dienst-
magd schlechthin. Getreten und geschmäht von allen Seiten, verliert
sie im Verlauf der Erzählung alles: den Freier, den Neffen, jede Art
von Zuwendung – und zuletzt auch noch Lulu, ihren Papagei, »ihren einzigen Reichtum«. Indessen läßt sie das Tier ausstopfen und
bemerkt gleichzeitig in der Kirche, daß der Heilige Geist etwas von
ihrem Papagei habe. Félicité nimmt »die götzendienerische Gewohnheit an, ihre Gebete knieend vor dem Papagei zu sprechen«.
Im letzten Kapitel der Erzählung kommt es zu einer atemberauben-
den Negativ-Apotheose.

Die Gräser strömten Sommerduft aus, Fliegen summten, die
Sonne glitzerte auf dem Fluß und erhitzte die Schieferplat-
ten. Mutter Simon, die ins Zimmer zurückgekommen war,
schlief sanft ein.
Glockenschläge erweckten sie; der Vesperdienst war zu
Ende. Felicitas' Fieber fiel. Während sie an die Prozession
dachte, sah sie sie vor sich, als wenn sie ihr gefolgt wäre.
Alle Schulkinder, die Sänger und die Feuerwehrleute gingen
auf den Bürgersteigen, während in der Mitte der Straße vor-
angingen: zunächst der Schweizer, bewaffnet mit seiner Hel-
lebarde, dann der Küster mit einem großen Kreuz, der Leh-
rer, die Knaben bewachend, und die Nonne, ängstlich um
ihre kleinen Mädchen besorgt; drei der allerkleinsten, die
wie Engel zurechtgemacht waren, warfen Rosenblätter in
die Luft, der Diakonus dämpfte mit ausgestreckten Armen
die Musik, und zwei Weihrauchschwenker drehten sich bei
jedem Schritt nach dem heiligen Sakramente um, das der
Herr Pfarrer unter einem von vier Kirchenvorstehern gehal-
tenen Baldachin aus feuerrotem Samt in seiner schönen Kap-
sel dahintrug. Eine Menschenwoge drängte sich dahinter an

den weißen Tüchern vorbei, die die Mauern der Häuser bedeckten, und endlich kam man am Fuße des Hügels an.

Ein kalter Schweiß feuchtete Felicitas' Schläfen. Die Simon trocknete sie mit einem Linnen ab und sagte sich, daß auch sie eines Tages da hindurch müßte.

Das Summen der Menge wuchs, war einen Augenblick lang sehr laut und entfernte sich dann.

Eine Gewehrsalve erschütterte die Scheiben. Das waren die Postknechte, die die Monstranz grüßten. Felicitas rollte ihre Augen und sagte, so leise sie konnte, voller Sorge um den Papagei:

»Steht er gut?«

Ihr Todeskampf begann. Ein immer schnelleres Röcheln blähte ihr die Seiten. Schaumblasen traten in ihre Mundwinkel, und ihr ganzer Körper zitterte.

Bald unterschied man deutlich das Schnarren der Klapphörner, die hellen Stimmen der Kinder, die tiefen Stimmen der Männer. Alle schwiegen in bestimmten Zwischenräumen, und das Trappeln der Schritte, welches Blumen dämpften, machte das Geräusch einer Herde auf Rasen.

Die Geistlichkeit erschien in dem Hof. Die Simon kletterte auf einen Stuhl, um die Dachluke zu erreichen, und übersah auf diese Weise den Zug.

Grüne Gewinde hingen über den mit einem Saum aus englischer Spitze geschmückten Altar. In der Mitte stand ein kleiner Rahmen, der Reliquien einschloß, zwei Orangenbäume standen an den Ecken und in der ganzen Breite silberne Leuchter und Porzellanvasen, in denen Sonnenblumen, Lilien, Pfingstrosen, Fingerhüte und Hortensienbüschel ragten. Dieser Berg strahlender Farben fiel von der ersten Stufe bis auf den Teppich schräg ab, verlängerte sich auf dem Pflaster, und seltene Gegenstände zogen die Augen auf sich. Eine Zuckerschale trug einen Veilchenkranz, Ohrgehänge aus Alençonner Steinen glitzerten auf Moos, und zwei chinesische Schirme ließen ihre Landschaften sehen. Lulu zeigte, unter Rosen versteckt, nur seine Stirn gleich einem kleinen Schilde aus Lapislazuli. Die Kirchenvorsteher, die Sänger und die Kinder reihten sich an den drei Seiten des Hofes. Der Priester erstieg langsam die Stufen und stellte seine große, strahlende Goldsonne auf die Spitzendecke. Alle knieten nieder. Eine große Stille trat ein. Und die Weihrauchfässer klirrten in vollem Schwunge an ihren Ketten.

Ein stahlblauer Rauch drang in Felicitas' Zimmer. Sie streckte ihre Nasenlöcher vor und zog ihn mit einer schwärmerischen Wollust ein, dann schloß sie die Augen. Ihre Lippen lächelten. Die Schläge ihres Herzens verlangsamten sich einer nach dem anderen, wurden jedesmal unbestimmter, sanfter, wie eine Quelle, die versiegt, wie ein Echo, das verklingt, und als sie ihren letzten Atem aushauchte, glaubte sie in dem weitaufgetanen Himmel einen riesenhaften Papagei zu sehen, der über ihrem Haupt schwebte.

Nicht gelogen: Ich las den Schluß der Erzählung in einem italienischen Café. Als ich zu den letzten Zeilen kam, krächzte plötzlich hinter mir ein Papagei – der des Café-Besitzers.

Der Wanderer in der Sägmühle

Dort unten in der Mühle
Saß ich in süßer Ruh'
Und sah dem Räderspiele
Und sah den Wassern zu.

Sah zu der blanken Säge,
Es war mir wie ein Traum,
Die bahnte lange Wege
In einen Tannenbaum.

Die Tanne war wie lebend,
In Trauermelodie,
Durch alle Fasern bebend,
Sang diese Worte sie:

Du kehrst zur rechten Stunde,
O Wanderer, hier ein,
Du bist's, für den die Wunde
Mir dringt ins Herz hinein!

Du bist's, für den wird werden,
Wenn kurz gewandert du,
Dies Holz im Schoß der Erden
Ein Schrein zur langen Ruh'.

Vier Bretter sah ich fallen,
Mir ward's ums Herze schwer,
Ein Wörtlein wollt' ich lallen,
Da ging das Rad nicht mehr.

JOSEPH VON EICHENDORFF

Zwei Gedichte

Eichendorffs Gedichte gehören zwar zum Kanon jeder deutschen Literaturgeschichte. Aber das braucht sie aus einem Lesebuch mit dem Schwergewicht persönlicher Präferenzen noch längst nicht auszuschließen.

Die zwei Gesellen

Es zogen zwei rüstge Gesellen
Zum erstenmal von Haus,
So jubelnd recht in die hellen,
Klingenden, singenden Wellen
Des vollen Frühlings hinaus.

Die strebten nach hohen Dingen,
Die wollten, trotz Lust und Schmerz,
Was Recht's in der Welt vollbringen,
Und wem sie vorüber gingen,
Dem lachten Sinnen und Herz.

Der erste, der fand ein Liebchen,
Die Schwieger kauft' Hof und Haus;
Der wiegte gar bald ein Bübchen
Und sah aus heimlichem Stübchen
Behaglich ins Feld hinaus.

Dem zweiten sangen und logen
Die tausend Stimmen im Grund,
Verlockend' Sirenen, und zogen
Ihn in der buhlenden Wogen
Farbig klingenden Schlund.

Und wie er auftaucht' vom Schlunde,
Da war er müde und alt,
Sein Schifflein das lag im Grunde,
So still war's rings in der Runde,
Und über die Wasser weht's kalt.

Es singen und klingen die Wellen
Des Frühlings wohl über mir;
Und seh ich so kecke Gesellen,
Die Tränen im Auge mir schwellen –
Ach Gott, führ uns liebreich zu Dir!

Die Schlußzeile der ›Zwei Gesellen‹ habe ich mehrfach in eigene
Werke zitierend einverwoben; u. a. als Kapitelschluß in den Roman
›Die Mätresse des Bischofs‹; die Schlußzeilen der Eichendorff-Ge-
dichte ›Nacht ist wie ein stilles Meer‹, ›Wer in die Fremde will wandern‹ und ›Frische Fahrt‹ bilden andere Kapitelschlüsse dieses Ro-
mans. Dies letztere Gedicht diente mir auch als Folie für eine Art
enigmatisches Wörteranagramm im zweiten Romankapitel. Soviel
zu den persönlich-produktiven Beziehungen – das Wort hat wieder
Eichendorff:

Frische Fahrt

Laue Luft kommt blau geflossen,
Frühling, Frühling soll es sein!
Waldwärts Hörnerklang geschossen.
Mutger Augen lichter Schein;
Und das Wirren bunt und bunter
Wird ein magisch wilder Fluß,
In die schöne Welt hinunter
Lockt dich dieses Stromes Gruß.

Und ich mag mich nicht bewahren!
Weit von euch treibt mich der Wind,
Auf dem Strome will ich fahren,
Von dem Glanze selig blind!
Tausend Stimmen lockend schlagen,

Hoch Aurora flammend weht,
Fahre zu! Ich mag nicht fragen,
Wo die Fahrt zu Ende geht.

Bleibt zu ergänzen, daß Felix Mendelssohn das Gedicht zum Lied gemacht hat, in einer besonders schönen, euphorisch-quirligen Komposition: Eichendorff quasi hoch zwei.

Zwei Gedichte

Zwar ist auch der Bankier Abs ein großer Freund und selbsternannter Gönner Mörikes. Trotzdem möchte ich hier auf die beiden folgenden motivverwandten Gedichte nicht verzichten.

Das verlassene Mägdlein

Früh, wann die Hähne krähn,
Eh die Sternlein verschwinden,
Muß ich am Herde stehn,
Muß Feuer zünden.

Schön ist der Flammen Schein,
Es springen die Funken;
Ich schaue so drein,
In Leid versunken.

Plötzlich, da kommt es mir,
Treuloser Knabe,
Daß ich die Nacht von dir
Geträumet habe.

Träne auf Träne dann
Stürzet hernieder;
So kommt der Tag heran –
O ging er wieder!

Früh im Wagen

Es graut vom Morgenreif
In Dämmerung das Feld,
Da schon ein blasser Streif
Den fernen Ost erhellt;

Man sieht im Lichte bald
Den Morgenstern vergehn,
Und doch am Fichtenwald
Den vollen Mond noch stehn:

So ist mein scheuer Blick,
Den schon die Ferne drängt,
Noch in das Schmerzensglück
Der Abschiedsnacht versenkt.

Dein blaues Auge steht,
Ein dunkler See, vor mir,
Dein Kuß, dein Hauch umweht,
Dein Flüstern mich noch hier.

An deinem Hals begräbt
Sich weinend mein Gesicht,
Und Purpurschwärze webt
Mir vor dem Auge dicht.

Die Sonne kommt; – sie scheucht
Den Traum hinweg im Nu,
Und von den Bergen streicht
Ein Schauer auf mich zu.

GOTTFRIED KELLER

Romeo und Julia auf dem Dorfe

Als Anregung, die ganze, fast 100 Seiten starke Novelle rund um Julia-Vrenchen und Romeo-Sali zu lesen, findet sich hier ihr tragisch-sentimentalischer Schluß. Eine Leseempfehlung darüber hinaus: Vergleichbar schöne, zuweilen apart-krause Dorfliebesgeschichten schrieb Kellers Schwarzwald-Pendant Berthold Auerbach.

[…] So strich der tolle nächtliche Zug durch die stillen Felder und durch das Heimatdorf Salis und Vrenchens, dessen Bewohner längst schliefen.

Als sie durch die stillen Gassen kamen und an ihren verlorenen Vaterhäusern vorüber, ergriff sie eine schmerzhaft wilde Laune, und sie tanzten mit den andern um die Wette hinter dem Geiger her, küßten sich, lachten und weinten. Sie tanzten auch den Hügel hinauf, über welchen der Geiger sie führte, wo die drei Äcker lagen, und oben strich der schwärzliche Kerl die Geige noch einmal so wild, sprang und hüpfte wie ein Gespenst, und seine Gefährten blieben nicht zurück in der Ausgelassenheit, so daß es ein wahrer Blocksberg war auf der stillen Höhe; selbst der Bucklige sprang keuchend mit seiner Last herum, und keines schien mehr das andere zu sehen. Sali faßte Vrenchen fester in den Arm und zwang es stillzustehen; denn er war zuerst zu sich gekommen. Er küßte es, damit es schweige, heftig auf den Mund, da es sich ganz vergessen hatte und laut sang. Es verstand ihn endlich, und sie standen still und lauschend, bis ihr tobendes Hochzeitgeleite das Feld entlang gerast war und, ohne sie zu vermissen, am Ufer des Stromes hinauf sich verzog. Die Geige, das Gelächter der Mädchen und die Jauchzer der Burschen tönten aber noch eine gute Zeit durch die Nacht, bis zuletzt alles verklang und still wurde.

»Diesen sind wir entflohen«, sagte Sali, »aber wie entfliehen wir uns selbst? Wie meiden wir uns?«

Vrenchen war nicht imstande zu antworten und lag hochauf-
atmend an seinem Halse. »Soll ich dich nicht lieber ins Dorf
zurückbringen und Leute wecken, daß sie dich aufnehmen?
Morgen kannst du ja dann deines Weges ziehen, und gewiß
wird es dir wohl gehen, du kommst überall fort!«

»Fortkommen, ohne dich!«

»Du mußt mich vergessen!«

»Das werde ich nie! Könntest denn du es tun?«

»Darauf kommt's nicht an, mein Herz!« sagte Sali und strei-
chelte ihm die heißen Wangen, je nachdem es sie leidenschaftlich an seiner Brust herumwarf, »es handelt sich jetzt nur um
dich; du bist noch so ganz jung, und es kann dir noch auf allen
Wegen gut gehen!«

»Und dir nicht auch, du alter Mann?«

»Komm!« sagte Sali und zog es fort. Aber sie gingen nur
einige Schritte und standen wieder still, um sich bequemer zu
umschlingen und zu herzen. Die Stille der Welt sang und mu-
sizierte ihnen durch die Seelen, man hörte nur den Fluß unten
sacht und lieblich rauschen im langsamen Ziehen.

»Wie schön ist es da ringsherum! Hörst du nicht etwas tönen,
wie ein schöner Gesang und ein Geläute!«

»Es ist das Wasser, das rauscht! Sonst ist alles still.«

»Nein, es ist noch etwas anderes, hier, dort hinaus, überall
tönt's!«

»Ich glaube, wir hören unser eigenes Blut in unseren Ohren
rauschen!«

Sie horchten ein Weilchen auf diese eingebildeten oder wirk-
lichen Töne, welche von der großen Stille herrührten oder
welche sie mit den magischen Wirkungen des Mondlichtes
verwechselten, welches nah und fern über die weißen Herbst-
nebel wallte, welche tief auf den Gründen lagen. Plötzlich fiel
Vrenchen etwas ein; es suchte in seinem Brustgewand und
sagte: »Ich habe dir noch ein Andenken gekauft, das ich dir
geben wollte!« Und es gab ihm den einfachen Ring und
steckte ihm denselben selbst an den Finger. Sali nahm sein
Ringlein auch hervor und steckte ihn an Vrenchens Hand,
indem er sagte: »So haben wir die gleichen Gedanken gehabt!« Vrenchen hielt seine Hand in das bleiche Silberlicht
und betrachtete den Ring. »Ei, wie ein feiner Ring!« sagte es
lachend; »nun sind wir aber doch verlobt und versprochen,

du bist mein Mann und ich deine Frau, wir wollen es einmal einen Augenblick lang denken, nur bis jener Nebelstreif am Mond vorüber ist oder bis wir zwölf gezählt haben! Küsse mich zwölfmal!«

Sali liebte gewiß ebenso stark als Vrenchen, aber die Heiratsfrage war in ihm doch nicht so leidenschaftlich lebendig als ein bestimmtes Entweder – Oder, als ein unmittelbares Sein oder Nichtsein, wie in Vrenchen, welches nur das eine zu fühlen fähig war und mit leidenschaftlicher Entschiedenheit unmittelbar Tod oder Leben darin sah. Aber jetzt ging ihm endlich ein Licht auf, und das weibliche Gefühl des jungen Mädchens ward in ihm auf der Stelle zu einem wilden und heißen Verlangen, und eine glühende Klarheit erhellte ihm die Sinne. So heftig er Vrenchen schon umarmt und liebkost hatte, tat er es jetzt doch ganz anders und stürmischer und übersäete es mit Küssen. Vrenchen fühlte trotz aller eigenen Leidenschaft auf der Stelle diesen Wechsel, und ein heftiges Zittern durchfuhr sein ganzes Wesen, aber ehe jener Nebelstreif am Monde vorüber war, war es auch davon ergriffen. Im heftigen Schmeicheln und Ringen begegneten sich ihre ringgeschmückten Hände und faßten sich fest, wie von selbst eine Trauung vollziehend, ohne den Befehl eines Willens. Salis Herz klopfte bald wie mit Hämmern, bald stand es still, er atmete schwer und sagte leise: »Es gibt eines für uns, Vrenchen, wir halten Hochzeit zu dieser Stunde und gehen dann aus der Welt – dort ist das tiefe Wasser – dort scheidet uns niemand mehr, und wir sind zusammen gewesen – ob kurz oder lang, das kann uns dann gleich sein.«

Vrenchen sagte sogleich: »Sali – was du da sagst, habe ich schon lang bei mir gedacht und ausgemacht, nämlich, daß wir sterben könnten und dann alles vorbei wäre – so schwör mir es, daß du es mit mir tun willst!«

»Es ist schon so gut wie getan, es nimmt dich niemand mehr aus meiner Hand als der Tod!« rief Sali außer sich. Vrenchen aber atmete hoch auf, Tränen der Freude entströmten seinen Augen; es raffte sich auf und sprang leicht wie ein Vogel über das Feld gegen den Fluß hinunter. Sali eilte ihm nach, denn er glaubte, es wolle ihm entfliehen, und Vrenchen glaubte, er wolle es zurückhalten, so sprangen sie einander nach, und Vrenchen lachte wie ein Kind, welches sich nicht will fangen lassen. »Bereuest du es schon?« rief eines zum andern, als sie am Flusse angekommen waren und sich ergriffen; »nein, es freut mich immer mehr!« erwiderte ein jedes. Aller Sorgen ledig gingen sie am Ufer hinunter und überholten die eilenden Wasser, so hastig suchten sie eine Stätte, um sich niederzulassen; denn ihre Leidenschaft sah jetzt nur den Rausch der Seligkeit, der in ihrer Vereinigung lag, und der ganze Wert und Inhalt des übrigen Lebens drängte sich in diesem zusammen; was danach kam, Tod und Untergang, war ihnen ein Hauch, ein Nichts, und sie dachten weniger daran, als ein Leichtsinniger denkt, wie er den anderen Tag leben will, wenn er seine letzte Habe verzehrt.

»Meine Blumen gehen mir voraus«, rief Vrenchen, »sieh, sie sind ganz dahin und verwelkt!« Es nahm sie von der Brust, warf sie ins Wasser und sang laut dazu: »Doch süßer als ein Mandelkern ist meine Lieb' zu dir!«

»Halt!« rief Sali, »hier ist dein Brautbett!«

Sie waren an einen Fahrweg gekommen, der vom Dorfe her an einen Fluß führte, und hier war eine Landungsstelle, wo ein großes Schiff, hoch mit Heu beladen, angebunden lag. In wilder Laune begann er unverweilt die starken Seile loszubinden. Vrenchen fiel ihm lachend in den Arm und rief: »Was willst du tun? Wollen wir den Bauern ihr Heuschiff stehlen zu guter Letzt?« – »Das soll die Aussteuer sein, die sie uns geben, eine schwimmende Bettstelle und ein Bett, wie noch keine Braut gehabt! Sie werden überdies ihr Eigentum unten wiederfinden, wo es ja doch hin soll, und werden nicht wissen, was damit geschehen ist. Sieh, schon schwankt es und will hinaus!«

Das Schiff lag einige Schritte vom Ufer entfernt im tieferen Wasser. Sali hob Vrenchen mit seinen Armen hoch empor und schritt durch das Wasser gegen das Schiff; aber es liebkoste ihn so heftig und ungebärdig und zappelte wie ein Fisch, daß er im ziehenden Wasser keinen Stand halten konnte. Es strebte Gesicht und Hände ins Wasser zu tauchen und rief: »Ich will auch das kühle Wasser versuchen! Weißt du noch, wie kalt und naß unsere Hände waren, als wir sie uns zum ersten Male gaben? Fische fingen wir damals, jetzt werden wir selber Fische sein, und zwei schöne große!« – »Sei ruhig, du lieber Teufel!« sagte Sali, der Mühe hatte, zwischen dem tobenden Liebchen und den Wellen sich aufrecht zu erhalten, »es zieht mich sonst fort!« Er hob seine Last in das Schiff und schwang sich nach; er hob sie auf die hochgebettete weiche und duftende Ladung und schwang sich auch hinauf, und als sie oben saßen, trieb das Schiff allmählich in die Mitte des Stromes hinaus und schwamm dann, sich langsam drehend, zu Tal.

Der Fluß zog bald durch hohe dunkle Wälder, die ihn überschatteten, bald durch offenes Land; bald an stillen Dörfern vorbei, bald an einzelnen Hütten; hier geriet er in eine Stille, daß er einem ruhigen See glich und das Schiff beinahe stillhielt, dort strömte er um Felsen und ließ die schlafenden Ufer schnell hinter sich; und als die Morgenröte aufstieg, tauchte zugleich eine Stadt mit ihren Türmen aus dem silbergrauen Strome. Der untergehende Mond, rot wie Gold, legte eine glänzende Bahn den Strom hinauf, und auf dieser kam das Schiff langsam überquer gefahren. Als es sich der Stadt näherte, glitten im Froste des Herbstmorgens zwei bleiche Gestalten, die sich fest umwanden, von der dunklen Masse herunter in die kalten Fluten.

Das Schiff legte sich eine Weile nachher unbeschädigt an eine Brücke und blieb da stehen. Als man später unterhalb der Stadt die Leichen fand und ihre Herkunft ausgemittelt hatte, war in den Zeitungen zu lesen, zwei junge Leute, die Kinder zweier blutarmen zugrunde gegangenen Familien, welche in unversöhnlicher Feindschaft lebten, hätten im Wasser den Tod gesucht, nachdem sie einen ganzen Nachmittag herzlich miteinander getanzt und sich belustigt auf einer Kirchweih. Es sei dies Ereignis vermutlich in Verbindung zu bringen mit einem Heuschiff aus jener Gegend, welches ohne Schiffleute in der Stadt gelandet sei, und man nehme an, die jungen Leute haben das Schiff entwendet, um darauf ihre verzweifelte und gottverlassene Hochzeit zu halten, abermals ein Zeichen von der um sich greifenden Entsittlichung und Verwilderung der Leidenschaften.

Nähe des Geliebten

Ich denke dein, wenn mir der Sonne Schimmer
    Vom Meere strahlt;
Ich denke dein, wenn sich des Mondes Flimmer
    In Quellen malt.

Ich sehe dich, wenn auf dem fernen Wege
    Der Staub sich hebt;
In tiefer Nacht, wenn auf dem schmalen Stege
    Der Wandrer bebt.

Ich höre dich, wenn dort mit dumpfem Rauschen
    Die Welle steigt;
Im stillen Haine geh ich oft zu lauschen,
    Wenn alles schweigt.

Ich bin bei dir, du seist auch noch so ferne,
    Du bist mir nah!
Die Sonne sinkt, bald leuchten mir die Sterne.
    O wärst du da!

FRIEDRICH LEOPOLD STOLBERG

Auf dem Wasser zu singen

Mitten im Schimmer der spiegelnden Wellen
Gleitet wie Schwäne der wankende Kahn;
Ach, auf der Freude sanft schimmernden Wellen
Gleitet die Seele dahin wie der Kahn;
Denn von dem Himmel herab auf die Wellen
Tanzet das Abendrot rund um den Kahn.

Über den Wipfeln des westlichen Haines
Winket uns freundlich der rötliche Schein;
Unter den Zweigen des östlichen Haines
Säuselt der Kalmus im rötlichen Schein;
Freude des Himmels und Ruhe des Haines
Atmet die Seel' im errötenden Schein.

Ach, es entschwindet mit tauigem Flügel
Mir auf den wiegenden Wellen die Zeit.
Morgen entschwindet mit schimmerndem Flügel
Wieder wie gestern und heute die Zeit,
Bis ich auf höherem strahlenden Flügel
Selber entschwinde der wechselnden Zeit.

*Dieses Gedicht des zeitweiligen Goethe-Gefährten ist uns, wie das
vorhergehende von Goethe, vor allem durch Franz Schuberts Vertonung vertraut. Mir scheint, der Text des Grafen, lyrisch-brillant und
tiefsinnig, überragt aber auch musiklos die nicht geringen lyrischen
Standards der Goethezeit.*

Auf falbem Laube...

Auf falbem Laube ruhet
Die Traube, des Weines Hoffnung, also ruhet auf der
Wange
Der Schatten von dem goldenen Schmuck, der hängt
Am Ohre der Jungfrau.

Und ledig soll ich bleiben
Leicht fanget aber sich
In der Kette, die
Es abgerissen, das Kälblein.

Fleißig

Es liebet aber der Sämann
Zu sehen eine,
Des Tages schlafend über
Dem Strickstrumpf.

Nicht will wohllauten
Der deutsche Mund,
Aber lieblich
Am stechenden Bart rauschen
Die Küsse.

Aus der Pastoral-Medizin

Auf Panizzas großartig abgefeimten Text ›Ein Kapitel aus der Pasto-
ral-Medizin‹ stieß ich zuerst in Karlheinz Deschners Sammelband
›Das Christentum im Urteil seiner Gegner‹ – und hielt den Text für
mehr oder weniger authentisch, im Sinne von Lebenserinnerungen.
Als ich schließlich etwas beschämt Panizzas Lügenfiktion durch-
schaute, wuchs meine Begeisterung noch für dies Stück Prosa, eins der
frechsten, die ich überhaupt kenne; und wundern muß ich mich nur,
daß diese unglaublich einleuchtende und entlarvende und dabei nicht
einmal partout anti-katholische Satire nicht bekannter geworden ist;
selbst in der Panizza-Literatur wird sie nicht eben ehrenvoll, ge-
schweige denn zentral traktiert.

>»Und sahen, daß sie nackt waren.«
>1. Mose 3.7.

In Innsbruck, wo ich im Jahr 1859 als blutjunger Student der
Theologie obzuliegen hatte, galt als eine der gefeiertsten
Autoritäten der dortigen Universität Professor *Süpfli*, Bene-
dictiner-Pater, Haus-Prälat Pius' IX. und Ordinarius für Pastoral-Medizin. Seine Abhandlung ›*De conceptionis sexualis*
humanae causa transcendentali‹, sowie seine scharfsinnige
Untersuchung ›Ueber den sittlichen Boden bei den Fröschen‹
waren damals in Aller Händen. Und die wichtige Frage, die
wohl alle Gemüther beschäftigte, über den Einfluß der Tod-
Sünden auf die Blutmischung - da die ganze Lehre von der
Erbsünde von ihr beeinflußt zu werden schien – ruhte sozusagen in *Süpfli's* Händen. *Süpfli locutus est!* hieß es damals; und
die Sache war damit entschieden. –
Ein älterer Student, dem ich mich angeschlossen hatte, veranlaßte mich, einmal dem Colleg *Süpflis* über Pastoral-Medizin
beizuwohnen: »bei *Süpfli* zu schinden«, sagte man in der Stu-
dentensprache; und dies in doppelter Weise; denn nicht nur
durfte man eine Vorlesung, welche man nicht belegt

hatte, nicht besuchen, sondern Studenten jüngerer Semester war es überhaupt verboten, Collegs von so vorgeschrittener Weisheit beizuwohnen. – Mit dampfendem Gehirn und aufgesträubten Haaren kam ich heraus; und eine Woche lang hatte ich das Gefühl, eine Kugel spanischen Pfeffers verschluckt zu haben, die sich langsam auflöse, und Blut und Gedanken, alle Nahrungssäfte mit ihrem penetranten Roth durchsetze, bis das fabelhafte Gift glücklich wieder ausgeschieden war. – Ich hoffe, der Leser ist in dieser Beziehung rüstiger und von größerer Widerstandskraft. –

Wir kamen etwas zu spät. Das Colleg hatte bereits begonnen. Über einige fünfzig kurzgeschnittene Köpfe mit der thalergroßen Tonsur in der Mitte, alle niedergebeugt und die raschelnde Feder an der rechten Schläfe, hinweg, sahen wir den langen hageren *Süpfli* hoch auf dem Catheder thronen, mit etwas belegter Stimme, und leichten nach rechts und links austheilenden Handbewegungen, vortragen. *Süpfli* sprach ein eigenthümlich gemildertes Schweizer Deutsch. Wir waren damals verpflichtet, jedes vorgetragene Wort des Lehrers zu stenografiren und später reinzuschreiben. Als Zuspätgekommene drückten wir uns schnell in eine Ecke. Der Vortrag hatte bereits begonnen. Ich that, was alle Andern thaten: zog Bleistift und Papier heraus, und begann zu schreiben. Das Stenogramm bringt Alles, Dialect-Laute wie Gedankengang mit gleicher Treue. Und so bring' ich denn auch, was ich auf dem Papier hatte, hier wieder, *sine ira et studio*, Constructionsfehler und *lapsus loquendi*, Ungeheuerlichkeiten und Bestialitäten durcheinander gemischt.

–

Süpfli loquitur:

»...... a seller Zuschtand isch immer schlimmer worda; die Zahl der Chrankheite isch schröckli groß worda; der Düfel, net dermit z'fride, de mänschliche Körper ganz ußere materielle Subschtanz darg'schtellt z'sehe, wellt en no weiter ruinire. Alle Chrankhite, die de mänschliche Körper befalle, sind d'Folge vo der Erbsünde, die si immer vermehrt, und immer vermehrt; eso daß gar kei Hoffnung uf Beß'rung verhande z'sei scheint. Instatt gottähnlicher werda mer immer düfelsähnlicher. Und die letzt' Ursach', zwege der die Erbsünd' in immer größerer Menge uf uns chomme isch, isch seller Zuschtand, ime dem wir eh'mals usem Paradies vertrieb'n worda: die *Nacktheit*. Durch die Nacktheit wird in den Mänschen die Cubiditas und die Concubiszenschia wachgerufen; selle führen zur Sünde; die Sünde wird uf die Nachkomme in unwiderschtehlicher Gewalt übertrage, und häuft si immer mehr; und isch bis ufem heutige Tag zure schröckeli Gewalt worda. Zwar hat ma Chlider über die Scham conschtruirt, um die Nacktheit zu verberge. Aber leider sind die Chlider verschieblich. Und selle Verschieblichkeit hat in de letschte Jahrhunderte grüseli zug'nomma. Ma verschiebt si alle Augenblick ohne Zweck. Und leider chönna si ganz abg'nomma werda. Dadurch chönna d'Mänsche zu jeder Zeit ihre Nacktheit inne werda und si betrachte. Die einzige Möglichkeit us diesem sündhaften Zuschtand heruszuchumma, war – as e Z'rückversetze i de paradiesische Zuschtand der Sündlosigkeit zur Zit nüt denkbar, – die *Verwachsung der Chlider mit der Körper-Oberfläche*. Sell sich de Zweck der Paschtoral-Medizin. Uf wellem Weg isch aber dies zu erreiche? Do müesse me z'rückgehe bis zur erschten Entschtehung der Nacktheit beim Mänschen; sell isch bis zur Geburt. As die Ars obschtetrizia aposchtolica, die paschtorale Geburtshülfe, us lehrt, isch die Erzeugung des Mänschen zur Zeit eine sit fascht sechstausend Jahre fortgesetzte Beschtialität; igeleitet gegen den ursprüngliche Wille des Höchschten; entgegengesetzt em ganze urschprüngliche Schöpfungsplan. As uns Scotus Erigena schon im neunten Jahrhundert gezeigt het, war der Zuschtand des erschten Mänschen im Paradies e rein göttlicher, spiritualischer, seraphischer, immaterieller, frei von Concubiszenschia und sexualer Cognitio. Die Vervielfältigung und Weiterzeugung wär' vor sich ganga iner rein idealer Weise, durch Selbscht-Anschauung, wie ebba die der Engel, und in Myriade von fleckenlose Individuen. Erscht durch de Sündefall ging selle siderische Geschtalt verlore. De erscht Mänsch bekam e sinnliche, materielle, fleischliche Körper, de geschlechtliche Zwitheilung erfolgte; und de Chliderfabrik begann. As die Sach' heut' schteht, müsseme uns gedulde, und miteme Dreck abfinde. Aber die aposchtolische Geburtshülfe muß doch conschtatire, daß mit jedem Kinde, das us Mutterlip usschlüpft, e Düfelsfratz uns entgegegrinzt, in wellem der göttliche Funke fascht erloschen isch, e haarlose Beschtie, e Gottrescht, dem zur ewigen Schande der wizengelbe Charakter der Nacktheit zugetheilt worde. Und sit der Zit senmer durch fortwährendes tieferes Verschtricktwerda in die Netze des Düfels zuneme ohnmächtige, flaischliche, concubischzente G'schlecht usgeartet. – Was isch nu z'thun? Was isch d'hütige Ufgabe der Paschtoral-Medizin, die Ufgabe der paschtorale Geburtshülfe? D'Nacktheit chönna mer nüt ändere. D'Nacktheit isch aber z'schame mit der G' schlechtsverthilung uf zwe Individue die Quelle aller Schande, aller libido, aller volubtasch, und ebbe dadurch die Quelle der immer schröcklicher uf uns chumene Erbsünde. Die Chlider verhülla die Nacktheit. Aber die Chlider sind verschieblich, thilbar, ablegbar, mousselinehaft, schlüpfrig und täuschungsrich. Mit Leim chönna merse nüt de Mönsche ufen Lib feschtkleba. *Wenn'sch aber g'linget, d'Mänsche in Chlider gebore werda z'lasse*, war allem Uebel a'g'holfe! In Chlider, diene Anschauung der Nacktheit unmöglich mache! Dann war e Vermehrung der Erbsünde nimmer möglich. Welches Wunder! Ma söll's nüt für möglich halte. Und doch isch sell Wunder amol vor sich gange:

In *Verona* isch im siebezehnte Jahrhundert e frommes Ehepaar g'si, die händ kei Chinder gha. Er stammte usere vornehme Familie. Sie isch e armes frommes Mädla gsi. Durch's Loos isch si si Frau worda. Zerscht welletse e christlichs, gottseligs, chinderloses Leba führe. Aberne Stimme hat ihn an sine Pflicht erinnert. E Conceptschio is sine ulla libidine necne cubiditate z'schtand chumme. As die Schtund der Wehen isch näher chumme, sen sechs Priester Dach und Nacht an's Bett der Wöchneri hi gechniet, und händ ihr heißes Flehen ebba im Sinn von sellem ideale Ziel vereinigt, von dem ich oba g'sprochn hab, und das unschre Disciplin, die ars obschtetrizia aposchtolica verfolgt. Es verganga bange, schwer Schtunde. D'Hebam isch g'weiht gsi, und hat d'Communion z'vor empfange gha. Ändli gegen Oba, as sich's Leibesthor öffnet, was meinad er, isch chumma?! E Menschle, e Büeble isch usi chomma, inema Frack, in braune, runzliche Hösli, e Schilee het's ang'het mit schöne, gliche, glanzige Knöpfli, Cylinder Manschette, und sehr zarte Stiefeli, die erscht an der Luft hart worda sind; g'lacht hat's mit rothi Bäckli, mit freundlich blinzelnde Äugli, hat sie gruseli g'freut, und isch

mit sime feine Schpazierstöckli usi stapft ufem wiße Lein-
tuch...«

In diesem Augenblick machte es: »Tim, Tim, Tim, Tim,
Tim...« zehn Mal. Es war zehn Uhr. Professor *Süpfli* schlug
einen großen Folianten zu, und sagte: »s nächschte Mol Meh-
res über selle Materie!« –

FJODOR M. DOSTOJEWSKI

Ein Menschenauflauf

Im Fall Dostojewski ist wahrscheinlich alles zu spät. Zwar haben schon vor mehr als fünfzig Jahren Franz Kafka und Thomas Mann darauf bestanden, daß Dostojewski - u. a. - ein oft wahnwitzig komischer Autor sei, ein Humorist von so exzessiven Graden, wie man sie bei den als Humoristen bekannten Autoren niemals findet. Doch die Verlagsmanager, Klappentexter, Nachwortschreiber und Professorenschnarcher machen aus Dostojewski nach wie vor einen Autor von Tiefsinn und Tran, von Tragik und Gottsuche, von Selbstmord und Erlösung und weißderteufel. Und vor allem: Tiefe, Tiefe und nochmals Tiefe.

Dabei geht aller Augenschein dahin, daß es derlei in Dostojewskis Romanen kaum gibt: daß zumindest deren herzhafte Oberflächlichkeit und Quirligkeit ihre durchaus bessere und weiterreichende Qualität ist. Der Höhepunkt des Klappentexterunsinns möge hier zitiert und verewigt sein, er stammt von dem Übersetzer (!) Karl Nötzel und lautet: »Dieser stille Mann, der hatte Rußland die geistige Einheit gegeben.«

In Wahrheit handelt Dostojewskis Epik von Lautheit, Geschwätzigkeit, Disparatheit und Geistlosigkeit ad infinitum. Wer Augen hat, zu lesen, dem sei zur Überprüfung dessen nach wie vor die plane Lektüre empfohlen; und zwar nicht nur der kleinen, sogenannten »humoristischen Romane«, sondern vor allem der fünf großen. Zur Einführung diene vielleicht die Wahnsinnshumoreske ›Eine peinliche Geschichte‹; dieser lasse man dann am besten das ›Fest‹-Kapitel aus den ›Dämonen‹ folgen.

Hier ausgewählt habe ich einen – leider winzigen – Ausschnitt aus einer lang sich hinziehenden komisch-brodelnden Szene aus dem Roman ›Der Idiot‹ – eineinhalb Kapitel aus dem ersten Romanteil. Kenntnis des Personals und der schon geschürzten Handlungsknoten sind vergleichsweise gleichgültig – hier tobt im Rahmen eines vollkommen hanebüchen-trivialen Menschenauflaufs das hirnrissige Chaos selber.

[...] Ferdyschtschenko sprang sofort herbei, um den General vorzustellen, doch dieser kam ihm zuvor.

»Ardalión Alexándrowitsch Iwólgin«, sagte er pathetisch, sich verbeugend und lächelnd, »ein alter, unglücklicher Soldat und Vater einer Familie, die glücklich ist in der Hoffnung, in ihrem Schoß eine so bezaubernde…«

Er sprach nicht zu Ende: Ferdyschtschenko schob ihm von hinten ganz unverhofft einen Stuhl unter, und zwar tat er das so schwungvoll, daß der General, der nach dem Essen gewöhnlich etwas schwach auf den Beinen war, bei diesem plötzlichen Stoß in die Kniekehlen wie ein Sack auf den Sitz plumpste, was ihn im übrigen durchaus nicht aus dem Konzept brachte. So saß er denn jetzt Nastassja Filippowna gegenüber, zog mit süßem Lächeln ihre Hand an die Lippen und küßte sie langsam und effektvoll. Überhaupt war es ziemlich schwer, den General aus der Fassung zu bringen. Sein Äußeres war, abgesehen von einer gewissen Nachlässigkeit in der Kleidung, immer noch ziemlich anständig, was er selbst recht wohl wußte. Er hatte früher nur in guter Gesellschaft verkehrt, von der er erst seit zwei oder drei Jahren endgültig ausgeschlossen war. Seit dieser Zeit hatte er sich auch erst angewöhnt, etwas gar zu zügellos gewissen Schwächen nachzugeben, nur die einmal erworbenen Manieren hatte er deshalb nicht eingebüßt. Nastassja Filippowna schien höchst erfreut über das Erscheinen Ardalion Alexandrowitschs zu sein, von dem sie natürlich schon viel gehört hatte.

»Ich habe gehört, daß mein Sohn…«, begann Ardalion Alexandrowitsch.

»Ja, Ihr Sohn! Aber auch Sie sind mir mal ein schöner Vater! Warum sieht man Sie denn nie bei mir? Sie sind doch sein Papa? Verstecken Sie sich selbst oder werden Sie von Ihrem Sohn versteckt? Sie könnten doch wirklich zu mir kommen, ohne daß sich deshalb jemand kompromittiert zu glauben brauchte.«

»Die Kinder des neunzehnten Jahrhunderts und deren Eltern…«, wollte wieder der General beginnen.

»Nastassja Filippowna! Entschuldigen Sie, bitte, Ardalion Alexandrowitsch auf einen Augenblick, es wird nach ihm verlangt«, unterbrach ihn plötzlich Nina Alexandrowna laut.

»Verlangt? Aber ich bitte Sie, ich habe soviel von ihm gehört und ihn schon lange einmal sehen wollen! Und was hat er denn so Unaufschiebbares vor? Er ist doch verabschiedet? Nicht wahr, Sie werden mich nicht verlassen, Ardalion Alexandrowitsch, Sie werden doch nicht fortgehen?«

»Ich verspreche Ihnen, daß er Sie selbst aufsuchen wird, doch jetzt bedarf er dringend der Ruhe.«

»Ardalion Alexandrowitsch, Sie sollen der Ruhe bedürfen!« rief Nastassja Filippowna mit einer pikierten kleinen Grimasse aus, ganz wie ein leichtfertiges, dummes Gänschen, dem man ein Spielzeug wegnehmen will.

Der General aber war im besten Zuge, sich wieder lächerlich zu machen.

»Aber mein Schatz! Du siehst doch!« sagte er, sich feierlich an seine Gattin wendend, in vorwurfsvollem Ton und die Hand aufs Herz gepreßt.

»Werden Sie nicht von hier fortgehen, Mama?« fragte Warja laut.

»Nein, Warja, ich bleibe bis zum Schluß.«

Nastassja Filippowna konnte unmöglich diese Frage und Antwort nicht gehört haben, doch ihre Fröhlichkeit schien nur noch zuzunehmen. Sie überschüttete den General mit Fragen, und binnen fünf Minuten war dieser in der siegesbewußtesten Stimmung und redete äußerst schwungvoll.

Kolja zupfte den Fürsten am Rockschoß.

»So bringen *Sie* ihn doch weg! Das geht doch nicht! Bitte!« Dem armen Jungen standen vor Unwillen Tränen in den Augen. »Ach, dieser verwünschte Ganja!« fügte er bei sich noch hinzu.

»Mit Iwán Fjódorowitsch Jepántschin war ich einstmals allerdings eng befreundet«, erzählte der General in bester Laune auf eine Frage Nastassja Filippownas. »Ich, er und der verstorbene Fürst Lew Nikolájewitsch Mýschkin, dessen Sohn ich heute nach zwanzigjähriger Trennung in meine Arme geschlossen habe – wir drei waren eine sozusagen unzertrennliche Kavalkade: Athos, Portos und Aramis. Aber ach, der eine liegt im Grabe, gefällt von Kugeln und Verleumdungen, der andere sitzt vor Ihnen und kämpft noch mit Verleumdungen und Kugeln...«

»Kugeln?« fragte Nastassja Filippowna, scheinbar sehr erstaunt.

»Hier in meiner Brust, beim Sturm auf Kars erhalten, und

wenn das Wetter umschlägt, fühle ich jede. In allen anderen Beziehungen lebe ich als Philosoph, gehe spazieren, mache in meinem Café ein Spielchen, wie ein vom Geschäft zurückgezogener Bourgeois, und lese die ›Indépendance‹. Doch mit unserem Portos Jepantschin habe ich nach jener vor drei Jahren im Eisenbahncoupé passierten Geschichte mit dem Bologneserhündchen ein für allemal die Freundschaft gebrochen.«

»Einem Bologneserhündchen? Was war denn das für eine Geschichte?« fragte Nastassja Filippowna mit ganz besonderem Interesse. »Mit einem Bologneserhündchen sagen Sie? Erlauben Sie, und im Eisenbahncoupé…«, sie schien in ihrem Gedächtnis irgend etwas zu suchen.

»Ach, nichts Besonderes, eine dumme Geschichte, die zu wiederholen sich gar nicht lohnt. Die Schuld an allem trug eigentlich die Gouvernante der Fürstin Bjelokónskaja, eine Mrs. Smith, doch… es lohnt sich wahrhaftig nicht, sie zu erzählen.«

»Aber unbedingt müssen Sie sie uns erzählen!« bestand Nastassja Filippowna fröhlich auf ihrem Wunsch.

»Auch ich habe sie noch nie vernommen!« bemerkte Ferdyschtschenko. »C'est du nouveau!«

»Ardalion Alexandrowitsch!« ertönte wieder beschwörend Nina Alexandrownas Stimme.

»Papa, jemand will Sie sprechen!« rief Kolja.

»Eine ganz dumme Geschichte, nur zwei Worte«, begann der General mit großer Selbstzufriedenheit. »Vor zwei Jahren, ja, fast vor zwei Jahren mußte ich auf der neuen Eisenbahnlinie Petersburg-Warschau in einer für mich äußerst wichtigen Angelegenheit, die mit meinem Austritt aus dem Dienst in Zusammenhang stand (ich trug bereits Zivil), eine Reise unternehmen. Ich löse also ein Billett erster Klasse, steige ein, setze mich, rauche. Oder vielmehr, fahre fort zu rauchen; denn ich hatte mir die Zigarre schon früher angesteckt. Bin ganz allein im Coupé. Das Rauchen ist nicht verboten, ist aber auch nicht gerade gestattet, sondern so–o… halb und halb, wie gewöhnlich, und natürlich: je nachdem. Das Fenster ist heruntergelassen. Plötzlich, kurz vor dem letzten Pfiff, steigen zwei Damen mit einem kleinen Bologneser ein und setzen sich mir vis-à-vis. Hatten sich etwas verspätet. Die eine pompös gekleidet, ganz in Hellblau; die andere etwas schlichter in schwarzer Seide mit einer kleinen Pelerine. Beide nicht gerade häßliche Frauenzimmer, scheinen nur im allgemeinen etwas sehr ›von oben herab‹ zu sein, sprechen Englisch. Ich natürlich verhalte mich ganz ruhig; rauche meine Zigarre. Das heißt, im ersten Augenblick dachte ich wohl so bei mir, aber schließlich – das Fenster war ja heruntergelassen, weshalb soll ich nicht zum Fenster hinausrauchen? Der kleine Bologneser ruht auf dem Schoß der Hellblauen, so 'n kleines Tierchen, nicht größer als meine Faust, pechschwarz, weiße Pfötchen – eine Seltenheit zweifellos. Das Halsbändchen war aus Silber und mit einer Inschrift versehen. Nun, ich – merke nichts. Bemerke nur, daß die Damen sich über mich zu ärgern scheinen, natürlich wegen der Zigarre. Die eine betrachtet mich durchs Lorgnon – aus echtem Schildpatt natürlich. Ich jedoch kümmere mich um nichts. Weshalb sagen sie denn nichts? So sollen sie doch den Mund auftun! Hätten sie mich darauf aufmerksam gemacht, etwas gesagt, mich gebeten, sie waren doch nicht stumm! Aber so – wie soll ich's denn wissen?... Plötzlich – und zwar ohne die geringste Vorbereitung, ich sage Ihnen, ohne die allergeringste, als wäre sie übergeschnappt – reißt mir die Hellblaue, schwaps! die Zigarre aus der Hand und wirft sie zum Fenster hinaus. Na, die war hin, den Zug hält man nicht auf. Ich mache ein verblüfftes Gesicht, staune sie an: ein tolles Weib, ich sage Ihnen, ein vollkommen tolles Weib! Stattlich, groß, üppig, blond, rosig (vielleicht etwas zu rosig) und die Augen blitzen mich nur so an. Ich – ohne ein Wort zu verlieren, strecke mit der größten Höflichkeit, mit der erlesensten Höflichkeit langsam meine Hand nach dem Bologneser aus, fasse ihn delikat mit zwei Fingern am Schlafittchen und – wups! werfe ihn gleichfalls zum Fenster hinaus, dorthin, wo die Zigarre war! Er quiekte nur einmal, zum Kläffen kam er gar nicht. Na, der Bologneser war auch hin! Den Zug hält man nicht auf, der saust weiter.«

»Sie Ungeheuer!« rief Nastassja Filippowna köstlich amüsiert aus, klatschte Beifall und lachte wie ein kleines Mädchen über den gelungenen Streich.

»Bravo, bravo!« rief Ferdyschtschenko.

Auch Ptizyn lachte, obgleich ihm das Erscheinen des Generals nicht minder unangenehm war, und sogar Kolja lachte und rief seinem Vater ein »Bravo« zu.

»Und ich war doch im Recht, doppelt und dreifach im Recht!« fuhr der triumphierende General fort; »wenn im Coupé das Rauchen verboten ist, sind es Hunde erst recht!«

»Bravo, Papa!« rief Kolja begeistert aus, »das war großartig! Ich hätte es unbedingt ebenso gemacht!«

»Aber was tat denn die Dame?« fragte in ungeduldiger Neugier Nastassja Filippowna.

»Sie? Ja, hier erst beginnt das Unangenehme an der ganzen Geschichte«, fuhr der General stirnrunzelnd fort. »Ohne ein Wort zu sagen, und ohne die geringste Vorbereitung gab sie mir eine schallende Ohrfeige! Ein tolles Weib, ein vollkommen, ein selten tolles Weib, sage ich Ihnen.«

»Und Sie?«

Der General schlug die Augen nieder, zog die Brauen in die Höhe, preßte die Lippen zusammen, hob die Schultern, während er die Hände gleichsam entschuldigend auseinanderführte – es war eine Kunstpause – und sagte dann plötzlich nur kurz:

»Ließ mich hinreißen!«

»Oh! Und stark? Wirklich stark?«

»Bei Gott, durchaus nicht stark! Es kam zwar zu einem großen Skandal, aber ich hatte ja nur ein einziges Mal den Schlag zurückgegeben, eben nur – nun, um ihn zurückzugeben. Da kam aber der Teufel dazwischen und steckte seine Hand ins Spiel: die Hellblaue war, wie es sich herausstellte, die Gouvernante oder Engländerin oder gar Freundin der Fürstin Bjelokónskaja, die Dame in Schwarz aber war die älteste Tochter der Fürstin, ein älteres Mädchen von fünfunddreißig Jahren. Und wie die Generalin Jepantschin zum Hause Bjelokonskij steht, ist ja bekannt. Alle Damen fielen in Ohnmacht, Tränen, Trauer um den geliebten Schoßhund, Jammer und Geschrei aller sechs Töchter, und als siebente die Engländerin noch dazu – kurz, das Ende der Welt war nahe. Nun, versteht sich: ich wollte meine Entschuldigung machen, machte einen Besuch, um wenigstens Verzeihung zu erbitten, schrieb sogar einen Brief, doch wurde weder ich noch der Brief angenommen, und mit Jepantschin gab es Auseinandersetzungen, Kündigung der Freundschaft und darauf ewige Feindschaft!«

»Aber erlauben Sie, wie ist denn das?« begann plötzlich Nastassja Filippowna, »vor fünf oder sechs Tagen habe ich in der ›Indépendance‹ genau dieselbe Geschichte gelesen! Es war auf ein Haar dieselbe! Sie hatte sich am Rhein in einem Eisenbahncoupé zwischen einem Franzosen und einer Engländerin zugetragen: genau so hatte sie ihm die Zigarre aus der Hand gerissen, genau so hatte er ihr Hündchen aus dem Fenster geworfen, und genau so hatte es auch zwischen ihnen geendet. Sogar das hellblaue Kleid stimmt mit dem Bericht der Zeitung überein!«

Der General wurde über und über rot, und auch Kolja errötete und bedeckte vor Scham das Gesicht mit den Händen. Ptizyn wandte sich schnell ab. Nur Ferdyschtschenko lachte. Ganja aber stand da und ertrug stumm seine unerträgliche Qual.

»Ich... ich kann Sie versichern«, stotterte der General, »daß auch mir genau dasselbe passiert ist...«

»Papa hatte wirklich einmal eine Unannehmlichkeit mit Mrs. Smith, der Gouvernante von Bjelokonskijs«, rief Kolja dazwischen, »ich entsinne mich dessen noch sehr gut!...«

»Wie! Ein und dieselbe Geschichte sollte an zwei verschiedenen Punkten Europas sich mit einer solchen Übereinstimmung aller Einzelheiten zugetragen haben? Auch die Dame am Rhein hatte ein hellblaues Kleid!« fuhr Nastassja Filippowna erbarmungslos fort. »Aber ich werde Ihnen die ›Indépendance Belge‹ zusenden!«

»Vergessen Sie nur nicht«, bemerkte der General, »daß die Geschichte mir zwei Jahre früher passiert ist!«

»Ah, so, richtig, das wäre dann doch wenigstens ein Unterschied!« Und Nastassja Filippowna lachte hell auf.

»Papa, ich bitte Sie, auf zwei Worte mit mir hinauszukommen«, sagte jetzt mit zitternder, gequälter Stimme Ganja, der den Vater mechanisch an der Schulter faßte.

In seinen Augen lag grenzenloser Haß.

Da ertönte plötzlich und jetzt erschreckend laut die Glocke im Vorzimmer. Ein Wunder, daß der Klingelzug nicht abge-

rissen wurde! Es mußte ein besonderer Besuch sein. Kolja
eilte hinaus, um zu öffnen.

*

Im Vorzimmer wurde es sofort sehr geräuschvoll und lebendig; wie es den im Empfangszimmer Zurückgebliebenen
schien, traten dort mehrere Menschen ein, denen noch andere
auf der Treppe folgten. Mehrere Stimmen sprachen durcheinander, Ausrufe und Stimmen wurden auch im Treppenhaus
laut, zu dem die Tür offenbar noch nicht wieder geschlossen
worden war. Der Besuch mußte allerdings kein gewöhnlicher
sein. Alle blickten einander fragend an. Ganja besann sich als
erster und eilte in den »Salon«, doch trat ihm dort schon eine
ganze Schar Menschen entgegen.
»Ah, da ist ja der Judas!« rief eine dem Fürsten bekannte
Stimme aus. »Guten Tag, Gánjka, Lump!«
»Da, da ist er ja!« ertönte noch eine andere Stimme.
Jetzt konnte der Fürst nicht mehr zweifeln: das waren Rogóshin und Lébedeff.
Ganja stand wie betäubt in der Tür zum Salon und sah
stumm, ohne zu protestieren, zu, wie etwa zehn bis zwölf
Menschen Parfjónn Rogóshin ins Zimmer folgten. Die ganze
Rotte bestand aus recht verschiedenartigen Leuten, aber sie
zeichneten sich nicht nur durch ihre Verschiedenartigkeit,
sondern noch viel mehr durch ihre Unanständigkeit aus.
Einige traten im Mantel oder im Pelz ins Zimmer. Wirklich
Betrunkene freilich gab es unter ihnen nicht, doch waren sie
alle zum mindesten in »stark gehobener« Stimmung. Wie es
schien, bedurfte ein jeder aller anderen, um einzutreten; denn
als einzelner hätte niemand den Mut dazu gehabt, alle zusammen aber drängten und schoben sie sich gegenseitig vorwärts.
Selbst Rogóshin, der an der Spitze der Schar stand, trat nicht
ganz sicher vor, doch sah man ihm an, daß er eine bestimmte
Absicht hatte. Sein Gesicht war finster, gereizt und unruhig.
Die anderen bildeten gewissermaßen nur den Chor oder richtiger eine Reserve zu seiner Unterstützung. Außer Lebedeff
befand sich unter ihnen noch der wie ein »Friseurgehilfe« ge-
schniegelte und gekräuselte Saljósheff, der seinen Pelz im
Vorzimmer abgeworfen hatte und als Stutzer selbstbewußt
und mit übertriebener Liebenswürdigkeit eintrat; ferner

zwei, drei andere Herren von derselben Art, augenscheinlich junge Kaufleute, Kommis; irgendeiner steckte in einem
Uniformmantel; ferner war ein kleiner und auffallend dicker
Mann darunter, der beständig lachte; und dann ein Riese,
der gleichfalls sehr dick war, dafür aber sehr finster und
stumm zu sein schien und der sich offenbar mehr auf seine
Fäuste verließ. Außer diesen erschienen noch ein Student
der Medizin und ein windiger, scharwenzelnder Pole. Aus
dem Treppenflur blickten noch zwei Damen ins Vorzimmer,
wagten aber nicht einzutreten. Kolja besann sich plötzlich,
schlug ihnen die Tür vor der Nase zu und schob den Riegel
vor.
»Guten Tag, Gánjka, Lump! Was, hast wohl Parfjonn Rogóshin nicht erwartet?« fragte Rogóshin, der in der Tür des
Empfangszimmers vor Ganja stehen geblieben war.
Da erblickte er plötzlich sich gegenüber auf dem Sofa in der
anderen Zimmerecke – Nastassja Filippowna. Sicherlich
hatte er alles andere eher erwartet, als *sie* hier anzutreffen;
denn der Schreck lähmte ihn geradezu: er erbleichte derma-
ßen, daß selbst seine Lippen weiß wurden.
»Dann… dann ist es also wahr!« brachte er leise, halb wie zu
sich selbst, hervor, und der Blick seiner Augen war wie verloren. »Alles aus!… Nun… Wart, das sollst du mir jetzt bü-
ßen!« knirschte er in unbändiger Wut, zu Ganja gewandt.
»Nun…«, stieß er wieder kurz und rauh hervor. »Ach!« und
seine Nägel preßten sich in die Handflächen.
Er schien nach Atem zu ringen, nur mit Mühe stieß er die
Worte hervor. Mechanisch trat er näher, doch kaum hatte er
einen Schritt getan, als er plötzlich Nina Alexandrowna und
Warja erblickte, und verwirrt blieb er stehen, trotz seiner
ganzen, ungeheuren Erregung. Nach ihm trat sofort Lebedeff
ins Zimmer; er folgte ihm wie sein Schatten und war wohl der
am stärksten Berauschte. Dann folgte der Student, der Riese
mit den Fäusten, Saljósheff, der nach rechts und links seine
Bücklinge machte, und schließlich preßte sich auch noch der
kleine Dicke durch das Gedränge an der Tür und trat etwas
vor. Die Anwesenheit von Damen hielt sie alle noch zurück,
war ihnen sichtlich unangenehm, störte sie in ihrem Vorhaben. Doch selbstverständlich konnte das nur anfangs vorhal-
ten, nur bis zur ersten Veranlassung, loszuschreien und – zu

beginnen... Dann hätten wohl alle Damen der Welt sie nicht mehr aufzuhalten vermocht.

»Wie? Auch du bist hier, Fürst?« sagte Rogoshin zerstreut, wenn auch offenbar verwundert über dieses Wiedersehen. »Und immer noch in diesen Gamaschen... a–ach!« seufzte er gequält, indem er den Blick wieder Nastassja Filippowna zuwandte und sich immer näher zu ihr, die ihn wie ein Magnet anzog, vorwagte.

Nastassja Filippowna betrachtete die Eingetretenen gleichfalls mit unruhiger Neugier.

Endlich kam Ganja zur Besinnung.

»Aber erlauben Sie, was hat denn das zu bedeuten?« begann er laut, sich vornehmlich an Rogoshin wendend, während er mit strengem Blick die Eingetretenen maß. »Ich dächte, Sie sind nicht in einen Stall eingetreten, hier sind meine Mutter und Schwester!«

»Das sehen wir, daß hier Mutter und Schwester sind«, preßte Rogoshin durch die Zähne hervor.

»Das sehen wir doch, daß hier Mutter und Schwester sind!« wiederholte wie ein Echo Lebedeff, um den Worten Rogoshins mehr Nachdruck zu verleihen.

Der Mann mit den Fäusten glaubte wahrscheinlich, daß der Augenblick gekommen sei, und brummte irgend etwas.

»Aber, was soll denn das?« Ganz plötzlich erhob Ganja die Stimme, wie aus der Pistole geschossen, und diese Plötzlichkeit machte einen unangenehmen Eindruck, wie etwas, das nicht am Platz ist. »Erstens bitte ich Sie, von hier fortzugehen und in den Salon einzutreten... Und dann bitte ich Sie, mich wissen zu lassen, mit wem...«

»Seht doch, er erkennt uns nicht!!« sagte Rogoshin mit boshaftem Spottlächeln, ohne sich von der Stelle zu rühren. »Hast du denn Rogoshin nicht erkannt?«

»Ich–ch, allerdings, ich glaube mit Ihnen irgendwo einmal zusammengekommen zu sein, aber...«

»Seht doch, irgendwo zusammengekommen zu sein! Ich habe an dich ja doch noch vor drei Monaten zweihundert Rubel von meines Vaters Geld verspielt, der Alte ist darüber gestorben, ohne was davon zu erfahren. Du hast mich doch selbst hingeschleppt! Und Kniff zog mir dann das Fell über die Ohren mit seiner Falschspielerei! Erkennst mich nicht!

Ptizyn war Zeuge! Ich brauch' dir ja nur drei Rubel zu zeigen, hier aus der Tasche zu nehmen und dir zu zeigen, und du wirst auf allen Vieren bis zur Wassíljeff-Insel ihnen nachkriechen – sieh, so einer bist du! Wer deine Seele nicht kennt! Ich bin jetzt auch gekommen, um dich für Geld zu kaufen, Leib und Seele kaufe ich dir ab! Du, sieh nicht darauf, daß ich mit solchen Stiefeln hereingekommen bin, ich hab' jetzt viel Geld, Bruder, kaufe dich mitsamt deinem ganzen Leben… wenn ich will, kauf' ich euch alle! Kaufe alles!« phantasierte Rogoshin, der plötzlich wie trunken erschien. »A–ach!« stöhnte er dann laut, »Nastassja Filippowna! Jagen Sie mich nicht fort, sagen Sie nur ein einziges Wort: lassen Sie sich mit ihm trauen oder nicht?«

Rogoshin stellte seine Frage wie in Verzweiflung, wie an eine Gottheit, gleichzeitig jedoch mit der Kühnheit eines zum Tode Verurteilten, der nichts mehr zu verlieren hat. Und mit diesem Todesgefühl erwartete er die Antwort.

Nastassja Filippowna maß ihn mit einem spöttischen und hochmütigen Blick, doch dann blickte sie auf Warja und Nina Alexandrowna, blickte auf Ganja – und plötzlich änderte sie ihren Ton.

»Durchaus nicht, wie kommen Sie darauf? Und wie kommen Sie dazu, diese Frage an mich zu stellen?« fragte sie leise und ernst und scheinbar mit einer gewissen Verwunderung.

»Nein? Nein!!« schrie Rogoshin fast rasend vor Freude. »Also doch nicht?! Und mir sagte man… Ach! Nun!… Nastassja Filippowna! Alle sagten, Sie hätten sich mit Ganjka verlobt! Mit dem da? Ist denn das überhaupt möglich? – Ich hab's denen doch gleich gesagt! – Ich kaufe ihn ja doch mit Leib und Seele, so wie er da ist, für hundert Rubel! Gebe ihm dreitausend, und er wird noch am Tage vor der Hochzeit fortlaufen und die Braut mir überlassen. Was, hab' ich nicht recht, Ganjka, Schuft? Würdest doch dreitausend mit Freuden nehmen! Hier sind sie, hier, sieh! Darum bin ich ja gekommen, um's von dir schriftlich zu haben! Hab' gesagt: ›Ich kauf' ihn!‹ und ich kauf' ihn auch!«

»Mach, daß du fortkommst, hinaus! Besoffen bist du!« schrie ihn Ganja an, der abwechselnd bleich und rot wurde. Doch kaum war seine Stimme verhallt, als plötzlich durch die ganze Rotte Rogoshins eine Bewegung ging und mehrere Stimmen laut wurden. Lebedeff flüsterte Rogoshin hastig und furchtbar eifrig etwas ins Ohr.

»Du hast recht, Alter!« sagte Rogoshin auf sein Geflüster hin, »hast recht, betrunkene Seele! Ach, wagen wir's! Nastassja Filippowna!« rief er, wie ein Halbwahnsinniger sie anstarrend, offenbar mit Furcht im Herzen, doch plötzlich sich bis zur Frechheit erkühnend, » – hier sind Achtzehntausend!« Und er warf gleichzeitig ein in weißes Papier eingewickeltes und kreuzweise mit einer Schnur umbundenes Päckchen vor sie hin auf den Tisch. »Da! Und... und es wird noch mehr geben!«

Doch wagte er nicht auszusprechen, was er von ihr wollte...

»Nich–nich–nicht!« flüsterte ihm erschrocken Lebedeff zu, mit wahrhaft entsetztem Gesicht.

Es war leicht zu erraten, daß ihn die Höhe der gebotenen Summe erschreckte und er zureden wollte, zu Anfang viel weniger zu bieten.

»Nein, davon verstehst du nichts, Bruder, darin bist du dumm, weißt nicht, mit wem du's zu tun hast... aber... auch ich bin ebenso dumm wie du!« besann sich Rogoshin plötzlich, unter Nastassja Filippownas aufblitzendem Blick zusammenzuckend. »Ach! Nein, ich hab' nur gefaselt! – daß ich auf dich auch hören mußte!...« fügte er in heißer Scham hinzu.

Als Nastassja Filippowna Rogoshins bestürztes Gesicht sah, lachte sie plötzlich auf.

»Achtzehntausend – mir? Da zeigt sich doch gleich der Bauer!« sagte sie plötzlich mit frecher Familiarität und erhob sich vom Sofa, als wolle sie fortgehen.

Ganja verfolgte klopfenden Herzens die ganze Szene.

»Vierzigtausend, vierzig, vierzig, nicht achtzehn!« rief Rogoshin zitternd. »Wanjka Ptizyn und Biskup haben mir versprochen, bis sieben Uhr abends vierzigtausend zur Stelle zu schaffen. Vierzigtausend Rubel! Alle blank und bar auf den Tisch!«

Die Szene wurde immer gemeiner. Doch Nastassja Filippowna fuhr fort zu lachen und ging auch nicht weg, als wolle sie sie mit Absicht in die Länge ziehen. Nina Alexandrowna und Warja erhoben sich gleichfalls und warteten erschrocken und stillschweigend in qualvoller Spannung, womit das schließlich enden werde. Warjas Augen glühten, Nina Alexandrowna aber zitterte und sah aus, als werde sie im nächsten Augenblick in Ohnmacht fallen.

»Ah … wenn's so ist, dann – Hundert! Heute noch bringe ich hunderttausend Rubel! Ptizyn, hilf, kannst dir die Hände dabei wärmen!«

»Du bist wohl wahnsinnig!« raunte ihm Ptizyn, der plötzlich neben ihm stand und ihn am Arm packte, ungehalten zu. »Du bist betrunken, man wird nach der Polizei schicken! Besinn dich, weißt du auch, wo du bist!«

»Er phantasiert ja nur so in der Trunkenheit«, sagte Nastassja Filippowna verächtlich. Wie es schien, wollte sie ihn damit nur aufstacheln.

»Aber nein doch, ich lüge nicht! Ich bringe sie, bringe sie noch vor dem Abend!…Ptizyn, hilf, Prozentmensch, nimm, was du willst, mach Hunderttausend flüssig bis zum Abend! – Ich werde beweisen, daß ich Wort halte!« rief bis zur Begeisterung hingerissen Rogoshin aus.

»Aber! Einstweilen! Was geht denn hier vor?« mischte sich da ganz unerwartet Ardalion Alexandrowitsch in drohendem Ton ein und näherte sich Rogoshin.

Die Plötzlichkeit, mit der sich der bis dahin vollkommen vergessene, zurückgedrängte Alte einmischte, hatte etwas überaus Komisches. Aus der Rotte ertönte Gelächter.

»Was ist denn das noch für einer?« fragte Rogoshin lachend. »Komm mit, Alter, wirst betrunken sein!«

»Das ist aber doch eine Gemeinheit!« rief Kolja empört aus, fast weinend vor Ärger und Schande.

»Findet sich denn wirklich kein einziger unter euch, der diese Unverschämte hinausweist?« rief plötzlich, zitternd vor Zorn, Warwara Ardalionowna.

»Wie, ich werde hier eine Unverschämte genannt!« wehrte sich Nastassja Filippowna mit nachlässiger Heiterkeit gegen die Beleidigung. »Und ich bin wie ein Gänschen hergekommen, um sie heute abend zu mir einzuladen! Sehen Sie doch, wie Ihre liebe Schwester mich behandelt, Gawrila Ardalionytsch!«

Ganja stand ein paar Sekunden nach dem Ausfall der Schwester wie vom Blitz getroffen. Als er aber dann plötzlich sah, daß Nastassja Filippowna tatsächlich fortgehen wollte, stürzte er wie ein Irrsinniger auf Warja, deren Handgelenk er in der Wut wie mit Klammern erfaßte.

»Was hast du getan?« schrie er mit einem Blick, der sie auf der Stelle vernichten zu wollen schien.

Er hatte entschieden die Besinnung verloren.

»Was ich getan habe? Wohin zerrst du mich? Doch nicht zu jener, damit ich sie um Verzeihung bitte, weil sie deine Mutter beleidigt, und weil sie hergekommen ist, um dein Haus zu beschimpfen, du gemeiner Mensch!« schrie Warja, die den Bruder empört und herausfordernd ansah.

Eine Weile standen sie sich gegenüber. Ganja hielt noch immer ihr Handgelenk umklammert. Warja wollte sich losreißen, einmal, noch einmal aus aller Kraft, doch es gelang ihr nicht, und plötzlich, außer sich, spie sie den Bruder an.

»Das ist mir mal ein Mädchen!« rief Nastassja Filippowna aus. »Bravo, Ptizyn, ich gratuliere!«

Ganja wurde es schwarz vor den Augen, und er holte besinnungslos zu einem Schlage aus, der die Schwester mitten ins Gesicht getroffen hätte. Aber seine Hand wurde von einer anderen Hand aufgehalten: zwischen ihm und der Schwester stand der Fürst.

»Lassen Sie, lassen Sie es gut sein!« stieß er mit fester Stimme hervor, doch zitterte er am ganzen Körper.

»Wirst du mir denn ewig in den Weg treten?« brüllte ihn Ganja an, und Warjas Hand fahren lassend, holte er in rasender Wut aus und schlug den Fürsten ins Gesicht.

»Ach!« schrie Kolja entsetzt auf. »Ach Gott!«

Von allen Seiten wurden Ausrufe laut.

Der Fürst erbleichte. Mit seltsamem, vorwurfsvollem Blick sah er Ganja unverwandt in die Augen: seine Lippen zitterten und schienen sich vergeblich zu bemühen, etwas hervorzubringen – ein seltsames Lächeln, das gar nicht zur Situation paßte, zitterte auf ihnen.

»Nun, mag das... mir zufallen... aber sie... das lasse ich nicht zu!...«, sagte er endlich leise.

Doch plötzlich hielt er es doch nicht aus, wandte sich von ihm ab, bedeckte die Augen mit der Hand, ging in die nächste Ecke, stützte die Stirn an die Wand und brachte mit stockender Stimme hervor:

»Oh, wie werden Sie das bereuen!«

Ganja stand allerdings wie vernichtet da. Kolja stürzte zum Fürsten, den er heiß umarmte und küßte; nach ihm drängten sich Rogoshin, Warja, Ptizyn, Nina Alexandrowna, kurz – alle, sogar der alte Ardalion Alexandrowitsch, zum Fürsten, der sich ihnen nun wieder zuwandte und sie mit demselben rätselhaften Lächeln beruhigte: »Nichts, nichts, es ist wirklich nichts!«

»Und er wird's auch bereuen!« rief Rogoshin ärgerlich. »Wirst dich schämen, Ganjka, daß du ein solches… Lamm« (er konnte kein anderes Wort finden) »beleidigt hast! Fürst, du meine Seele, laß sie laufen! Speie sie an – und gehen wir! Komm, sollst erfahren, wie Rogoshin liebt!«

Nastassja Filippowna war gleichfalls durch Ganjas Tat und die Antwort des Fürsten erschüttert. Ihr stets blasses Gesicht, das so wenig mit ihrem gezwungen heiteren Lachen übereinstimmte, war jetzt augenscheinlich durch ein neues Gefühl erregt; dennoch schien sie es nicht zeigen und sich zwingen zu wollen, das spöttische Lächeln beizubehalten.

»Nein, wirklich, irgendwo habe ich dieses Gesicht doch schon gesehen?« wiederholte sie mit einemmal ganz ernst, sich wieder ihrer Frage entsinnend.

»Und Sie schämen sich nicht! Sind Sie denn so, wie Sie sich hier gezeigt haben? Ist denn das möglich?« rief ihr plötzlich der Fürst mit erschütterndem Vorwurf zu.

Nastassja Filippowna stutzte, lächelte spöttisch – doch schien sie hinter diesem Lächeln etwas verbergen zu wollen, wenigstens sah man ihm ihre Verwirrung an - blickte sich dann nach Ganja um und verließ das Zimmer. Doch noch war sie nicht bis ins Vorzimmer gekommen, als sie plötzlich zurückkehrte, eilig auf Nina Alexandrowna zutrat, ihre Hand ergriff und an die Lippen führte.

»Ich bin ja wirklich nicht so, er hat es erraten«, flüsterte sie schnell und erregt, während ihr das Blut heiß ins Gesicht stieg, doch schon hatte sie sich abgewandt und verließ diesmal so schnell das Zimmer, daß niemand begriff, weshalb sie zurückgekommen war. Man hatte nur gesehen, daß sie Nina Alexandrowna etwas zugeflüstert und ihr die Hand geküßt hatte. Nur Warja hatte alles gehört, und ihr Blick folgte erstaunt Nastassja Filippowna… Ganja besann sich und eilte ihr nach, aber sie war bereits auf der Treppe.

»Begleiten Sie mich nicht!« rief sie ihm zu. »Auf Wiedersehen am Abend! Kommen Sie unbedingt, hören Sie!«

Er kehrte verwirrt und nachdenklich zurück; ein schweres Rätsel lag ihm auf der Seele, ein noch schwereres als das frühere. Auch an den Fürsten dachte er flüchtig… Über seinen Gedanken vergaß er alles andere, so daß er es kaum bemerkte, wie die ganze Rogoshinsche Rotte sich an ihm vorbeiwälzte und ihn in der Tür beiseite schob, um nur schneller die Wohnung zu verlassen. Alle sprachen laut und schienen über etwas zu streiten. Rogoshin selbst ging mit Ptizyn hinaus, auf den er in sehr bstimmtem Tone einredete. Offenbar handelte es sich für ihn um etwas äußerst Wichtiges und Unaufschiebbares.

»Hast verspielt, Ganjka!« rief er diesem im Vorübergehen zu.

Erregt blickte Ganja ihm nach.

»Die gesamte Bewegung des Buchs gleicht einem ungeheuren Kratereinsturz«, schrieb Walter Benjamin und behauptete »das Gravitieren aller Dinge und Menschen gegen den Einen«, den Idioten. Leider, ausnahmsweise, lag hier auch Benjamin daneben. In Wahrheit ist Myschkin, der Idiot, eine in sich ziemlich unlogisch-inkonsistente, ja konstruierte Gestalt – auf Effekt berechnet und via die Thematik der Christus-Nachfolge eher so etwas wie Spekulation aufs oder Konzession ans Publikum. Was den ›Idioten‹, wie die anderen Romane Dostojewskis, wirklich trägt und genial macht, ist die immer wieder explodierende Wahnfugskomik, nämlich die der Gestalten innerhalb von Gruppen und, wie im vorliegenden Fall, von Menschenmassen – in unverhältnismäßigen, »danebenen«, zotigen, eben »peinlichen« Situationen und Situationskombinationen. Und zum Schreien lachhaft wird's besonders immer dann, wenn sich diese Zauseln, Exzellenzen, Grattler und Gottsucher auf Festen tummeln. Als Beschreiber sich chaotisierender Feste macht Dostojewski eh kein Schriftsteller und nicht mal die Realität was vor.

Auch von daher können wir nur von ihm lernen: Feste zu feiern.

So ärgerlich, ja hoffnungslos der deutsche Fall Dostojewski – schließen möge das trübe Kapitel immerhin mit einem Bonbon; einem Passus aus Dostojewskis wohl grandiosestem Roman ›Die Dämonen‹.

Im Vorwort, einem Meisterstück an planvoll-planloser Erzähltech-

nik, wird mit dem Althumanisten, Freigeist und ausgehaltenen Faul-pelz Stepan Trofimowitsch Werchowenski die vielleicht schönste, run-deste, rührendste aller Dostojewskischen Gestalten vorgestellt. Unter anderem über ein Gedicht, das er einst verbrochen hat und dessen rücksichtsloser Wahnwitz sich auch als ›Faust II‹-Parodie vor derjeni-gen Vischers nicht zu verstecken braucht, sondern diese fast lächerlich macht.

Stepans Gedicht

(...) Seine Vorlesungen über die Araber jedoch stellte er deshalb ein, weil ein von ihm geschriebener Brief mit der Darlegung irgendwelcher »Umstände« irgendwie von irgendwem (offenbar von einem seiner reaktionären Feinde) aufgefangen worden war, woraufhin irgend jemand irgendwelche Erklärungen von ihm verlangt hatte. Ich weiß nicht, ob das wahr ist, aber außerdem behauptete man, daß gerade damals in Petersburg eine riesige, gesetzwidrige und staatsfeindliche Gesellschaft, bestehend aus nahezu dreißig Mann, aufgespürt worden sei, eine Gesellschaft, die das Staatsgebäude beinahe erschüttert hätte. Man sagte, sie hätten nichts Geringeres vorgehabt, als Fourier zu übersetzen. Und ausgerechnet zur selben Zeit mußte dann noch in Moskau eine Dichtung Stepan Trofimowitschs beschlagnahmt werden, ein Poem, das er schon sechs Jahre zuvor in Berlin geschrieben hatte, als ganz junger Mensch, und dessen Abschriften, unter der Hand weitergegeben, bei zwei Liebhabern der Dichtkunst und einem Studenten gefunden wurden. Ein Exemplar davon liegt jetzt auch in meinem Schreibtisch: erst im vorigen Jahre erhielt ich es von Stepan Trofimowitsch persönlich, in eigenhändiger neuester Abschrift, mit autographischer Widmung und in prachtvollem rotem Saffianeinband. Diese Dichtung ist übrigens nicht ohne Poesie, ja, sie ist nicht einmal ohne ein gewisses Talent verfaßt, ist allerdings etwas sonderbar, aber damals (d. h. in den dreißiger Jahren) wurde oft in dieser Art geschrieben. Das Thema des Poems wiederzugeben, macht mir freilich Schwierigkeiten, denn, wenn ich die Wahrheit sagen soll: ich habe es überhaupt nicht verstanden. Es ist irgend so eine Allegorie in lyrisch-dramatischer Form, die an den zweiten Teil des »Faust« erinnert. Die Dichtung beginnt mit einem Chor der Frauen, dann folgt ein Chor der Männer, darauf ein Chor irgendwelcher Kräfte, und zum Schluß der Chöre tritt ein Chor von Seelen auf, die noch nicht gelebt haben, aber doch gar zu gern auch mal leben möchten. Alle diese Chöre singen von etwas sehr unbestimmtem, größtenteils von irgendeinem Fluch, aber sie singen es wie mit einem Schimmer überlegenen Humors. Doch plötzlich verwandelt sich die Szene und es beginnt ein »Fest des Lebens«, auf dem auch die Insekten mitsingen; dann tritt eine Schildkröte auf mit allerhand lateinischen sakramentalen Worten, und es singt irgend etwas, wenn ich mich recht erinnere, sogar ein Mineral, also ein sonst doch schon völlig lebloser Gegenstand. Überhaupt singen alle ununterbrochen, reden sie aber einmal miteinander, so ist es mehr ein unbestimmtes Schimpfen, aber wiederum wie mit einem Schimmer höherer Bedeutung. Schließlich, nach einem abermaligen Szenenwechsel, sieht man eine wildromantische Gegend, in der zwischen Felsen ein zivilisierter junger Mann umherirrt und irgendwelche Kräuter ausreißt, an denen er dann saugt. Auf die Frage einer Fee, warum er das tue, antwortet er, er suche, weil er ein Übermaß von Leben in sich fühle, Vergessenheit, und diese Vergessenheit finde er im Safte dieser Kräuter; sein Hauptwunsch aber sei: möglichst bald den Verstand zu verlieren (ein Wunsch, der vielleicht schon überflüssig ist). Darauf erscheint plötzlich auf einem schwarzen Pferde ein Jüngling von unbeschreiblicher Schönheit, und ihm folgen in fürchterlicher Menge alle Völker. Der Jüngling stellt den Tod dar, und die Völker lechzen alle nach ihm. Und zum Schluß, in der allerletzten Szene, erscheint plötzlich der babylonische Turm, und irgendwelche Athleten bauen ihn nun schon zu Ende und singen dazu einen Sang der neuen Hoffnung, und wie sie die höchste Spitze vollenden, da läuft der bisherige Beherrscher des, sagen wir meinethalben, des Olymps in komischer Weise davon, und die Menschheit, die jetzt endlich alles begreift, beginnt sofort, indem sie sich seines Platzes bemächtigt, ein neues Leben mit vollkommen neuem Durchschauen der Dinge. Dieses Poem also wurde damals für gefährlich befunden. Im vorigen Jahr schlug ich Stepan Trofimowitsch vor, es nunmehr drucken zu lassen, da es in unserer Zeit doch eine ganz ungefährliche Dichtung sei, aber er lehnte den Vorschlag mit sichtbarem Mißbehagen ab. Die Auffassung, daß es sich um ein vollkommen ungefährliches Werk handle, gefiel ihm offenbar gar nicht, und diesem Umstande schreibe ich auch die gewisse Kühle zu, die seinerseits mir gegenüber volle zwei Monate andauerte. Doch siehe da! Plötzlich, und fast zur selben Zeit, als ich ihm vorschlug, das Werk hier drucken zu lassen, wurde unser Poem *dort* gedruckt, d. h. im Ausland, und erschien in einem der revolutionären Sammelbände, ohne daß Stepan Trofimowitsch überhaupt etwas davon erfahren hatte. Er erschrak zunächst nicht wenig, stürzte zum Gouverneur, entwarf einen hochedlen Rechtfertigungsbrief für Petersburg, las ihn mir zweimal vor, schickte ihn aber dann doch nicht ab, da er, wie sich herausstellte, gar nicht wußte, an wen er ihn senden sollte. Kurz, er regte sich einen ganzen Monat lang auf, doch ich bin überzeugt, daß er dabei in den verborgensten Tiefen seines Herzens ungemein geschmeichelt war. Von dem ihm zugestellten Exemplar des Sammelbandes trennte er sich überhaupt nicht mehr, ja, er schlief fast mit ihm, am Tage aber versteckte er es unter der Matratze, weshalb er das Mädchen kaum noch das Bett aufbetten ließ, und obschon er Tag für Tag ein gewisses Telegramm erwartete, schaute er doch sehr von oben herab. Das Telegramm kam aber nicht. Da söhnte er sich auch mit mir wieder aus, was wiederum von der großen Güte seines sanftmütigen, nicht nachtragenden Herzens zeugt.

Schließen wir den Bogen von Goethe über Vischer und Dostojewski: Irgendwie hat Stepan offenfar auch P. Handkes dramatisches Gedicht ›Über die Dörfer‹ vorweggenommen.

WILLY BRANDT / HELMUT KOHL

Ein Fernsehkrach

*Zu den Sternstunden des eher ordinären und tristen Alltagslebens zäh-
len gewisse Irregularitäten im Fernsehen; solche nämlich, bei denen
das potentiell schon perfekte System von Harmonie, Anpassung und
allseitiger Gefälligkeit plötzlich doch noch mal und sogar ein bißchen
dostojewskihaft aus den Latschen kippt. So etwas gab es zum Beispiel
1971 im Rahmen eines sogenannten »Kreuzfeuer«-Interviews der
WDR-TV-Sendung ›Monitor‹, als F. J. Strauß wider die Fernsehge-
waltigen und Interviewer Castorp und Rohlinger zu unfreiwilliger
Hochform auflief: »Solche Überfallfragen liebe ich nicht, Herr Rohlinger!«*
*Im Mai 1985 war es nach der Nordrhein-Westfalen-Landtagswahl
zwischen Kohl und Brandt wieder mal so weit: In beiden Fernsehpro-
grammen tobte wenigstens für zwei Minuten die gar nicht hoch genug
zu lobende Kultur des Schimpfens.*

KOHL ...Was nun Außenpolitik betrifft. Nun Herr Brandt,
  ..., da sehe ich angesichts Ihrer Außenpolitik der Bundes-
  tagswahlentscheidung 1987 mit größtem Optimismus entgegen, denn diese Form dieses primitiven Anti-Amerika-
  nismus...

BRANDT Sie sollten sich schämen Herr Bundeskanzler, Sie
  sollten sich schämen...

KOHL ..., ach hören Sie doch auf. Wenn Sie laut werden, ist
  das ja nur ein Beweis dafür, daß Sie ein schlechtes Gewissen
  haben...

BRANDT Nein, ich kann das nicht durchgehen lassen. Sie
  schaden unserem Volk durch Ihre Lügen.

KOHL Aber Herr Brandt, was Sie alles in Amerika vor ein paar
  Tagen gesagt haben, das hat der Bundesrepublik geschadet.

BRANDT Sie sagen den Menschen die Unwahrheit, Herr Bundeskanzler. Ich laß' das nicht durchgehen.

KOHL Was haben Sie alles gegen den amerikanischen Präsidenten...

BRANDT Das stimmt doch gar nicht…

KOHL …Was Sie in diesen zehn Tagen gegen den amerikanischen Präsidenten…

BRANDT Nein, Sie sagen dem Volk die Unwahrheit, Herr Bundeskanzler. Ich laß das nicht durchgehen… So können Sie nicht die Partei behandeln, die in Nordrhein-Westfalen die Mehrheit hat, das gibt es nicht.

KOHL Entschuldigung, Sie können in Ihrem Parteibüro brüllen mit Ihren Mitarbeitern, aber nicht mit uns vor dem deutschen Publikum…

BRANDT Auch mit Ihnen, wenn Sie die Unwahrheit sagen.

KOHL Nein, Sie sagen die Unwahrheit. Wenn Sie bestreiten, daß Sie im Vorfeld des Besuchs des amerikanischen Präsidenten und während dieses Besuches in unglaublicher Weise… gegen diesen Mann…

BRANDT Nein, Sie haben, Herr Reagan hätte ich bald zu Ihnen gesagt, Herr Bundeskanzler. Sie haben versucht, ihn gegen uns auszuspielen…

KOHL Schon allein das, was Sie jetzt eben hier im Wortspiel getan haben, zeigt doch, wes Geistes Kind Sie… sind… Lassen Sie doch Heiner Geißler beiseite. Heiner Geißler tut für unsere Partei seine Pflicht wie Ihre Leute auch.

BRANDT Ein Hetzer ist er. Seit Goebbels der schlimmste Hetzer in diesem Land.

KOHL …Das zeigt doch, daß Sie die Nerven verlieren, weil man offensichtlich an Ihre Nerven herangekommen ist.

Zitiert nach der ›Bild‹-Zeitung vom 14.5.85. Der Wortlaut des Gekeifes weicht in der ›Frankfurter Rundschau‹ um Nuancen ab, zum Beispiel: »Quatsch, Sie sollten sich schämen, Herr Bundeskanzler!« Wochen danach gab es dann ein ähnliches Geschrei zwischen Kohl und Strauß – leider nicht öffentlich.

Herr Korbes

Es war einmal ein Hühnchen und Hähnchen, die wollten zusammen verreisen, da baute das Hähnchen einen schönen Wagen mit vier rothen Rädern, und spannte vier Mäuschen davor, dann setzte sich das Hühnchen mit dem Hähnchen auf, und so fuhren sie fort. Da begegnete ihnen eine Katze, die sprach: »wo wollt ihr hin?« da antwortete das Hähnchen:

»als hinaus
nach dem Herrn Korbes seinem Haus.«

Die Katze sprach: »nehmt mich auch mit.« Das Hähnchen antwortete: »recht gern, setz dich hinten auf, daß du vornen nicht herabfällst:

nehmt euch wohl in Acht,
daß ihr mir meine rothe Räderchen nicht schmutzig macht.
Ihr Räderchen schweift!
Ihr Mäuschen pfeift!
als hinaus
nach des Herrn Korbes seinem Haus.«

So kam nach und nach ein Mühlstein, ein Ei, eine Ente, eine Stecknadel und eine Nähnadel, die setzten sich auch alle auf den Wagen, wie sie aber zu des Herrn Korbes seinem Haus kamen, war der Herr Korbes nicht da. Die Mäuschen fuhren den Wagen in die Remise, das Hühnchen flog mit dem Hähnchen auf eine Stange, die Katze setzte sich ins Kamin, die Ente in die Bornstande, die Stecknadel sich ins Stuhlkissen, die Nähnadel ins Bett ins Kopfkissen, der Mühlenstein legte sich über die Thüre, und das Ei wickelte sich in das Handtuch. Da kam der Herr Korbes nach Haus, ging ans Kamin und wollte Feuer anmachen, da warf ihm die Katze das ganze Gesicht voll Asche; er ging geschwind in die Küche und wollte sich abwaschen, wie er an die Bornstande kam, sprützte ihm die

Ente Wasser ins Gesicht, als er sich abtrocknen wollte, rollte ihm das Ei aus dem Handtuch entgegen, ging entzwei und klebte ihm die Augen zu; er wollte sich ruhen und setzte sich auf den Stuhl, da stach ihn die Stecknadel, darüber wurde er ganz verdrießlich und ging ins Bett und wie er den Kopf aufs Kissen niederlegte, da stach ihn die Nähnadel; da ward er so bös und toll, daß er zum Haus hinaus laufen wollte, wie er aber an die Thüre kam, sprang der Mühlstein herunter und schlug ihn todt.

MARCEL PROUST

Tod der Großmutter

Daß es heutzutage, wenn man belletristischen Erfolg erzwingen möchte, schon fast genüge, wahlweise einen Großvater oder eine Großmutter oder eine alte weise Magd in gehobener Realistik beim Sterben zu beschreiben: das haben in ähnlichen Formulierungen und aber offenbar unabhängig voneinander die Kritiker Jörg Drews und Gunter Schäble und ich übereinstimmend um 1983 öffentlich festgestellt. Es ist schon ziemlich erbärmlich. Andererseits hat es, ehe die Sache in Mode kam, natürlich auch immer wieder sehr gute Sterbensbeschreibungen gegeben. Zum Beispiel die folgende aus Prousts großem Epos, aus der wir leider nur drei kleine Ausschnitte bieten können.

[...]
Als wir die Mietdroschke am Eingang der Rue Gabriel, in den Champs-Elysées, verlassen hatten, sah ich, daß meine Großmutter sich wortlos abgewendet hatte und auf den kleinen alten Pavillon mit dem grünen Gitterwerk zuging, in dem ich eines Tages Françoise erwartet hatte. Derselbe Parkwächter wie damals war auch jetzt bei der ›Marquise‹, als ich, meiner Großmutter folgend, die, da ihr offenbar übel geworden war, ihre Hand vor den Mund hielt, die Stufen des kleinen ländlichen Theaterbaus inmitten der Anlagen emporstieg. Am Eingang war, wie in jenen Jahrmarktsschaubuden, wo der Clown, schon für seinen Auftritt hergerichtet und weiß bemehlt, selbst das Eintrittsgeld kassiert, die ›Marquise‹ mit ihrem breiten, unregelmäßigen, grob gepuderten Gesicht zur Stelle; ihr kleiner Kapotthut aus roten Blumen und schwarzer Spitze thronte auf einer roten Perücke. Ich glaube aber nicht, daß sie mich wiedererkannte. Der Parkwächter verzichtete ein Weilchen auf die Beaufsichtigung der Grünanlagen, auf deren Ton seine Uniform abgestimmt war, und saß plaudernd neben ihr.
– Also, sagte er, Sie sind immer noch hier. Sie denken nicht daran, sich zurückzuziehen.

– Und warum sollte ich mich zurückziehen? Wollen Sie mir sagen, wo ich es besser hätte als hier, größere Annehmlichkeiten und alles so bequem? Und dann immer dies Kommen und Gehen, nie fehlt es an Zerstreuung; ich nenne das hier mein Klein-Paris: meine Kundschaft hält mich über alles, was vorgeht, auf dem laufenden. Sehen Sie, da gibt es einen, der vor noch nicht fünf Minuten hier war, ein städtischer Beamter in einer hohen Position. Also, was soll ich Ihnen sagen, rief sie mit einem Eifer aus, als sei sie bereit, diese Behauptung zur Not mit Gewalt zu verfechten - wenn etwa der Vertreter der Obrigkeit Miene gemacht hätte, ihre Richtigkeit zu bestreiten – seit acht Jahren, verstehen Sie mich recht, alle Tage, die Gott werden läßt, Punkt Schlag drei Uhr ist er hier, immer höflich, niemals ein lautes Wort, nie läßt er etwas schmutzig zurück; er bleibt eine halbe Stunde hier, um seine Zeitungen zu lesen und seine kleinen Geschäfte zu verrichten. Einen einzigen Tag ist er nicht gekommen. Im Augenblick habe ich es nicht einmal gemerkt, aber am Abend sagte ich plötzlich zu mir: ›Sieh da, der Herr war nicht da; es wird ihm doch nichts zugestoßen sein?‹ Es ging mir wirklich nahe, ich schließe die Leute hier ins Herz, wenn sie angenehm sind. Ich war daher sehr froh, als ich ihn am nächsten Tage wiedersah, und habe zu ihm gesagt: ›Monsieur, es ist Ihnen doch gestern nichts passiert?‹ Da sagt er mir, nein, ihm sei selbst nichts passiert, nur seine Frau sei gestorben, und das habe ihn derart durcheinandergebracht, daß er nicht habe kommen können. Er sah wahrhaftig traurig aus – Sie verstehen, Leute, die fünfundzwanzig Jahre verheiratet waren! – aber doch auch richtig froh, daß er wieder hier war. Man spürte, daß er in seinen kleinen Gewohnheiten ungern gestört worden war. Ich habe versucht, ihn etwas aufzurichten, und zu ihm gesagt: ›Man darf sich nicht gehenlassen. Kommen Sie nur wie bisher, bei Ihrem Kummer brauchen Sie um so mehr eine kleine Zerstreuung.‹
Die ›Marquise‹ war mit ihrer Rede jetzt in einen ruhigeren Ton verfallen, denn sie hatte bemerkt, daß der Hüter der Büsche und Rasenflächen ihr gutmütig zuhörte, ohne an Widerspruch zu denken; von keiner aggressiven Absicht beseelt, ließ er seinen Säbel, der eher einem Gartengerät oder Attribut der Parkflora glich, friedlich in der Scheide.

– Und dann, sagte sie, suche ich mir meine Kunden auch aus, ich lasse nicht jeden beliebigen hier in meine Salons, wie ich immer sage. Sieht es nicht aus wie in einem Salon mit meinen schönen Blumen? Ich habe sehr liebenswürdige Kunden, immer bringt mir einer oder der andere einen Zweig schönen Flieder, Jasmin oder sogar Rosen mit, meine Lieblingsblume.

Ich errötete bei dem Gedanken, die Dame werde vielleicht keine gute Meinung von uns haben, da wir ihr niemals Flieder oder schöne Rosen mitbrachten, und um mich ihrem Urteil körperlich zu entziehen – oder doch wenigstens nur in contumaciam von ihr gerichtet zu werden – strebte ich dem Ausgang zu. Aber nicht immer sind es im Leben die Leute, die schöne Rosen bringen, zu denen man am liebenswürdigsten ist: die ›Marquise‹, die befürchtete, ich könne mich langweilen, sprach mich an:

– Soll ich Ihnen nicht eine kleine Kabine aufschließen?

Und als ich ablehnte, setzte sie lächelnd hinzu:

– Nein, Sie wollen nicht? Ich tue es gern für Sie, aber ich weiß, daß das Bedürfnisse sind, die man noch nicht zu haben braucht, weil man nicht dafür zahlt.

In diesem Augenblick kam sehr eilig eine schlechtgekleidete Person herein, die sie jedenfalls zu verspüren schien. Aber sie gehörte nicht dem Kundenkreis der ›Marquise‹ an, denn mit der eisernen Entschiedenheit des Snobismus erklärte diese schroff:

– Es ist nichts frei, Madame.

– Wird es lange dauern? fragte die arme Person mit rotem Gesicht unter einem gelben Blumenhut.

– Oh, Madame, ich rate Ihnen, anderswo hinzugehen, Sie sehen ja, diese zwei Herren warten schon, sagte sie, indem sie auf mich und den Parkwächter zeigte, und ich habe nur eine Kabine, die anderen werden repariert… Bei solchen Leuten zahlt es sich nicht aus, sagte die ›Marquise‹. So etwas gehört nicht hierher, da gibt es keine Reinlichkeit, keine Rücksichtnahme, ich könnte nachher eine Stunde bloß saubermachen, nachdem Madame gegangen ist. Den zwei Sous, die sie zahlt, traure ich nicht nach.

Endlich, nach einer guten halben Stunde, kam meine Großmutter wieder heraus, und da ich annahm, sie werde nicht durch ein Trinkgeld ihre Unbescheidenheit, so lange zu bleiben, wieder gutmachen, zog ich mich zurück, um an der Verachtung nicht teilzuhaben, mit der die ›Marquise‹ sie sicherlich strafen würde; ich machte ein paar Schritte in eine Allee hinein, aber ganz langsam, damit meine Großmutter mich leicht einholen und ihren Weg mit mir fortsetzen könne, was auch gleich darauf geschah. Ich glaubte, sie werde zu mir sagen: ›Ich habe dich lange warten lassen, aber ich hoffe, du kommst noch rechtzeitig zu deinen Freunden‹, doch sie äußerte kein Wort, so daß ich etwas enttäuscht auch meinerseits nichts sagte; als ich endlich nach ihr hinsah, bemerkte ich, daß sie zwar neben mir ging, aber doch den Kopf von mir wegwendete. Ich fürchtete, es sei ihr immer noch schlecht. Ich sah genauer hin und war erschrocken über ihren unsicheren Gang. Ihr Hut saß schief, ihr Mantel war beschmutzt, sie sah unordentlich und wie mißvergnügt aus und hatte das rote, gequälte Gesicht einer Frau, die von einem Wagen umgefahren und aus dem Straßengraben gezogen worden ist.

– Ich hatte Angst, Großmama, es sei dir schlecht geworden; fühlst du dich jetzt besser? fragte ich.

Zweifellos meinte sie, es sei unmöglich, mir keine Antwort zu geben, ohne mich zu beunruhigen.

– Ich habe die ganze Unterhaltung zwischen der ›Marquise‹ und dem Wächter angehört, sagte sie zu mir. Das war doch im höchsten Grade ›Guermantes‹ oder ›Kleiner Kreis‹ der Verdurins. ›In welch elegantem Stil wurden diese Dinge vorgebracht.‹ Und sie zog auch noch geflissentlich einen Ausspruch ihrer eigenen Marquise, Madame de Sévigné, heran: ›Als ich sie hörte, dachte ich, sie bereiteten mir einen recht köstlichen Abschied.‹

Diese Worte richtete sie an mich, Worte, in die sie ihre ganze Neigung zum Zitieren, ihr Gedächtnis für die Klassiker hineingelegt hatte, etwas mehr sogar, als sie gewöhnlich tat, wie wenn sie zeigen wolle, daß sie das noch alles besaß. Doch die Sätze selbst erriet ich mehr, als daß ich sie vernahm, denn mit so röchelnder Stimme brachte sie sie hinter fest geschlossenen Zähnen hervor, daß die Furcht vor neuem Erbrechen als Erklärung nicht ausreichend schien.

– Weißt du was, sagte ich möglichst beiläufig, damit es nicht so aussah, als lege ich ihrem Übelbefinden allzuviel Bedeutung bei, wenn dir nicht gut ist und du lieber magst, daß wir nach Hause gehen, wollen wir es tun, ich möchte doch nicht in den Champs-Elysées mit einer Großmutter spazierengehen, die eine Verdauungsstörung hat.

– Ich wagte nicht, es vorzuschlagen wegen deiner Freunde, antwortete sie mir. Armer Junge! Aber wenn es dir recht ist, wäre es wohl das beste.

Ich zitterte, sie könne selbst bemerken, in welchem Ton sie diese Worte sagte.

– Komm, sagte ich entschlossen zu ihr, ermüde dich nicht mit Sprechen, wenn dir nicht recht gut ist; das hat doch keinen Sinn, warte lieber damit, bis wir zu Hause sind.

Sie lächelte mich traurig an und drückte mir die Hand. Sie hatte begriffen, daß sie mir nicht verbergen konnte, was ich sofort erriet; sie hatte soeben einen kleinen Anfall gehabt.

[…]

Françoise hatte sie so oft gefragt, ob sie nicht frisiert sein wolle, daß sie schließlich überzeugt war, der Wunsch gehe von meiner Großmutter aus. Sie holte Bürsten, Kämme, Eau de Cologne, einen Frisierumhang herbei und sagte: »Davon kann ja Madame Amédée nicht müde werden, daß ich ihr die Haare mache; wenn man auch noch so schwach ist, Kämmen hält man immer aus.« Das sollte heißen, man ist eben nie zu schwach, als daß eine andere Person ihrerseits einen kämmen könnte. Aber als ich ins Zimmer trat, sah ich in den grausamen Händen von Françoise, die so entzückt schien, als gebe sie meiner Großmutter damit die Gesundheit zurück, unter dem traurig herumhängenden Greisenhaar, das die Berührung mit dem Kamm kaum noch aushielt, einen Kopf, der, unfähig, in der gewünschten Haltung zu verharren, mit einer unaufhörlich kreisenden Bewegung, in der Erschöpfung mit Schmerzen gemischt war, immer tiefer sank. Ich merkte, daß Françoise gleich fertig sein würde, und wagte nicht, den Vorgang mit den Worten ›Genug jetzt‹ zu beschleunigen, aus Furcht, sie werde nur ungehorsam sein. Wohl aber stürzte ich mich dazwischen, als Françoise, damit meine Großmutter sehe, ob sie so richtig frisiert sei, in ahnungsloser Roheit ihr mit dem Spiegel nahte. Ich war zunächst glücklich, ihn noch rechtzeitig aus ihren Händen gerissen zu haben, bevor meine Großmutter, von der man sorgfältig jeden Spiegel ferngehalten hatte, hineinschauen und unversehens ein Bild ihrer selbst erkennen würde, das sie sich nicht vorstellen konnte. Aber ach! als ich mich einen Augenblick darauf über sie neigte, um die schöne Stirn zu küssen, die so geplagt worden war, sah sie mich mit erstaunter, mißtrauischer, ja beinahe empörter Miene an: sie erkannte mich nicht.

[...]

Doch kehren wir zu den letzten Stunden der Sterbenden zurück. Mein Großvater fragte meinen Vetter:

– Wissen Sie, was ihre Schwestern uns telegraphiert haben?

– Ja, ›Beethoven‹! ich habe es gehört; man sollte es einrahmen lassen, aber ich wundere mich nicht.

– Meine arme Frau, die so sehr an ihnen hing, sagte mein Großvater und trocknete sich eine Träne ab. Man darf ihnen nicht böse sein. Sie sind total verrückt, ich habe es immer gesagt. Was ist los, kommt kein Sauerstoff mehr?

Meine Mutter meinte:

– Aber dann wird Mama wieder mühsam atmen.

Der Arzt antwortete ihr:

– O nein! Die Wirkung des Sauerstoffs hält noch eine Weile an, aber wir fahren dann damit fort.

Mir schien, niemand würde das sagen, wenn es sich um eine Sterbende handelte, und wenn die gute Wirkung anhielt, so müsse das bedeuten, daß man noch etwas über ihr Leben vermochte. Das Zischen des Sauerstoffs hörte ein paar Sekunden lang auf. Aber die beglückte Klage der Atmung strömte immer weiter, leicht, stockend, unvollendet, immer wieder beginnend. Dann wieder schien alles zu Ende zu sein, der Atem hielt an, sei es wegen der gleichen Umschaltung der Register wie in der Atmung eines Schlafenden, sei es infolge einer naturbedingten Unregelmäßigkeit, der Wirkung der Anästhesie, fortschreitender Stauung der Luft, oder durch ein Versagen des Herzens. Der Arzt griff wieder nach dem Puls meiner Großmutter, aber schon war es, als münde, den versiegenden Strom auffüllend wie ein Nebenfluß, ein neuer Gesang in das unterbrochene Thema ein. Dies aber setzte sich nun in einer anderen Tonart, doch mit dem gleichen unerschöpften Aufschwung fort. Wer weiß, ob nicht, sogar meiner Großmutter unbewußt, zahllose glückliche und zärtliche Regungen, die durch das Leiden so lange hintangehalten waren, jetzt sich aus ihr lösten wie jene leichteren Gase, die sich vordem unter Druck eingeschlossen befanden? Man hätte meinen können, daß alles, was sie uns zu sagen hatte, jetzt aus ihr herausströmte, als sie sich mit diesem beredten Eifer, dieser Mitteilsamkeit an uns wendete. Am Fuße des Bettes, gekrümmt von jedem Ansturm dieser Agonie, nicht weinend, doch immer wieder wie von Tränen gesättigt, durchlebte meine Mutter den gedankenlosen Jammer eines Blattes, das der Regen peitscht und das vom Wind hin- und hergezerrt wird. Man hieß mich meine Augen trocknen, bevor ich meine Großmutter noch einmal küßte.

– Und ich dachte, sie sieht nichts mehr, meinte mein Vater.

– Man kann nie wissen, antwortete der Arzt.

Als meine Lippen sie berührten, machten die Hände meiner Großmutter eine Bewegung, ein leises Erschauern lief durch sie hindurch, vielleicht war es nur ein Reflex, vielleicht aber auch besitzen gewisse zärtliche Gefühle eine Überempfindlichkeit, die durch den Schleier der Unbewußtheit erkennt, was sie durch das Mittel der Sinne nicht erst zu lieben braucht. Plötzlich richtete sie sich halb auf und machte eine heftig Bewegung wie jemand, der sein Leben verteidigen will. Françoise hielt diesem Augenblick nicht stand, sie brach in Schluchzen aus. Im Gedanken an die Worte des Arztes wollte ich sie aus dem Zimmer führen. In diesem Moment tat meine Großmutter weit die Augen auf. Ich warf mich auf Françoise, um ihre Tränen zu verbergen, während meine Eltern zu der Kranken sprachen. Das Geräusch des Sauerstoffs hatte aufgehört, der Arzt trat von dem Bett zurück. Meine Großmutter war tot.

Einige Stunden darauf konnte Françoise, ohne ihr damit Schmerzen zu bereiten, ein letztes Mal das schöne Haar meiner Großmutter kämmen, das eben erst ergraute und bislang weniger alt gewirkt hatte als sie selbst. Jetzt dagegen war es das einzige, was dies junggewordene Gesicht mit der Krone des Alters versah, dies Gesicht, aus dem alle Runzeln, alle Verkrampfungen, alle Verwischtheit der Züge, Spannung, Erschlaffung, die seit so vielen Jahren das körperliche Leiden darauf abgelagert hatte, weggeblasen waren. Wie in der fernen Zeit, da ihre Eltern für sie einen Gatten ausgesucht, war ihr Antlitz von Reinheit und Ergebenheit überhaucht, ihre Wangen glühten von keuscher Hoffnung, einem Traum von Glück, ja unschuldsvoller Fröhlichkeit, die die Jahre nach und nach darauf verwüstet hatten. Das Leben ging und nahm die Enttäuschungen des Daseins gleichfalls mit sich fort. Ein Lächeln schien auf den Lippen meiner Großmutter zu liegen. Auf dies letzte Lager hatte der Tod sie wie ein Bildhauer des Mittelalters mit den Zügen des jungen Mädchens hinge-streckt, das sie einst gewesen war.

Bei dieser Gelegenheit sei behutsamst darauf hingewiesen, daß die gut 25 Jahre alte deutsche Proust-Übersetzung keineswegs immer astrein ist; sondern durchaus gelegentlicher Überarbeitung be-dürfte.

Der Tod meines Vaters

Sehr starke Sterbeszenen hat auch Italo Svevo, zuweilen nicht ganz zu Unrecht als »der italienische Proust« oder auch »der italienische Kafka« gelobt, in seinen drei Romanen und in seinen Erzählungen zustande gebracht. Dem folgenden Schluß des 4. Kapitels, ›Der Tod meines Vaters‹, aus Svevos Hauptwerk, dem tragikomisch humoristischen Roman ›Zeno Cosini‹, eignen zweifellos realistische, aber auch symbolische Züge. In gewisser Weise ist die halbsymbolische Ohrfeige, die des sterbenden Vaters Sohn Zeno trifft, auch eine Variante jenes Svevoschen Grundthemas, welches im Titel der Erzählung ›Ein gelungener Scherz‹ auf die Metapher kommt und die freilich genausogut ›Ein mißlungener Scherz‹ lauten könnte. Manche Zeitdeuter sahen in diesem Titel übrigens auch Svevos telepathische Antizipation der höchst unerfreulichen und unglückseligen deutschen Svevo-Editionsgeschichte durch den Rowohlt-Verlag, welche wahlweise auch ein Schildbürgerstreich oder ein 25jähriges Trauerspiel zu nennen ist.

»Ich bin also schwer krank?« hatte mein Vater angstvoll gefragt. So ein klarer Augenblick kam nicht mehr wieder. Im Gegenteil. Einen Augenblick später zeigte sich so etwas wie Delirium. Mein Vater erhob sich halb vom Bett und bildete sich ein, nach einer Nacht voll tiefen Schlafes in einem Wiener Hotel aufzuwachen. Wahrscheinlich hatte er infolge seines Wunsches, sich den brennenden Mund zu kühlen, von Wien geträumt, an dessen gutes und eiskaltes Wasser er sich erinnerte. Er sprach auch sofort von dem guten Wasser, um das er nur zur nächsten Wasserleitung zu gehen brauche.

Er war ein ruheloser, aber sanfter Kranker. Ich hatte Angst vor ihm. Ich befürchtete immer, daß er endlich seine Situation erkennen und darüber in Aufregung geraten würde. Selbst seine Sanftmut konnte diese Furcht nicht mildern. Aber er gehorchte, wenn man etwas von ihm verlangte, in der Hoffnung, das würde ihn von seiner Atemnot befreien. Der Wärter machte sich erbötig, ihm ein Glas Milch zu holen. Er stimmte mit heller Freude zu. Aber mit derselben Impulsivität, mit der er nach der Milch verlangt hatte, wollte er nach einem kleinen Schluck nichts mehr davon wissen. Als man sie ihm nicht gleich wegnahm, ließ er das Glas zu Boden fallen.

Der Arzt zeigte sich niemals enttäuscht von dem Zustand, in dem er den Kranken vorfand. Zwar konstatierte er täglich eine Besserung, hielt aber trotzdem die Katastrophe nur für aufgeschoben. Eines Tages fuhr er mit dem Wagen vor, hatte es jedoch überaus eilig, wieder zu gehen. Er legte mir nahe, den Kranken so lange als möglich am Aufstehen zu hindern, da die horizontale Lage im Bett die günstigste für die Blutzirkulation sei. Dasselbe sagte er auch meinem Vater, der zu verstehen schien oder wenigstens mit gespanntem Gesichtsausdruck zuhörte, gleich darauf aber mitten im Zimmer stehen blieb und in seine Nachdenklichkeit oder besser in das, was ich die gedankliche Beschäftigung mit seiner Atemnot nannte, zurückfiel.

In der folgenden Nacht erlebte ich zum letztenmal den Schrecken, sein Bewußtsein erwachen zu sehen. Er saß wieder im Lehnstuhl vor dem Fenster und sah durch die Scheiben in den gestirnten Himmel der klaren Nacht. Seine Atemzüge gingen mühsam, wie immer. Aber er schien darunter nicht zu leiden, sondern sich am Anblick der Sterne zu erfreuen. Es sah aus, als nicke er unaufhörlich zustimmend mit dem Kopf, was vielleicht nur mit der Bewegung seines Atems zusammenhing.

Ich dachte erschrocken: »Er beschäftigt sich mit Problemen. Das hat er im Leben noch nie getan!« Ich bemühte mich, selber die Stelle am Himmel zu finden, die er fixierte. Er starrte mit ausgestrecktem Oberkörper vor sich, wie einer, der gerne durch ein etwas zu hoch eingestelltes Fernrohr schauen möchte. Ich glaube, es waren die Plejaden, die er betrachtete. Wahrscheinlich hatte er in seinem ganzen Leben noch nie in solche Entfernungen gesehen. Plötzlich wandte er sich zu mir und sagte mit immer noch vorgestrecktem Oberkörper, aber ernstem und warnendem Gesichtsausdruck:

»Schau! Schau!«

Dann sah er abermals nach dem Himmel und wandte sich wieder an mich:

»Hast du gesehen? Hast du gesehen?«

Und noch einmal versuchte er, zu den Sternen zurückzukehren, vermochte es aber nicht. Erschöpft fiel er in den Lehnstuhl zurück. Als ich ihn fragte, was er mir denn zeigen wollte, erinnerte er sich an nichts mehr – hörte mich auch wohl gar nicht mehr. Das von ihm so gesuchte Wort, das ich als Vermächtnis empfangen sollte, ging auf immer verloren.

Die Nacht war lang, jedoch nicht besonders anstrengend für mich und den Wärter. Wir ließen den Kranken tun, was er wollte. Er ging in seinem sonderbaren Aufzug im Zimmer hin und her, ohne zu ahnen, daß er auf den Tod wartete. Einmal versuchte er, auf den Gang zu gehen, wo es sehr kalt war. Ich verbot es ihm; er gehorchte sofort. Ein andermal wollte ihn der Wärter gemäß der Anordnung des Arztes daran hindern, das Bett zu verlassen. Da aber wehrte sich mein Vater. Er wachte aus seiner Erstarrung auf und erhob sich weinend und fluchend. Ich setzte es durch, daß ihm erlaubt wurde, sich nach Belieben zu bewegen. Sofort beruhigte er sich und kehrte in sein stummes Leben zurück, zu seinen Spaziergängen, in denen er vergebens Erholung suchte.

Als der Arzt wiederkam, ließ sich der Kranke willig untersuchen und bemühte sich sogar, als man es von ihm verlangte, tiefer zu atmen. Schließlich wandte er sich an mich:

»Was hat er gesagt?«

Einen Augenblick lang vergaß er mich, dann kehrte er wieder zu mir zurück:

»Wann werde ich endlich ausgehen können?«

Durch so viel Gefügigkeit ermutigt, bat mich der Arzt, ihn zu überreden, länger im Bett zu bleiben. Mein Vater hörte nur die Stimmen, die er kannte, die Stimmen Marias, des Wärters und meine. Ich brachte die Bitte vor; ich glaubte nicht an ihre Wirksamkeit. In meiner Stimme war ein drohender Unterton.

»Ja, ja«, versprach mein Vater und erhob sich im selben Moment aus dem Bett, um zum Lehnstuhl zu gehen.

Der Arzt sah ihn an und murmelte resigniert:

»Man sieht deutlich, daß ihm der Platzwechsel Erleichterung bringt.«

Kurz danach legte ich mich nieder, konnte aber kein Auge

schließen. Ich dachte an die Zukunft und fragte mich, für wen ich mir weiterhin Mühe geben sollte, besser zu werden. Ich weinte viel, aber eher über mich selbst als über den Unglücklichen, der rastlos das Zimmer durchirrte.

Als ich aufstand, legte sich Maria zur Ruhe. Mit dem Wärter zusammen bewachte ich meinen Vater. Ich war niedergeschlagen und abgespannt. Mein Vater schien unruhiger zu sein denn je.

Und nun begab sich die furchtbare Szene, die ich niemals vergessen werde. Weit in die Zukunft warf sie ihre Schatten und trübte alle meine Freuden und meinen ganzen Lebensmut. Viele Jahre mußten vergehen und meine Gefühle abstumpfen, ehe dieser Schmerz verblaßte.

Der Wärter sagte:

»Wie gut wäre es, wenn es uns gelänge, ihn im Bett zu halten. Der Doktor findet es so wichtig.«

Bis zu diesem Moment hatte ich auf dem Diwan gelegen. Nun sprang ich auf und trat ans Bett, in dem mein Vater lag und keuchte, ärger denn je. Ich war entschlossen, meinen Vater zu zwingen, mindestens eine halbe Stunde lang ruhig im Bett zu bleiben, so wie der Arzt es angeordnet hatte. War das nicht meine Pflicht?

Mein Vater versuchte, sich an den andern Rand des Bettes zu wälzen und sich dort zu erheben, um meinen Händen, die ihn hindern wollten, zu entschlüpfen. Da packte ich kräftig seine Schultern und drückte ihn nieder, während ich ihm gleichzeitig mit drohender Stimme befahl, sich ja nicht zu rühren. Er gehorchte erschrocken, einen Augenblick lang. Dann rief er:

»Ich sterbe!«

Gleichzeitig bäumte er sich auf. Durch seinen Schrei erschreckt, gab ich seinem Druck nach. So konnte er sich auf die Bettkante setzen. Ich stand gerade vor ihm. In diesem Augenblick brannte sein Zorn darüber, daß er in seinen Bewegungen gehindert war, lichterloh auf. Sicher meinte er auch, daß ich ihm die Luft, die er so nötig hatte, wegnahm, so wie ich ihn des Lichtes beraubte, da ich vor ihm stand und meinen Schatten auf ihn warf. Mit einer letzten Anstrengung erhob er sich, streckte den Arm hoch und ließ die Hand, als wüßte er, daß er ihr keine andere Kraft als die der Schwere geben konnte, auf meine Wange fallen. Dann glitt er aus, fiel auf das Bett, fiel auf den Boden. Tot.

Ich erkannte nicht gleich, daß er tot war. Mein Herz zuckte im Schmerz der Züchtigung zusammen, der Züchtigung, die er mir noch im Sterben zugedacht hatte. Ich hob ihn mit Carlos Hilfe auf und legte ihn wieder auf das Bett. Weinend wie ein Kind, das geschlagen worden ist, schrie ich ihm ins Ohr:

»Es ist nicht meine Schuld! Der verdammte Doktor war es, der dich zwingen wollte, liegen zu bleiben.«

Das war eine Lüge. Ich fügte noch das Versprechen hinzu, es nie wieder zu tun. Ganz wie ein kleines Kind.

»Ich werde dich tun lassen, was du willst.«

Der Wärter sagte:

»Er ist tot.«

Man mußte mich mit Gewalt aus dem Zimmer bringen. Er war tot. Ich konnte meine Unschuld nicht mehr beweisen.

Allein geblieben, versuchte ich, mich zu fassen. Ich überlegte. Es war doch gar nicht möglich, daß mein Vater in jenem andauernden Zustand der Besinnungslosigkeit plötzlich den Entschluß fassen konnte, mich zu strafen; daß er seine Hand noch genügend in der Gewalt hatte, um meine Wange zielsicher zu treffen.

Wie hätte ich die Gewißheit erlangen können, daß meine Überlegung richtig war? Ich dachte daran, mich an Coprosich zu wenden. Als Arzt hätte er mir etwas über die Entschluß- und Handlungsfähigkeit eines Sterbenden sagen können. Vielleicht war ich das Opfer einer Täuschung: vielleicht hatte mein Vater nur versucht, sich seine Atmung zu erleichtern. Aber ich sagte dem Doktor Coprosich nichts. Es war unmöglich, ihm zu erzählen, wie mein Vater sich von mir verabschiedet hatte. Ihm, von dem ich schon einmal den Vorwurf hören mußte, ich hätte viel zu wenig für meinen Vater getan.

Es war ein zweiter schwerer Schlag für mich, als ich zufällig hörte, wie der Krankenwärter abends in der Küche Maria erzählte:

»Der Alte hob die Hand hoch und ohrfeigte seinen Sohn. Das war seine letzte Tat.«

[...]

ANTON TSCHECHOW

Eine langweilige Geschichte

Wieder wie im Fall von Kafkas ›Amerika‹-Roman stellt sich bei dieser großen Geschichte Tschechows, der nachfolgenden Tolstois sehr verwandt, das Problem: unbefriedigende Auszüge zu bringen oder auf sie ganz zu verzichten. Am besten ist es hier vielleicht wieder, die ersten Seiten dieser Schrift ›Aus den Aufzeichnungen eines alten Mannes‹ von 1889 abzudrucken – und das Weiterlesen dringend ans Herz zu legen.

Es gibt in Rußland den verdienten Professor Nikolaj Stepanovič Soundso; er ist Geheimrat und Ritter so vieler russischer und ausländischer Orden, daß die Studenten ihn ›Ikonenwand‹ nennen, wenn er die Orden einmal anlegen muß. Sein Bekanntenkreis ist der allervornehmste; zumindest hat es in den letzten fünfundzwanzig bis dreißig Jahren in Rußland keinen berühmten Gelehrten gegeben, mit dem er nicht gut bekannt gewesen wäre. Heutzutage ist er mit niemandem mehr befreundet, sprechen wir aber von der Vergangenheit, so endet die lange Liste seiner berühmten Freunde mit Namen wie Pirogov, Kavelin und dem Dichter Nekrasov, die ihm ihre aufrichtigsten und wärmsten Gefühle entgegenbrachten. Er ist Mitglied aller russischen und dreier ausländischer Universitäten. Und so weiter und so fort. All das und vieles, was man noch sagen könnte, bildet, was man meinen Namen nennt.

Dieser mein Name ist populär. In Rußland kennt ihn jeder gebildete Mensch, im Ausland wird er in den Hörsälen mit dem Zusatz ›bekannt‹ und ›verehrt‹ zitiert. Er gehört zu den wenigen glücklichen Namen, die zu schmähen oder grundlos zu erwähnen beim Publikum und in der Presse als ein Zeichen schlechten Tones gilt. So muß es auch sein. Mit meinem Namen ist aufs engste der Begriff eines berühmten, reichbegabten und unzweifelhaft nutzbringenden Menschen verbunden.

Ich bin arbeitsam und ausdauernd wie ein Kamel, das ist wichtig, und ich bin talentiert, das ist noch wichtiger. Außerdem bin ich, nebenbei bemerkt, gut erzogen, bescheiden und ein ehrlicher Bursche. Niemals habe ich meine Nase in Literatur und Politik gesteckt oder in der Polemik mit Ignoranten nach Popularität gehascht, nie auf Festessen oder an den Gräbern meiner Kollegen Reden gehalten... Überhaupt liegt auf meinem Gelehrtennamen nicht ein einziger Makel, und es ist nichts an ihm auszusetzen. Er ist glanzvoll.

Der Träger dieses Namens, das heißt ich, ist ein Mann von zweiundsechzig Jahren mit kahlem Kopf, falschen Zähnen und einem unheilbaren Gesichtszucken. So glänzend und schön mein Name ist, so glanzlos und häßlich bin ich selbst. Mein Kopf und meine Hände zittern vor Schwäche; mein Hals ähnelt wie der einer Turgenevschen Heldin dem Hals einer Baßgeige; meine Brust ist eingefallen, mein Rücken schmal. Wenn ich spreche oder im Hörsaal lese, verzieht sich mein Mund; wenn ich lächle, bedeckt sich mein Gesicht mit greisenhaften Runzeln. An meiner kläglichen Gestalt ist nichts Imponierendes; höchstens wenn ich an meinen Zuckungen leide, bekommt mein Gesicht einen eigenartigen Ausdruck, dessen Anblick wahrscheinlich den ernsten, eindrucksvollen Gedanken hervorruft: Man sieht, dieser Mann wird bald sterben.

Wie früher, sind meine Vorlesungen nicht schlecht; nach wie vor vermag ich die Aufmerksamkeit meiner Zuhörer zwei Stunden lang zu fesseln. Meine Leidenschaftlichkeit, die gepflegte sprachliche Darstellung und mein Humor machen die Mängel meiner Stimme fast unbemerkbar, ist sie doch trokken, schrill und singend wie die eines Frömmlers. Schreiben jedoch kann ich nur schlecht. Jener Abschnitt meines Gehirns, der die schriftstellerischen Fähigkeiten dirigiert, verweigert den Dienst. Mein Gedächtnis ist schwach geworden, meine Gedanken entwickeln sich nicht mehr folgerichtig genug, und wenn ich sie zu Papier bringe, dann scheint es mir jedesmal, ich hätte das Gefühl für ihre organische Verbindung verloren – die Konstruktion wirkt einförmig, der Ausdruck ist dürftig und unsicher. Oft schreibe ich gar nicht das, was ich sagen will, und wenn ich den Schluß schreibe, weiß ich den Anfang nicht mehr. Oftmals vergesse ich ganz gewöhnliche Wörter, und ich muß immer viel Energie aufwenden, um beim Schreiben überflüssige Phrasen und unnötige Schaltsätze zu vermeiden – beides zeugt klar vom Verfall meiner geistigen Kräfte. Und es ist merkwürdig: je einfacher das zu Schreibende, desto qualvoller meine Anstrengung. Schreibe ich einen wissenschaftlichen Aufsatz, fühle ich mich bedeutend freier und klüger, als wenn ich einen Glückwunsch oder einen amtlichen Bericht verfasse. Noch eins: deutsch oder englisch zu schreiben fällt mir leichter als russisch.

Was meine jetzige Lebensweise betrifft, so muß ich vor allem die Schlaflosigkeit erwähnen, an der ich in letzter Zeit leide. Fragte man mich, was gegenwärtig den grundlegenden Zug meiner Existenz bildet, so würde ich antworten: die Schlaflosigkeit. Wie früher entkleide ich mich aus Gewohnheit um Mitternacht und lege mich zu Bett. Ich schlafe schnell ein, aber in der zweiten Stunde wache ich auf, und zwar mit einem Gefühl, als hätte ich überhaupt nicht geschlafen. Ich muß aufstehen und die Lampe anzünden. Eine Stunde oder zwei gehe ich im Zimmer auf und ab und betrachte die längst bekannten Bilder und Photographien. Wenn ich des Umhergehens überdrüssig geworden bin, setze ich mich an den Schreibtisch. Unbeweglich sitze ich da, ohne an irgend etwas zu denken und ohne irgendwelche Wünsche zu verspüren; liegt vor mir ein Buch, so greife ich mechanisch danach und lese es ohne jegliches Interesse. Auf diese Weise habe ich kürzlich in einer Nacht einen ganzen Roman gelesen, der den seltsamen Titel trug: ›Wovon die Schwalbe sang‹. Oder aber ich zwinge mich, meine Aufmerksamkeit abzulenken, bis tausend zu zählen, oder ich vergegenwärtige mir das Gesicht eines meiner Kollegen und versuche mir ins Gedächtnis zu rufen, in welchem Jahr und unter welchen Umständen er in den Dienst getreten ist. Ich liebe es auch, auf Geräusche zu achten. Bald spricht zwei Zimmer weiter meine Tochter Liza hastig im Schlaf, bald geht meine Frau mit einer Kerze durch den Saal und läßt bestimmt die Streichholzschachtel fallen, bald knackt der rissige Schrank oder summt unerwartet der Brenner in der Lampe – alle diese Geräusche erregen mich irgendwie.

Nachts nicht schlafen bedeutet, sich jeden Augenblick bewußt zu sein, daß man nicht normal ist; daher erwarte ich mit Ungeduld den Morgen und den Tag, wo ich das Recht habe, nicht zu schlafen. Es vergeht noch eine qualvolle lange Zeit, ehe auf dem Hof der Hahn zu krähen beginnt. Das ist mein erster Freudenkünder. Wenn er gekräht hat, weiß ich, daß eine Stunde später unten der Pförtner erwachen und, ärgerlich hustend, die Treppe heraufkommen wird. Dann wird es hinter den Fenstern allmählich heller, und auf der Straße ertönen Stimmen…

Der Tag beginnt für mich damit, daß meine Frau eintritt. Sie kommt im Unterrock, unfrisiert, ist aber schon gewaschen und duftet nach Kölnischwasser; und mit einer Miene, als käme sie ganz zufällig, sagt sie jedesmal ein und dasselbe: »Entschuldige, ich komme nur für einen Augenblick… Hast du wieder nicht geschlafen?«

Darauf löscht sie die Lampe, setzt sich an den Tisch und beginnt zu reden. Ich bin kein Prophet, aber ich weiß schon, wovon sie sprechen wird. Es ist jeden Morgen dasselbe. Gewöhnlich fällt ihr nach einigen besorgten Fragen über meine Gesundheit auf einmal unser Sohn ein, der in Warschau als Offizier dient. Nach dem Zwanzigsten jeden Monats schikken wir ihm fünfzig Rubel – das ist das Hauptthema unseres Gesprächs.

»Natürlich fällt uns das schwer«, sagt meine Frau seufzend, »aber bevor er endgültig auf eigenen Füßen steht, sind wir verpflichtet, ihm zu helfen. Der Junge ist in einem fremden Land, das Gehalt ist gering… übrigens, wenn du willst, schicken wir ihm im nächsten Monat nicht fünfzig, sondern nur vierzig Rubel. Wie denkst du darüber?«

Die tägliche Erfahrung hätte meine Frau davon überzeugen müssen, daß die Ausgaben nicht geringer werden, wenn man oft darüber spricht, aber meine Frau läßt keine Erfahrung gelten und erzählt akkurat jeden Morgen von unserem Offizier und auch davon, daß das Brot, Gott sei Dank, billiger, der Zucker jedoch zwei Kopeken teurer geworden sei – und das in einem Ton, als berichte sie mir eine Neuigkeit.

Ich höre zu, sage mechanisch ja, und sonderbare, überflüssige Gedanken bemächtigen sich meiner, wahrscheinlich, weil ich die Nacht nicht geschlafen habe. Ich schaue meine Frau an und wundere mich wie ein Kind. Befremdet frage ich mich: Ist diese alte, sehr beleibte, plumpe Frau mit dem stumpfsinnigen Ausdruck kleinlicher Sorge und der Angst um das liebe Brot, mit einem Blick, getrübt von den ständigen Gedanken an Schulden und Not, eine Frau, die nur von Ausgaben zu sprechen und nur zu lächeln vermag, wenn etwas billiger geworden ist – ist denn diese Frau wirklich die schlanke Varja von einst, die ich wegen ihres guten, hellen Verstandes, wegen ihrer reinen Seele, ihrer Schönheit und, wie Othello die Desdemona, wegen ihres ›Mitleids‹ für meine Wissenschaft leidenschaftlich liebte? Ist denn diese selbe Frau meine Varja, die mir einstmals einen Sohn gebar?

Ich blicke der wohlbeleibten, plumpen Alten angestrengt ins Gesicht und suche darin die Züge meiner Varja, aber von dem Vergangenen ist darin nur die Angst um meine Gesundheit und die Manier geblieben, mein Gehalt als unser Gehalt und meine Mütze als unsere Mütze zu bezeichnen. Es schmerzt mich, sie anzusehen, und um sie zu trösten, sei es auch nur ein wenig, erlaube ich ihr zu reden, was sie will, und schweige sogar, wenn sie ungerecht über die Menschen urteilt oder mir die Leviten liest, weil ich keine Praxis habe und keine Lehrbücher herausgebe.

Unsere Unterhaltung endet immer auf die gleiche Weise. Meiner Frau fällt plötzlich ein, daß ich noch nicht Tee getrunken habe, und sie erschrickt.

»Was sitze ich hier herum?« sagt sie und steht auf. »Der Samowar steht schon längst auf dem Tisch, und ich schwatze hier. Mein Gott, wie gedankenlos ich doch geworden bin!«

Sie will schnell weggehen, bleibt aber in der Tür noch einmal stehen und sagt:

»Wir sind Egor für fünf Monate den Lohn schuldig. Weißt du das? Es gehört sich nicht, dem Gesinde den Lohn anstehen zu lassen, wie oft habe ich dir das schon gesagt! Jeden Monat zehn Rubel zu geben ist bedeutend leichter als für fünf Monate auf einmal fünfzig!«

Als sie durch die Tür geht, bleibt sie abermals stehen und sagt:

»Niemand tut mir so leid wie unsere arme Liza. Das Mädel besucht das Konservatorium, verkehrt ständig in bester Gesellschaft, aber angezogen ist sie Gott weiß wie. Mit dem Pelz, den sie trägt, muß sie sich schämen, auf die Straße zu gehen. Wäre sie die Tochter irgendeines anderen, würde das nichts bedeuten, aber es weiß doch jeder, daß ihr Vater ein berühmter Professor ist, ein Geheimrat!«

Nachdem sie mir meinen Namen und meinen Rang vorgeworfen hat, geht sie endlich. So fängt der Tag für mich an. Was folgt, ist nicht besser.

Wenn ich Tee trinke, kommt meine Liza zu mir, in Pelz und Käppchen, die Noten unterm Arm, schon fix und fertig, um ins Konservatorium zu gehen. Sie ist zweiundzwanzig, sieht aber jünger aus, sie ist hübsch und ähnelt ein wenig meiner Frau in ihrer Jugend. Sie küßt mir zärtlich Schläfe und Hand und sagt:

»Guten Tag, Papachen. Bist du wohlauf?«

Als Kind war sie versessen auf Speiseeis, und ich mußte oft mit ihr in die Konditorei gehen. Eis war für sie der Maßstab alles Schönen. Wenn sie mich loben wollte, dann sagte sie: »Du bist wie Sahneeis, Papa.« Ein Finger hieß bei ihr der Pistazien-, der zweite der Sahne-, der dritte der Himbeerfinger und so weiter. Wenn sie des Morgens zu mir kam, mich zu begrüßen, setzte ich sie auf meine Knie, küßte ihre Fingerchen und sprach vor mich hin: »Der Sahnefinger... der Pistazienfinger... der Zitronenfinger...«

Auch jetzt noch küsse ich aus alter Gewohnheit Lizas Finger und murmele: »Der Pistazienfinger... der Sahnefinger... der Zitronenfinger...« aber es ist nicht mehr das gleiche. Ich bin kalt wie das Eis, und ich schäme mich. Wenn meine Tochter zu mir kommt und mit ihren Lippen meine Schläfe berührt, dann zucke ich zusammen, als hätte mich eine Biene in die Schläfe gestochen, ich lächle gezwungen und wende das Gesicht ab. Seit ich an Schlaflosigkeit leide, sitzt in meinem Hirn wie ein Nagel der Gedanke: Meine Tochter sieht so oft, wie ich, ein alter, berühmter Mann, qualvoll erröte, weil ich dem Diener Geld schuldig bin; sie sieht, wie oft die Sorge um kleine Schulden mich veranlaßt, mit der Arbeit aufzuhören und stundenlang im Zimmer auf und ab zu gehen und zu überlegen – weshalb ist sie da nicht einmal hinter dem Rücken der Mutter zu mir gekommen und hat mir zugeflüstert: »Vater, da ist meine Uhr, da sind Armbänder, Ohrringe, Kleider... Verpfände das alles, du brauchst doch Geld?« Wenn sie sieht, wie Mutter und ich aus falscher Scham uns bemühen, vor den Leuten unsere Armut zu verbergen – weshalb verzichtet sie da nicht auf das kostspielige Vergnügen, Musik zu studieren? Ich würde ja weder Uhr noch Armbänder noch Opfer annehmen, Gott bewahre, ich brauche das nicht.

Bei der Gelegenheit kommt mir auch mein Sohn in den Sinn, der Warschauer Offizier. Er ist ein kluger, ehrbarer, nüchterner Mensch. Aber das genügt mir nicht. Ich meine, wenn ich einen alten Vater hätte und wüßte, daß er Augenblicke hat, in denen er sich seiner Armut schämt, dann würde ich meine Offiziersstelle einem anderen überlassen und eine Arbeit annehmen. Solche Gedanken über meine Kinder vergiften mich. Was sollen sie? Ein böses Gefühl heimlich gegen gewöhnliche Menschen deswegen hegen, weil sie keine Helden sind, das kann nur ein beschränkter oder verbitterter Mensch. Aber genug davon.

[...]

LEO N. TOLSTOI

Der Tod des Iwan Iljitsch

*Anders als bei der Tschechowschen ›Langweiligen Geschichte‹ habe
ich mich bei dieser gleichfalls etwa 70 Seiten starken durchaus großartigen Erzählung Tolstois aus dem Jahr 1886 dazu entschlossen, lieber
einige zentrale Ausschnitte zu bringen. Und bitte, wo nötig, gleichfalls
darum, den ganzen Text schnellstens nachzulesen.*

[...]
Iwan Iljitsch sah, daß er sterben müsse, und war in ununter-
brochener Verzweiflung.
In der Tiefe seiner Seele wußte Iwan Iljitsch, daß er sterben
müsse, aber er hatte sich nicht nur nicht an diesen Gedanken
gewöhnt, sondern begriff ihn einfach nicht und konnte ihn
nicht begreifen.
Jener bekannte Syllogismus, den er in der Logik Kiesewetters
gelernt hatte: Cajus ist ein Mensch, alle Menschen sind sterblich, also ist auch Cajus sterblich –, war ihm sein ganzes Leben
lang sehr richtig in bezug auf Cajus erschienen, in keinem Falle
aber in bezug auf sich selber. Cajus – das war der Mensch, der
Mensch im allgemeinen, und da war gegen diesen Schluß nichts
einzuwenden. Aber er war gar nicht Cajus und durchaus nicht
der Mensch im allgemeinen, sondern er war immer ein ganz
und gar besonderes, von allen anderen verschiedenes Ge-
schöpf. Er war Wanja und hatte seine Mama, den Papa, die
Brüder Mitja, Wolodja, seine Spielsachen, den Kutscher, die
Amme, später auch Katinka, er hatte alle Freuden, Schmerzen,
Entzückungen der Kindheit und der Jugend. Hatte vielleicht
Cajus den Geruch eines Lederballes auch so gerne wie Wanja?
Küßte vielleicht Cajus die Hand seiner Mutter so wie er? Hat
für Cajus das Seidenkleid der Mutter ebenso gerauscht wie für
Wanja? Hat Cajus vielleicht in der Rechtsschule wegen der
Kuchen protestiert? War Cajus so verliebt gewesen wie er?
Konnte Cajus eine Sitzung so führen wie er?

Cajus ist sterblich, und es ist ganz in der Ordnung, daß Cajus stirbt; aber ich, Wanja, Iwan Iljitsch, mit all meinen Gedanken und Gefühlen – das ist eine ganz andere Sache, es kann nicht sein, daß auch ich sterben muß. Das wäre zu schrecklich.

So fühlte er.

›Wenn ich sterben müßte wie Cajus, so würde ich es doch irgendwie wissen, so müßte eine innere Stimme es mir sagen, aber nichts dergleichen geschieht in mir. Ich und alle meine Freunde, wir wußten, daß es mit uns ganz und gar nicht so ist wie mit Cajus. Und jetzt auf einmal!‹ sagte er zu sich. ›Es kann nicht sein, und es ist doch wahr. Wie ist das möglich, wie soll ich das nur verstehen?‹

Und er konnte es nicht verstehen und bemühte sich, den Gedanken als verkehrt, irrig, krankhaft zu verjagen und ihn durch andere, richtige, gesunde Gedanken zu verdrängen. Aber dieser Gedanke war eben nicht Gedanke, sondern war Wirklichkeit und kam immer wieder und blieb bei ihm.

Und an Stelle dieses Gedankens suchte er eine Reihe von anderen Gedanken in sich zu erwecken, weil er hoffte, in ihnen eine Stütze zu finden. Er versuchte, zu den alten Gedankengängen zurückzukehren, die ihm früher diesen einzigen Gedanken an den Tod schon verdeckt hatten. Aber merkwürdig: alles das, was vorhin noch den Gedanken an den Tod verdeckt, verborgen, vernichtet hatte, blieb jetzt ganz ohne Wirkung. In der letzten Zeit hatte Iwan Iljitsch den größten Teil des Tages mit solchen Versuchen zugebracht, Empfindungen und Vorstellungen, die ihn über den Tod hinwegtäuschten, in sich wachzurufen. Er sagte sich: ›Ich muß mich meinem Amt widmen, ich habe doch darin ganz gelebt.‹ Und er ging ins Gericht, alle Zweifel von sich wegjagend. Dort unterhielt er sich mit seinen Kollegen, setzte sich, sah die Leute nach alter Gewohnheit zerstreut und versonnen an, stützte sich mit seinen beiden abgemagerten Händen auf die Armlehnen des eichenen Stuhles, lehnte sich zu seinem Kollegen hinüber, flüsterte ihm etwas ins Ohr, die Akten von sich wegschiebend; dann blickte er mit einem Male auf, richtete sich im Sessel gerade, sprach die bekannten Worte und eröffnete die Verhandlung. Doch plötzlich begann mittendrin der Schmerz in der Seite, ohne sich im geringsten um den Verlauf des Prozesses zu kümmern, seine bohrende Tätigkeit. Iwan Iljitsch merkte auf, jagte den Gedanken von sich, doch der Schmerz setzte seine Tätigkeit fort, und Er kam herzu und stellte sich gerade vor ihm auf und sah ihn an, und er wurde starr, das Feuer in seinen Augen erlosch, und er begann sich wieder zu fragen: ›Ist Er die einzige Wahrheit?‹ Und die Kollegen und Untergebenen sahen mit Staunen und Ärger, daß er, dieser so glänzende, so kluge Richter, verwirrt war und Fehler machte. Er raffte sich auf, suchte sich zu beherrschen und brachte irgendwie die Sitzung zu Ende; er kehrte nach Hause zurück mit dem traurigen Bewußtsein, daß seine richterliche Tätigkeit nicht mehr imstande sei, das vor ihm zu verbergen, was sie verbergen sollte, daß sie ihn nicht vor Ihm schützen konnte. Und was ärger als alles war: Er lenkte ihn ab und zog ihn an sich, nicht damit er etwas tue, sondern nur damit er Ihn sehe, Ihm gerade ins Auge blicke und, ohne irgend etwas zu tun, sich unsagbar quäle.

Und Iwan Iljitsch suchte eine andere Erleichterung, andere Schutzwände. Er fand sie und war für kurze Zeit wie befreit. Aber plötzlich waren diese Schutzwände wie durchsichtig geworden, als ob Er durch alles dringe und Ihn nichts mehr zu verdecken vermöchte.

Da trat er etwa in den Salon, den er eingerichtet hatte, in das Zimmer, in dem er gefallen war, für dessen Einrichtung er – es kam ihm zugleich bitter und lächerlich vor, daran zu denken – sein Leben geopfert hatte, denn er wußte jetzt, daß seine Krankheit von jenem Fall herrührte; er ging hinein, und da fiel ihm auf dem lackierten Tischchen ein Kratzer auf. Er suchte nach der Ursache und sah, daß der Kratzer von dem Album mit dem Bronzeverschluß herrührte. Er nahm das kostbare Album, das er mit so viel Liebe zusammengestellt hatte, und ärgerte sich über die Unachtsamkeit seiner Tochter und ihrer Freundinnen: da war etwas zerrissen, dort waren Bilder umgedreht. Er brachte alles mit Mühe in Ordnung und bog den Verschluß des Albums wieder zurecht.

Da kam ihm der Gedanke, dieses ganze Arrangement mit den Alben in eine andere Ecke zu den Blumen zu stellen. Er rief den Diener; die Tochter und die Frau kamen, um ihm zu helfen. Sie waren nicht damit einverstanden, widersprachen ihm, er stritt, wurde erregt. Aber alles das war gut, weil er jetzt nicht an Ihn dachte, weil Er jetzt nicht zu sehen war.

Doch da sagte die Frau plötzlich, als er den Tisch selber wegtragen wollte: »Laß doch, die Leute werden es machen, du wirst dir wieder schaden.« Und sofort sah er Ihn hinter der Schutzwand auftauchen. Er hatte Ihn erblickt, aber er hoffte noch, Er werde wieder verschwinden; doch unwillkürlich faßte er sich an die Seite – da saß es immer noch, nagte und saugte, und er konnte es nicht wieder vergessen, und Er lauerte hinter dem Blumentisch. Wozu das alles?

›Es ist wahr, daß ich hier bei dieser Gardine, wie beim Sturm auf eine Festung, mein Leben verloren habe! Ist so etwas möglich? Wie furchtbar und wie dumm! Es kann nicht sein, es ist nicht möglich, und es ist doch wahr.‹ Und er ging wieder in sein Zimmer, legte sich hin und blieb allein mit Ihm, Auge in Auge mit Ihm. Mit Ihm war nichts anderes zu machen als Ihn ansehen und erstarren.

[...]

Die Hauptqual für Iwan Iljitsch lag in der Lüge, in der von allen anerkannten Lüge, daß er nur krank und nicht ein Sterbender sei, daß er sich nur ruhig verhalten und die Medizin nehmen solle und alles dann wieder gut werde. Was immer sie ihm eingaben – er wußte, daß für ihn nichts anderes daraus folgen würde als noch quälendere Leiden und der Tod. Und ihn peinigte diese Lüge, ihn peinigte es, daß sie nicht offen bekennen wollten, was sie wußten und was er wußte, sondern ihn belogen und ihn selber zwangen, an dieser Lüge teilzuhaben. Die Lüge, die Lüge, die sich an seinem Sterbebett breitmachte, mit der sie immer wieder den furchtbaren, feierlichen Akt seines Todes ihren Gesellschaften, Fenstervorhängen und Diners mit Fischspeisen gleichstellten – diese Lüge war furchtbar quälend für Iwan Iljitsch. Und merkwürdig: wenn sie ihm wieder eine dieser Komödien vorspielten, war er oft nahe daran aufzuschreien: ›Hört doch auf zu lügen! Ihr wißt und ich weiß, daß ich sterbe. Hört wenigstens auf zu lügen!‹ Aber er hatte niemals den Mut, das zu sagen. Der furchtbare, schreckliche Akt seines Sterbens, das sah er, wurde von allen in seiner Umgebung wie eine der vielen zufälligen Unannehmlichkeiten, ja Taktlosigkeiten des Lebens behandelt (in der Art, wie man mit einem Menschen umgeht, der im Salon einen unangenehmen Geruch um sich verbreitet), und dieses Verhalten gründete sich auf jene Anschauung von ›Anstand‹, der er sein ganzes Leben lang gehuldigt hatte. Er sah, daß niemand mit ihm Mitleid hatte, weil niemand seine Lage begreifen wollte; nur Gerasim begriff seine Lage und hatte Mitgefühl mit ihm. Und darum war Iwan Iljitsch nur wohl mit Gerasim. Ihm tat es wohl, wenn Gerasim manchmal die ganze Nacht hindurch seine Beine hielt und nicht weggehen wollte, sondern sagte: »Sorgen Sie sich nur nicht um mich, Iwan Iljitsch, ich werde schon schlafen!« oder, plötzlich zum Du übergehend, hinzufügte: »Du bist doch krank, da muß ich dich doch pflegen.« Nur Gerasim log nicht. Aus allem konnte man erkennen, daß er allein begriff, worum es sich hier handelte, und es nicht für notwendig hielt, es zu verbergen, und ganz einfach mit seinem kranken, entkräfteten Herrn Mitgefühl hatte. Einmal, als Iwan Iljitsch ihn wegschicken wollte, sagte er geradezu: »Wir alle müssen einmal sterben, warum soll ich nicht was für Sie tun?« Und damit drückte er aus, daß er sich nicht belästigt fühle, weil er es für einen Sterbenden tat, und hoffte, daß auch ihm einst, wenn seine Zeit komme, ein Mensch helfen werde.

Außer dieser Lüge, oder infolge dieser Lüge, war nichts so bitter für Iwan Iljitsch, als daß niemand ihn so bemitleidete, wie er bemitleidet werden wollte. Iwan Iljitsch hatte zuweilen nach langen Leidensstunden Sehnsucht danach – und er schämte sich nicht, sich das zu gestehen –, daß jemand mit ihm Mitleid habe wie mit einem kranken Kinde. Er sehnte sich danach, daß man ihn liebkose, ihn küsse, über ihn weine, wie man Kinder liebkost und tröstet. Er wußte, daß er ein würdiges Mitglied des Gerichtshofs war und einen grauen Bart hatte und darum alles das unmöglich war, aber er wollte es trotzdem. Und in seinem Verhältnis zu Gerasim war etwas davon, und darum tröstete es ihn. Iwan Iljitsch wollte weinen wie ein Kind, er wollte, daß man ihn liebkose wie ein Kind und über ihn weine, und da kam dann plötzlich sein Kollege Schebek, und anstatt zu weinen und geliebkost zu werden, machte Iwan Iljitsch ein ernstes, strenges, tiefsinniges Gesicht und äußerte, dem Gesetz der Trägheit folgend, seine Meinung über die Bedeutung des Urteils, das der Kassationsgerichtshof gefällt hatte, und unterstützte es noch hartnäckig.

Diese Lüge um ihn und in ihm vergiftete mehr als alles andere die letzten Lebenstage von Iwan Iljitsch.

Es war Morgen geworden. Es war Morgen, weil Gerasim hinausgegangen war und Peter, der Kammerdiener, hereinkam, die Kerzen auslöschte, eine Gardine öffnete und leise aufzuräumen begann. Ob es Morgen oder Abend, Freitag oder Sonntag war, war ja ganz gleich; es war immer ein und dasselbe: der nagende, auch nicht einen Augenblick aussetzende, quälende Schmerz, das hoffnungslose Bewußtsein, daß das Leben zu Ende gehe, aber noch nicht zu Ende sei, daß der furchtbare, gehaßte Tod, das einzig Wirkliche, immer näher komme, und dazu immer dieselbe Lüge. Was bedeuten da Tage, Wochen, Stunden?

»Befiehlt der Herr nicht Tee?«

›Für den muß Ordnung sein. Am Morgen soll der Herr Tee trinken‹, dachte er und sagte nur: »Nein.«

»Will der gnädige Herr sich nicht auf den Diwan setzen?«

›Er muß jetzt das Schlafzimmer in Ordnung bringen, und ich bin ihm im Wege. Ich bin die Unreinlichkeit, die Unordnung‹, dachte er und sagte nur: »Nein, laß mich!«

Der Diener machte sich wieder im Zimmer zu schaffen. Iwan Iljitsch streckte die Hand aus, Peter kam dienstbeflissen herbei.

»Was befiehlt der gnädige Herr?«

»Die Uhr!«

Peter nahm die Uhr, die dicht neben Iwan Iljitsch lag, und gab sie ihm.

»Halb neun. Sind die drüben noch nicht aufgestanden?«

»Noch nicht. Wasilij Iwanowitsch« (das war der Sohn des Hauses) »sind ins Gymnasium gegangen, Praskowja Fjodorowna haben befohlen, sie zu wecken, wenn der gnädige Herr nach ihr frage. Befiehlt der gnädige Herr?«

»Nein! Es ist nicht nötig.« – ›Soll ich nicht doch etwas Tee probieren?‹ dachte er. »Ja – bring mir Tee!«

Peter ging zur Tür. Iwan Iljitsch fürchtete sich, allein zu bleiben. ›Womit soll ich ihn nur zurückhalten? Ja, die Medizin.‹

»Peter, gib mir die Medizin! Vielleicht hilft sie doch.« Er nahm einen Löffel davon. ›Nein, sie hilft nicht. Alles das ist

Unsinn, Betrug‹, dachte er, als er den bekannten ekelhaften Geschmack im Munde spürte. ›Ich kann an nichts mehr glauben. Aber warum nur der Schmerz, dieser entsetzliche Schmerz? Wenn er nur für einen Augenblick nachließe!‹ Und er stöhnte auf. Peter kam zurück. »Nein, geh, bring mir Tee!«

Peter ging hinaus. Iwan Iljitsch stöhnte nicht vor Schmerzen, obwohl diese Schmerzen furchtbar waren, sondern aus Gram. Immer ein und dasselbe. Ewig diese endlosen Tage und Nächte. Wenn es nur schneller käme! Was soll schneller kommen? Der Tod, die Finsternis. Nein, nein, alles ist besser als der Tod! Peter kam mit dem Tee auf dem Tablett. Iwan Iljitsch sah ihn lange zerstreut an und wußte nicht, wer er war und was er wollte. Peter wurde verwirrt durch diesen Blick. Da erkannte ihn Iwan Iljitsch. »Ah!« sagte er, »Tee, gut, setz ihn her; nun hilf mir beim Waschen und gib mir ein reines Hemd!«

Iwan Iljitsch begann sich zu waschen. Er wusch sich schweratmend die Hände, das Gesicht, putzte die Zähne, begann sich zu kämmen und sah dabei in den Spiegel. Er erschrak, er erschrak vor allem davor, wie sein Haar sich flach auf die blasse Stirn legte. Als er das Hemd wechselte, wußte er, daß ihm der Anblick seines Körpers noch schrecklicher sein werde. Er sah ihn darum nicht an. Doch jetzt war er fertig. Er zog den Schlafrock an, hüllte die Beine in den Plaid ein und setzte sich in den Lehnsessel zum Tee. Eine Minute lang fühlte er sich erfrischt. Doch kaum hatte er Tee getrunken – wieder der Geschmack, wieder der Schmerz! Er zwang sich den Tee auszutrinken, legte sich hin und streckte die Beine aus. Er lag da und entließ Peter.

Immer dasselbe. Ein Tropfen Hoffnung in einem Meer von Verzweiflung! Und immer wieder der Schmerz, der Gram und immer ein und dasselbe. Er fürchtet sich allein zu bleiben, er will jemand rufen und weiß schon im voraus, daß es ihm mit anderen noch schlechter sein wird. ›Ach, vielleicht nehme ich wieder Morphium, ich kann dann wieder vergessen, ich werde ihm sagen, dem Doktor, daß er sich irgend etwas anderes ausdenken muß, so kann es nicht weitergehen.‹

Eine Stunde, zwei Stunden vergingen. Die Glocke im Vorzimmer. ›Ist es vielleicht der Doktor?‹ Ja, es ist der Doktor, frisch, munter, fett, heiter, mit einer Miene, die zu sagen scheint: ›Sie haben sich wieder einmal geängstigt, aber wir werden es schon machen.‹ Der Doktor weiß, daß diese Miene hier nicht mehr wirkt, aber er hat sie nun einmal angenommen und kann sie nicht mehr lassen, ebensowenig wie ein Mensch den Frack, den er in der Frühe anzieht, um Visiten zu machen.

Der Doktor reibt sich munter und vergnügt die Hände.

»Ich bin ganz kalt. Eine eisige Kälte draußen. Lassen Sie mich erst ein wenig warm werden«, sagt er mit einem Ausdruck, als brauche Iwan Iljitsch nur ein wenig zu warten, bis er warm geworden sei, und dann müsse alles in Ordnung kommen.

»Nun, wie geht's?«

Iwan Iljitsch fühlt, daß der Doktor gern gesagt hätte: ›Nun, wie geht das Geschäft?‹ Doch auch er begreift, daß man so schließlich doch nicht reden darf, und fragt darum: »Wie haben Sie die Nacht verbracht?«

Iwan Iljitsch sieht den Doktor an, als wollte er ihn fragen: ›Wirst du dich niemals schämen, so zu lügen?‹

Aber der Doktor will die Frage nicht verstehen. Und Iwan Iljitsch sagt: »Schlecht, der Schmerz geht nicht weg, läßt nicht nach, auch nicht für einen Augenblick!«

»Ihr Kranken seid nun einmal so. Jetzt bin ich ganz warm geworden, selbst die empfindliche Praskowja Fjodorowna hätte nichts mehr gegen meine Temperatur einzuwenden. – Na also, guten Morgen!« Der Doktor drückt ihm die Hand.

Der Spaß wird nun beiseite gelassen, und der Doktor beginnt ihn mit ernstem Gesicht zu untersuchen, den Puls, die Temperatur, er beklopft und behorcht ihn.

[...]

Wieder waren zwei Wochen vergangen. Iwan Iljitsch stand nicht mehr vom Sofa auf. Er wollte nicht mehr im Bett liegen und legte sich auf das Sofa. Das Gesicht fast immer zur Wand gekehrt, litt er ununterbrochen ein und denselben untilgbaren Schmerz und dachte ununterbrochen ein und denselben unauflösbaren Gedanken: ›Warum? Ist es wahr, daß das der Tod ist?‹ Und eine innere Stimme antwortete: ›Ja, es ist wahr.‹ – ›Warum diese Qual?‹ Und die innere Stimme antwortete:

›Darum, um nichts und wieder nichts.‹ Außer diesem, über dieses hinaus gab es nichts.

Seit Beginn seiner Krankheit, seitdem er zum ersten Mal zum Doktor gefahren war, hatte sich sein Leben in zwei widersprechende Stimmungen geteilt, die einander ablösten. Bald war er verzweifelt und wartete auf den ihm unbegreiflichen furchtbaren Tod. Dann hatte er wieder Hoffnung und beobachtete gespannt die Tätigkeit seines Körpers, sah nur die Niere und den Blinddarm, die es für einige Zeit ablehnten, ihre Pflicht zu erfüllen. Dann plötzlich wieder der unbegreifliche, furchtbare Tod, vor dem er sich nicht retten konnte. Diese zwei Stimmungen lösten einander seit Beginn der Krankheit ab. Doch je mehr die Krankheit vorwärts schritt, um so zweifelhafter und unwahrscheinlicher wurden Niere und Blinddarm, und um so wirklicher das Bewußtsein des kommenden Todes.

Er brauchte sich nur daran zu erinnern, wie er vor drei Monaten noch gewesen war und wie er jetzt war, er brauchte nur daran zu denken, wie sein Weg immer tiefer bergab geführt hatte, um alle Hoffnung zu verlieren.

In diesen letzten Tagen der Einsamkeit, in der er sich befand, mit dem Gesicht gegen die Rücklehne des Sofas gekehrt, in dieser Einsamkeit inmitten der volkreichen Stadt, seiner zahlreichen Bekannten, seiner Familie, in der Einsamkeit, die nirgends vollkommener sein konnte, weder auf dem Meere noch auf der Erde, in den letzten Tagen dieser furchtbaren Einsamkeit lebte Iwan Iljitsch nur noch in den Gedanken an die Vergangenheit. Ein Bild nach dem andern trat vor seine Seele. Es begann immer mit einem zeitlich nahen, und von da zog es ihn weit zurück in die Kindheit, und dort in der Kindheit blieb er dann. Wenn Iwan Iljitsch an die abgekochten Dörrpflaumen dachte, die man ihm heute angeboten hatte, fielen ihm sofort die rohen, zusammengeschrumpften französischen Dörrpflaumen ein, die er in seiner Kindheit gegessen hatte, ihr eigentümlicher Geschmack und die Menge von Speichel, die sich bildete, wenn man endlich beim Kern angekommen war. Und an diese Geschmackseindrücke knüpfte er eine lange Reihe anderer Erinnerungen aus dieser Zeit: die Amme, die Brüder, die Spielsachen. ›Oh, ich will nicht daran denken, es tut mir weh‹, sagte Iwan Iljitsch und ging wieder zur Gegenwart über. Der Knopf an der Lehne des Sofas und die Falten im Saffian. ›Der Saffian war teuer und hat nicht gehalten. Wir haben uns seinetwegen gestritten. Da war aber einmal ein anderer Saffian, und es gab da auch einen Streit, als wir Kinder die Brieftasche aus Saffian, die dem Vater gehörte, zerrissen hatten und dafür gestraft wurden; Mama brachte uns dann Kuchen.‹ Und wieder war er bei seiner Kindheit, und wiederum tat es Iwan Iljitsch weh, er bemühte sich, die Gedanken zu verjagen und an etwas anderes zu denken.

Und zusammen mit dieser Gedankenreihe ging durch seine Seele eine andere: die Erinnerung daran, wie seine Krankheit wuchs und schlimmer wurde. Je weiter er zurückblickte, desto mehr Leben sah er. Das Leben hatte mehr Gutes, und darum war auch mehr Leben da. Eins war mit dem anderen verschmolzen. ›Wie die Qualen immer ärger und ärger wurden, so wurde auch das Leben immer ärger und ärger‹, dachte er. Nur ein lichter Punkt war da: weit zurück, zu Beginn des Lebens, und dann wurde es immer schwärzer und schwärzer und ging schneller und schneller. ›Im ungekehrten Verhältnis zum Quadrat der Entfernung vom Tode‹, dachte Iwan Iljitsch. Und dieses Bild des Steines, der mit wachsender Geschwindigkeit fällt, verließ ihn nicht mehr. Das Leben, eine Reihe immer wachsender Leiden, fliegt immer schneller dem Ende zu, diesem furchtbarsten aller Leiden. ›Ich fliege…‹ Er zitterte, wurde unruhig, wollte sich wehren, doch er wußte schon, daß man sich nicht dagegen wehren konnte. Und wieder blickte er mit Augen, die vom Sehen müde waren, aber dennoch auf das schauen mußten, was vor ihm war, auf die Rücklehne des Sofas und wartete – wartete auf den fürchterlichen Fall, auf den Stoß, auf die Vernichtung. ›Man kann nichts dagegen tun‹, sagte er sich. ›Aber wenn ich nur wenigstens wüßte warum! Auch das darf man nicht. Alles würde mir klar, wenn ich mir eingestünde, daß ich nicht so gelebt habe, wie ich hätte leben sollen, aber das kann ich unmöglich zugeben‹, sagte er zu sich, indem er an die Korrektheit, an die Ordnung und an die Anständigkeit seines Lebens dachte. ›Das zuzugeben ist unmöglich‹, sagte er zu sich, mit den Lippen lächelnd, als ob irgend jemand dieses Lächeln sehen und dadurch getäuscht werden könnte. ›Es gibt keine Erklärung dafür, alles ist Qual, Tod… Warum?‹

So vergingen wieder zwei Wochen. In dieser Zeit geschah für Iwan Iljitsch und seine Frau das so erwünschte Ereignis: Petrischtschew hielt um die Hand der Tochter an. Das war am Abend gewesen. Am nächsten Tage ging Praskowja Fjodorowna zu ihrem Mann und überlegte, wie sie ihm davon Mitteilung machen solle. Doch gerade in dieser Nacht war eine neue Wendung zum Schlechten mit Iwan Iljitsch eingetreten. Praskowja Fjodorowna fand ihn auf dem Sofa in einer neuen Lage. Er lag platt auf dem Rücken, stöhnte und blickte starr vor sich hin.

Sie begann von der Arznei zu sprechen. Er wandte den Blick nach ihr hin. Sie sprach den Satz nicht zu Ende, den sie begonnen hatte, so böse war der Blick, mit dem er sie ansah.

»Um Christi willen, laß mich doch ruhig sterben!« sagte er.

Sie wollte hinausgehen, aber da kam die Tochter und wollte guten Morgen sagen. Er sah die Tochter mit demselben Blick an und antwortete ihr auf die Frage nach seinem Befinden trocken, daß er sie alle bald von sich befreien werde. Beide schwiegen, setzten sich hin und gingen dann hinaus.

»Als ob wir etwas dafür könnten«, sagte Lisa zur Mutter. »Wir sind doch nicht schuld daran. Mir tut Papa ja leid, aber warum quält er uns?«

Zur gewohnten Stunde kam der Doktor. Iwan Iljitsch antwortete ihm: Ja – nein, ohne seinen erbosten Blick von ihm zu wenden, und zuletzt sagte er zu ihm: »Sie wissen doch selber, daß Sie mir nicht helfen können. Lassen Sie mich also in Ruhe!«

»Wir können die Leiden wenigstens erleichtern«, sagte der Doktor.

»Auch das können Sie nicht. Lassen Sie mich in Ruhe!«

Der Doktor ging ins Speisezimmer und teilte Praskowja Fjodorowna mit, daß es dem Kranken sehr schlecht gehe und es nur noch ein Mittel gebe für ihn – Opium, um die Schmerzen zu lindern, die jetzt furchtbar sein müßten. Der Doktor sprach von den körperlichen Schmerzen und hatte recht. Aber noch furchtbarer als die körperlichen Schmerzen waren die seelischen, und in ihnen lag für Iwan Iljitsch die große Qual.

Die seelischen Leiden bestanden darin, daß ihm in dieser

Nacht, als er Gerasims schlaftrunkenes, gutmütiges Gesicht mit den starken Backenknochen ansah, plötzlich der Gedanke gekommen war: ›Und wenn wirklich mein ganzes Leben, mein bewußtes Leben nicht das richtige gewesen ist?‹
[...]

Unverhofftes Wiedersehen

In Falun in Schweden küßte vor guten fünfzig Jahren und mehr ein junger Bergmann seine junge, hübsche Braut und sagte zu ihr: »Auf Sankt Luciä wird unsere Liebe von des Priesters Hand gesegnet. Dann sind wir Mann und Weib und bauen uns ein eigenes Nestlein.« – »Und Friede und Liebe soll darin wohnen«, sagte die schöne Braut mit holdem Lächeln, »denn du bist mein einziges und alles, und ohne dich möchte ich lieber im Grab sein als an einem andern Ort.« Als sie aber vor Sankt Luciä der Pfarrer zum zweiten Male in der Kirche ausgerufen hatte: »So nun jemand Hindernis wüßte anzuzeigen, warum diese Personen nicht möchten ehelich zusammenkommen«, da meldete sich der Tod. Denn als der Jüngling den andern Morgen in seiner schwarzen Bergmannskleidung an ihrem Haus vorbeiging, der Bergmann hat sein Totenkleid immer an, da klopfte er zwar noch einmal an ihrem Fenster und sagte ihr guten Morgen, aber keinen guten Abend mehr. Er kann nimmer aus dem Bergwerk zurück, und sie saumte vergeblich selbigen Morgen ein schwarzes Halstuch mit rotem Rand für ihn zum Hochzeitstag, sondern als er nimmer kam, legte sie es weg und weinte um ihn und vergaß ihn nie. Unterdessen wurde die Stadt Lissabon in Portugal durch ein Erdbeben zerstört, und der Siebenjährige Krieg ging vorüber, und Kaiser Franz der Erste starb, und der Jesuitenorden wurde aufgehoben und Polen geteilt, und die Kaiserin Maria Theresia starb, und der Struensee wurde hingerichtet, Amerika wurde frei, und die vereinigte französische und spanische Macht konnte Gibraltar nicht erobern. Die Türken schlossen den General Stein in der Veteraner Höhle in Ungarn ein, und der Kaiser Joseph starb auch. Der König Gustav von Schweden eroberte Russisch-Finnland, und die Französische Revolution und der lange Krieg fing an, und der Kaiser Leopold der Zweite ging auch ins Grab. Napoleon eroberte Preußen, und die Engländer bombardierten

Kopenhagen, und die Ackerleute säeten und schnitten. Der Müller mahlte, und die Schmiede hämmerten, und die Bergleute gruben nach den Metalladern in ihrer unterirdischen Werkstatt. Als aber die Bergleute in Falun im Jahr 1809 etwas vor oder nach Johannis zwischen zwei Schachten eine Öffnung durchgraben wollten, gute dreihundert Ellen tief unter dem Boden, gruben sie aus dem Schutt und Vitriolwasser den Leichnam eines Jünglings heraus, der ganz mit Eisenvitriol durchdrungen, sonst aber unverwest und unverändert war, also daß man seine Gesichtszüge und sein Alter noch völlig erkennen konnte, als wenn er erst vor einer Stunde gestorben oder ein wenig eingeschlafen wäre an der Arbeit. Als man ihn aber zu Tag ausgefördert hatte, Vater und Mutter, Gefreundte und Bekannte waren schon lange tot, kein Mensch wollte den schlafenden Jüngling kennen oder etwas von seinem Unglück wissen, bis die ehemalige Verlobte des Bergmanns kam, der eines Tages auf die Schicht gegangen war und nimmer zurückkehrte. Grau und zusammengeschrumpft kam sie an einer Krücke an den Platz und erkannte ihren Bräutigam; und mehr mit freudigem Entzücken als mit Schmerz sank sie auf die geliebte Leiche nieder, und erst als sie sich von einer langen heftigen Bewegung des Gemüts erholt hatte, »es ist mein Verlobter«, sagte sie endlich, »um den ich fünfzig Jahre lang getrauert hatte und den mich Gott noch einmal sehen läßt vor meinem Ende. Acht Tage vor der Hochzeit ist er auf die Grube gegangen und nimmer gekommen.« Da wurden die Gemüter aller Umstehenden von Wehmut und Tränen ergriffen, als sie sahen die ehemalige Braut jetzt in der Gestalt des hingewelkten kraftlosen Alters und den Bräutigam noch in seiner jugendlichen Schöne, und wie in ihrer Brust nach fünfzig Jahren die Flamme der jugendlichen Liebe noch einmal erwachte; aber er öffnete den Mund nimmer zum Lächeln oder die Augen zum Wiedererkennen; und wie sie ihn endlich von den Bergleuten in ihr Stübchen tragen ließ, als die einzige, die ihm angehöre und ein Recht an ihn habe, bis sein Grab gerüstet sei auf dem Kirchhof. Den andern Tag, als das Grab gerüstet war auf dem Kirchhof und ihn die Bergleute holten, schloß sie ein Kästlein auf, legte ihm das schwarzseidene Halstuch mit roten Streifen um und begleitete ihn in ihrem Sonntagsgewand, als wenn es ihr Hochzeittag und nicht der Tag seiner Beerdigung wäre. Denn als man ihn auf dem Kirchhof ins Grab legte, sagte sie: »Schlafe nun wohl, noch einen Tag oder zehn im kühlen Hochzeitbett, und laß dir die Zeit nicht lang werden. Ich habe nur noch wenig zu tun und komme bald, und bald wird's wieder Tag. Was die Erde einmal wiedergegeben hat, wird sie zum zweiten Male auch nicht behalten«, sagte sie, als sie fortging und noch einmal umschaute.

Vier Wunderhorn-Lieder

Für die von Arnim und Brentano 1806/1808 herausgegebene Lieder-
sammlung ›Des Knaben Wunderhorn‹ muß man seit Goethe nicht
länger Werbung machen. Eher schon für Gustav Mahlers nicht ge-
rade übermäßig bekannte Vertonungen. Sie sind allesamt zauberisch
und verzaubernd; die »lyrischen« wie die altdeutsch possierlichen;
am anrührendsten stellt sich zweifellos jene Liedgruppe vor, die von
Leid und Tod der Soldaten handelt. An ein paar der Texte sei hier
erinnert.

Rewelge

Des Morgens zwischen drein und vieren,
Da müssen wir Soldaten marschieren
Das Gäßlein auf und ab;
Tralali, Tralalei, Tralala,
Mein Schätzel sieht herab.

»Ach, Bruder, jetzt bin ich geschossen,
Die Kugel hat mich schwer getroffen,
Trag mich in mein Quartier,
Tralali, Tralalei, Tralala,
Es ist nicht weit von hier.«

»Ach, Bruder, ich kann dich nicht tragen,
Die Feinde haben uns geschlagen,
Helf dir der liebe Gott;
Tralali, Tralalei, Tralala,
Ich muß marschieren in den Tod.«

»Ach, Brüder! ihr geht an mir vorüber,
Als wär es mit mir schon vorüber,
Ihr Lumpenfeind seid da;
Tralali, Tralalei, Tralala,
Ihr tretet mir zu nah.«

»Ich muß wohl meine Trommel rühren,
Sonst werde ich mich ganz verlieren;
Die Brüder dick gesät,
Tralali, Tralalei, Tralala,
Sie liegen wie gemäht.«

Er schlägt die Trommel auf und nieder,
Er wecket seine stillen Brüder,
Sie schlagen ihren Feind,
Tralali, Tralalei, Tralala,
Ein Schrecken schlägt den Feind.

Er schlägt die Trommel auf und nieder,
Da sind sie vor dem Nachtquartier schon wieder,
Ins Gäßlein hell hinaus,
Tralali, Tralalei, Tralala,
Sie ziehn vor Schätzleins Haus.

Des Morgens stehen da die Gebeine,
In Reih und Glied wie Leichensteine,
Die Trommel steht voran,
Tralali, Tralalei, Tralala,
Daß sie ihn sehen kann.

Der Tambourgesell

Ich armer Tambourgesell,
Man führt mich aus dem Gewölb.
Wär ich ein Tambour blieben,
Dürft ich nicht gefangen liegen.

Wenn Soldaten vorbeimarschieren,
Bei mir nit einquartieren.
Wann sie fragen, wer i gwesen bin:
Tambour von der Leibkompanie.

O Galgen, du hohes Haus,
Du siehst so furchtbar aus.

Ich schau dich nicht mehr an,
Weil i weiß, i gehör daran.

Gute Nacht, ihr Marmelstein,
Ihr Berg und Hügelein.
Gute Nacht, ihr Offizier,
Korporal und Musketier.

Gute Nacht, ihr Offizier,
Korporal und Grenadier.
Ich schrei mit heller Stimm,
von euch ich Urlaub nimm.

*Mit einem grausig hallend wiederholten »Gute Nacht!« läßt Mahler
das Lied enden.*
*Das nächste, »schwäbisch«, scheint ein bekanntes Kurzhörbild von
Karl Valentin vorwegzunehmen. Irgendwie jedenfalls.*

Verlorene Mühe

Sie
Büble, wir wollen ausse gehe.
Wollen unsere Lämmer besehe.
Komm, liebs Büberle,
Komm, ich bitt.

Er
Närrisches Dinterle,
Ich geh dir holt nit.

Sie
Willst vielleicht ä bissel nasche,
Hol dir was aus meiner Tasche,
Hol, liebs Büberle,
Hol, ich bitt.

Er
Närrisches Dinterle,
Ich nasch dir holt nit.

Sie
Tut vielleicht der Durst dich plage,
Komm, will dich zum Brunne trage,
Trink, liebs Büberle,
Trink, ich bitt.

Er
Närrisches Dinterle,
Es dürst mich holt nit.

Sie
Tut vielleicht der Schlaf dich drücke,
Schlaf, ich jag dir fort die Mücke,
Schlaf, liebs Büberle,
Schlaf, ich bitt.

Er
Närrisches Dinterle,
Mich schläfert's holt nit.

Sie
Gelt, ich soll mein Herz dir schenke,
Immer willst an mich gedenke;
Nimms, lieb Büberle,
Nimms, ich bitt!

Er
Närrisches Dinterle,
Ich mag es holt nit.

Das folgende letzte Lied steht so nur zum Teil in ›Des Knaben Wunderhorn‹. Es trägt dort die Titelzeile ›Unbeschreibliche Freude‹ und erinnert auch von daher, merkwürdiger Zufall, an Hebels motivverwandtes ›Unverhofftes Wiedersehen‹. Mahler strich die vierte evident abfallende Strophe der ›Wunderhorn‹-Fassung und dichtete offenbar, nebst kleineren Einfügungen, selber eine letzte dazu; ganz im Wunderhorn-Ton.

Wo die schönen Trompeten blasen

Wer ist denn draußen und wer klopfet an,
Der mich so leise, so leise wecken kann?
Das ist der Herzallerliebste dein,
Steh auf und laß mich zu dir ein!
Was soll ich hier noch länger stehn?
Ich seh' die Morgenröt' aufgehn,
Die Morgenröt', zwei helle Stern',
Bei meinem Schatz, da wär' ich gern!
Bei meiner Herzallerliebsten! [meinem Herzallerliebe]

Das Mädchen stand auf und ließ ihn ein,
Sie heißt ihn auch willkommen sein.
Willkommen, lieber Knabe mein!
So lang hast du gestanden!
Sie reicht' ihm auch die schneeweiße Hand.
Von ferne sang die Nachtigall,
Das Mädchen fing zu weinen an.
Ach weine nicht, du Liebste mein,
Ach weine nicht, du Liebste mein.
Aufs Jahr sollst du mein eigen sein.

Mein eigen sollst du werden gewiß,
Wie's keine sonst auf Erden ist!
O Lieb auf grüner Erden.
Ich zieh' in Krieg auf grüne Heid';
Die grüne Heide, die ist so weit!
Allwo dort die schönen Trompeten blasen,
Da ist mein Haus, mein Haus von grünem Rasen!

Schauerliches wurde schauerlicher nie komponiert; allenfalls von Mahler. Wer die Musik kennt, hört sie beim Lesen des Textes natürlich immer mit; zweifellos hat dieser selbst aber auch sein Grandioses.

Kartoffellied

Pasteten hin, Pasteten her,
    Was kümmern uns Pasteten?
Die Kumme hier ist auch nicht leer
Und schmeckt so gut, als *bonne chère*
    Von Fröschen und von Kröten.

Und viel Pastet und Leckerbrot
    Verdirbt nur Blut und Magen.
Die Köche kochen lauter Not,
Sie kochen uns viel eher tot;
    Ihr Herren, laßt euch sagen!

Schön rötlich die Kartoffeln sind
    Und weiß wie Alabaster!
Sie däun sich lieblich und geschwind
Und sind für Mann und Frau und Kind
    Ein rechtes Magenpflaster.

Die Kartoffelernte

Kindlein, sammelt mit Gesang
Der Kartoffeln Überschwang!
Ob wir voll bis oben schütten
Alle Mulden, Körb und Bütten,
Noch ist immer kein Vergang.

Wo man nur den Bulten hebt,
Schaut, wie voll es lebt und webt!
O die schöngekerbten Knollen,
Weiß und rot und dick geschwollen!
Immer mehr, je mehr man gräbt.

Nicht umsonst in bunter Schau
Blüht' es rötlich, weiß und blau,
Ward gejätet, ward gehäufet:
Kindlein, Gottes Segen reifet!
Rief ich oft und traf's genau.

Einst vom Himmel schaute Gott
Auf der Armen bittre Not.
Nahe ging's ihm; und was tat er
Uns zum Trost, der gute Vater?
Regnet' er uns Mannabrot?

Nein, ein Mann ward ausgesandt,
Der die neue Welt erfand.
Reiche nennen's Land des Goldes;
Doch der Arme nennt's sein holdes,
Nährendes Kartoffelland.

Nur ein Knöllchen eingesteckt
Und mit Erde zugedeckt.
Unten treibt dann Gott sein Wesen.
[…]

Kuh beim Fressen

*Kein besonderer Freund Brechts, möchte ich doch dieses Sonett-Ge-
dicht in meinem Lesebuch nicht missen. Wegen der Kuh nämlich, die
mir, knapp vor dem Hausschwein, dem Hund und der Katze, das
angenehmste der Tiere ist, das anregendste. Brecht muß sie auch gut
gekannt und gemocht haben; er macht seine Sache trefflich.*

Sie wiegt die breite Brust an holziger Krippe
Und frißt. Seht, sie zermalmt ein Hälmchen jetzt!
Es schaut noch eine Zeitlang spitz aus ihrer Lippe
Sie malmt es sorgsam, daß sie's nicht zerfetzt.

Ihr Leib ist dick, ihr trauriges Aug bejahrt
Gewöhnt des Bösen, zaudert sie beim Kauen
Seit Jahren mit emporgezogenen Brauen
Die wundert's nicht mehr, wenn ihr dazwischenfahrt.

Und während sie sich noch mit Heu versieht
Entnimmt ihr einer Milch, sie duldet's stumm
Daß seine Hand an ihrem Euter reißt.

Sie kennt die Hand, sie schaut nicht einmal um
Sie will nicht wissen, was mit ihr geschieht
Und nützt die Abendstimmung aus und scheißt.

*Wer einen besonders schönen Tier- resp. Kuh-Roman lesen möchte,
den verweise ich hier ganz eilig auf Marlen Haushofers ›Die Wand‹.*

Die Scheiße

Das Gedicht Enzensbergers, erstveröffentlicht zu Beginn der siebziger Jahre, bezieht seinen brechtgeschulten Charme nicht zuletzt aus der Tatsache, daß auf die Humanität seines Einspruchs eigentlich jedermann dauernd selber kommen müßte, wären jedermanns Kopf und Sprechweise nicht so verrottet und verdummt, wie sie's offenbar sind.

Immerzu höre ich von ihr reden
als wäre sie an allem schuld.
Seht nur, wie sanft und bescheiden
sie unter uns Platz nimmt!
Warum besudeln wir denn
ihren guten Namen
und leihen ihn
dem Präsidenten der USA,
den Bullen, dem Krieg
und dem Kapitalismus?

Wie vergänglich sie ist,
und was wir nach ihr nennen
wie dauerhaft!
Sie, die Nachgiebige,
führen wir auf der Zunge
und meinen die Ausbeuter.
Sie, die wir ausgedrückt haben,
soll nun auch noch ausdrücken
unsere Wut?
Hat sie uns nicht erleichtert?
Von weicher Beschaffenheit
und eigentümlich gewaltlos
ist sie von allen Werken
des Menschen

vermutlich das friedlichste.
Was hat sie uns nur getan?

Zur letzten Frage kann man einiges Theoretisches u. a. in Theleweits
›Männerphantasien‹ nachlesen.

Der letzte Biß

Über Ror Wolfs Fußball-Bücher ›Punkt ist Punkt‹ (1971) und ›Die heiße Luft der Spiele‹ (1979) lobzusingen, hieße Eulen nach dem gefürchteten Betzenberg tragen oder wohin – wenn diese ebenso dichterisch geballten wie fußballerisch schwerdichten Texte das Volksbuch geworden wären, als das zu prunken sie immer verdient hätten, ginge es gerecht auf der Welt zu. Geht es aber nicht, und dies wirft ein schlechtes Licht auf die Welt, das Volk, den Fußball und überhaupt alles. Was freilich das strahlende Licht, das von Ror Wolfs Fußballarbeiten abschimmert, nur um so phosphoreszierender leuchten läßt. Oder so ähnlich.

[...]

Eine halbe Stunde war vergangen. Im düsteren Schneeregen war nichts passiert. Ein lustloses Geschiebe auf klebrigem Boden. Es wollte nicht klappen. Der Dicke rackerte, aber er fand keine Lücke, er stand nicht richtig. Lotte langte kurz hin, aber schaffte es nicht, er blieb hängen, eingeklemmt von mehreren Beinen. Das ging eine Weile so weiter. Paul nahm die Hand zur Hilfe. Lutz stocherte unter der Dunstdecke auf der anderen Seite herum. Keiner traute sich. Keiner biß zu. Keiner wußte, wie es gemacht wird. Das Feuer fehlte. Aber plötzlich machte sich Emma frei auf diesem schlüpfrigen Boden, das war eine gute Gelegenheit, also fackelte Friedrich nicht lange und schob ihn gemächlich hinein. Emma bot sich noch einmal an, da war Paul nicht mehr zu halten. Emma wurde gelegt, und Paul bohrte unermüdlich. Jetzt kam auch der Dicke durch, vorne war alles offen, Lutz war eingedrungen, er hatte endlich das Loch gefunden, denn Hertha zeigte auf einmal erschreckende Blößen, Emma wälzte sich auf der Linie im Schlamm, doch in diesem Moment befreite sich Hertha aus der Umklammerung, Lotte schüttelte Friedrich ab, Emma zog sich zurück, aber der Dicke stieß nach in die Tiefe, die unerhört schnellen Mönche hetzten die blauweiße Hertha über den Rasen, bis ihre Abwehr erschlaffte, sie drückten und drückten, zweimal rutschte Bernard das glitschige nasse Ding aus den Händen, schon sprang Friedrich dazu und schob ihn lächelnd hinein in die untere Hälfte, als er das klaffende Loch sah, preßte er ihn mit unheimlicher Wucht hinein, stocktrokken, jetzt stand er richtig, Lutz ließ nicht locker, der Dicke ackerte wie verrückt, er war voll bei der Sache, der wuchtige Mann, und Paul bediente Emma mit einer Kerze. Sie prallten schwingend zusammen, die Männer mit den schwarzen Handschuhen, sie arbeiteten lautlos in schwarzen Strumpfhosen im fahlen Flutlicht. Hertha wehrte noch einmal ab, aber es nützte nichts mehr, die Mönche rissen sie in der Mitte auf, Lutz spritzte schnell in die Lücke und drückte ab, von einem Aufstöhnen begleitet. Jetzt lief es endlich, da jubeln die Glocken von Rio, jetzt lief es wie selten, der Betzenberg bebte, jetzt lief es so gut wie schon lange nicht mehr, Fritz hatte die Pfeife schon in der Hand, er ließ es weiterlaufen, ein letztes Aufbäumen, und im Liegen vollendet der Dicke mit einem Rückzieher. Das war das Ende auf dem zerwühlten Rasen. Emma schleppte sich mit bespritztem Trikot in die Kabine, Oberschenkel und Hände verklebt. Lotte krümmte sich noch und hielt die blutigen Schenkel. Was mit Hertha war, konnte keiner mehr sagen. Ein Aufschrei zerfetzte die Flutlichtatmosphäre.

VLADIMIR NABOKOV

Mit Begeisterung Torwart

Nabokov über Fußball: Eine ebenso überraschende wie überzeugende Perspektive aus seinem Erinnerungsbuch.

Der literarische Clan, Nesbit und seine Freunde, lobte zwar meine nächtlichen Bemühungen, mißbilligte jedoch etliche andere Dinge, denen ich mich widmete, so etwa die Entomologie, Foppereien, Mädchen und besonders meine sportliche Betätigung. Von den Sportarten, die ich in Cambridge betrieb, ist mir Fußball eine windige Lichtung inmitten einer ziemlich wirr-nutzlosen Zeit geblieben. Mit Begeisterung war ich Torwart. In Rußland und den romanischen Ländern ist jene edle Kunst immer von der Aura eines beispiellosen Glanzes umgeben gewesen. Erhaben, einsam, unbeteiligt, so schreitet der Held des Fußballtors durch die Straßen, verfolgt von hingerissenen kleinen Jungen. Er wetteifert mit dem Matador und Flieger-As als ein Gegenstand verzückter Verehrung. Sein Pullover, seine Schirmmütze, seine Knieschoner, die Handschuhe, die aus der Gesäßtasche seiner kurzen Hose ragen, heben ihn von der übrigen Mannschaft ab. Er ist der einsame Adler, der Geheimnisvolle, der letzte Verteidiger. Photographen, ein Knie ehrwürdig gebeugt, knipsen ihn, wenn er sich mit einem spektakulären Kopfsprung quer über die Öffnung des Tores wirft, um mit den Fingerspitzen einen niedrigen, blitzartigen Schuß abzuwehren, und beifällig brüllt das ganze Stadion, während er in dem unversehrten Tor noch einen Augenblick der Länge lang liegenbleibt, wie er fiel.

In England hingegen, zumindest in dem England meiner Jugend, waren der nationale Horror vor aller Angeberei und eine zu humorlose Vorliebe für solide Team-Arbeit der Entwicklung der exzentrischen Kunst des Torwarts immer abträglich. Auf diese These jedenfalls verfiel ich, um zu erklären, warum ich auf den Sportplätzen von Cambridge nicht besonders erfolgreich war. Gewiß, ich hatte auch meine hellen, heldischen Tage – wohltuender Rasengeruch, der berühmte Stürmer der gegnerischen College-Mannschaft dribbelt den neuen, gelbbraunen Ball vor seiner flink zustoßenden Fußspitze immer dichter heran, dann der stechende Schuß, die geglückte Abwehr, ihr lange anhaltendes Prikkeln... Doch es gab andere, denkwürdigere, esoterischere Tage unter trostlosem Himmel, wenn der Boden um das Tor herum zu schwarzem Schlamm aufgeweicht war, der Ball fettig wie ein Plumpudding und mein Kopf nach einer Nacht des Versemachens von Neuralgie zermürbt. Ich verfehlte den Ball glücklos – und holte ihn aus den Maschen. Gnädig verlagerte sich das Spiel zum anderen Ende des durchweichten Feldes. Ein leichter, matter Nieselregen setzte ein, zögerte und begann von neuem. Mit einer beinahe gurrenden Zärtlichkeit in ihrem gedämpften Gekrächz flatterten ramponierte Krähen um eine entblätterte Ulme. Nebel bildete sich. Jetzt war das Spiel nur noch ein vages Auf und Ab von Köpfen vor dem fernen Tor der College-Mannschaft, gegen die wir gerade spielten, St. John oder Christ oder irgendeine andere. Der entfernte, verschwommene Lärm, ein Ruf, eine Trillerpfeife, der dumpfe Laut des Kickens, all das war ohne jede Bedeutung und ging mich nichts an. Ich war weniger Hüter eines Fußballtores als Hüter eines Geheimnisses. Während ich mich mit verschränkten Armen an den linken Torpfosten lehnte, genoß ich den Luxus, meine Augen zu schließen, und so lauschte ich dem Pochen meines Herzens, fühlte den blinden Nieselregen auf meinem Gesicht, hörte in der Ferne den gebrochenen Lärm des Spiels und dachte an mich wie an ein sagenhaftes exotisches Wesen, das, verkleidet als englischer Fußballspieler, in einer Sprache, die niemand verstand, Verse über ein entlegenes Land dichtete, das niemand kannte. Kein Wunder, daß ich bei den anderen Spielern meiner Mannschaft nicht sonderlich beliebt war.

Kein einziges Mal während meiner drei Jahre in Cambridge – ich wiederhole: kein einziges Mal – war ich in der Universitätsbibliothek oder erkundigte mich auch nur, wo sie lag (ihr neues Gebäude ist mir heute wohlvertraut) oder ob es irgendeine College-Bibliothek gab, in der man Bücher ausleihen konnte, um sie mit auf die Bude zu nehmen. Ich schwänzte Vorlesungen. Ich stahl mich fort nach London und anderswohin. Ich widmete mich mehreren Liebesaffairen gleichzeitig. Ich hatte fürchterliche Gespräche mit Mr. Harrison. Ich übersetzte eine Handvoll Gedichte von Rupert Brooke, *Alice im Wunderland* und Romain Rollands *Colas Breugnon* ins Russische. Was die Wissenschaft anging, hätte ich ebensogut auf das Inst. M. M. in Tirana gehen können.

Dinge wie das Gebäck – heiße *muffins* und *crumpets* –, das man nach dem Spiel zum Tee aß, oder die wie »peiper, peiper!« klingenden cockneyischen Rufe der Zeitungsjungen, die sich in den dunkelnden Straßen mit den Fahrradglocken mischten, schienen mir damals typischer für Cambridge als heute. Ich kann mich der Einsicht nicht verschließen, daß – abgesehen von den auffallenden, aber mehr oder minder vergänglichen Bräuchen und über alles Ritual oder Reglement hinaus – Cambridge etwas eigen war, was schon so mancher feierliche Alumnus zu definieren versucht hat. Für mich liegt diese Grundeigenschaft in dem ständigen Bewußtsein einer uneingeschränkten Ausdehnung der Zeit. Ich habe keine Ahnung, ob je irgendwer nach Cambridge kommen wird, um die Abdrücke zu suchen, die die Warzennägel meiner Fußballstiefel im schwarzen Matsch vor dem klaffenden Tor zurückgelassen haben, oder um dem Schatten meiner Kopfbedeckung durch den Quadrangle zur Treppe meines Tutors zu folgen. [...]

Über den Elefanten u. a.

Der Gothaer Gymnasiallehrer Galletti (1750–1828) gilt ob seiner Kathederblüten als Inkarnat des zerstreuten, durch Übergelehrsamkeit sich lächerlich machenden deutschen Professors. Und insofern zu Recht als ein unfreiwilliger Mitbegründer deutscher Nonsenspoesie, als deren erste ragende Säule. Wahr ist freilich auch, daß item Kant und Hegel, nicht nur wenn sie über Geografie und Ethnologie referierten, von denen sie beide noch weniger verstanden als Galletti, ähnlich Buntgesinntes zusammenfabulierten. Ach, in welch wundersamem Glanze blühte doch damals noch die Wissenschaft.

Die venezianische Verfassung ist eine gemischte Aristokratie, aus der es sehr schwer ist, wieder herauszukommen.

Olaf VI. war der Sohn Woldemars II., und alle Olafe hießen Olaf, bis auf den 5ten, welcher Christian hieß.

Der polnische Reichstag verhinderte durch sein Veto die Wahl des Königs, so daß also alle polnischen Könige ohne Veto gewählt wurden.

Da nun Peter II. tot war... lebte... und nicht mehr lebte... tot war...

Als der Großwesir am Morgen aufstand und sah, daß er keinen Kopf hatte – ja so, das geht nicht.

Die Erde gehört in die Genealogie von Dänemark.

Die Kälte wächst gegen den Nordpol um 10 Grad, zuletzt hört sie ganz auf.

Gotha ist nicht nur die schönste Stadt in ganz Italien, sondern sie hat auch viele Gelehrte gestiftet.

In Erfurt war einmal ein großes Sterben, da starben in jedem Monat 500 Mann, das macht jährlich etwa 12 aus.

Persien ist 4mal so groß wie Deutschland, also zweimal kleiner.

Der Chimborasso ist 24000 Quadratmeilen hoch, wollte ich sagen, 24000 Quadratfuß. – Ja, das versteht ihr nicht. Die Höhe eines Berges wird erst in Quadratmeilen angegeben, und dann wird die Kubikwurzel herausgezogen.

In Grönland ist manchmal im Juni der Schnee so tief, so hoch wollte ich sagen, 2 hoch tief.

Durch das stärkste Fernrohr erscheint der Planet Mars so groß wie mein Kopf auf zehn Meter Entfernung. Aber selbst wenn es auf dem Mars von Menschen wimmelte, könnte man sie nicht wahrnehmen, da Sie ja auf zehn Meter auch nicht sehen können, was auf meinem Kopfe vorgeht.

Seit Erschaffung der Welt sind über 6000 Jahre verflossen, daher müssen die Zahlen vor Christi Geburt zunehmen und nachher abnehmen.

Wenn da ein Apfel, eine Brennessel und ein Stein liegt, so gehört das ins Tierreich, das zu den Pflanzen und das – na, das ist ein Stein.

Auf schwarzen Bergen sind schwarze Tiere schwarz.

Der Elefant ist das größte Tier im Steinreich.

Die Farbe der Neger ist dunkelgelbbraun; es gibt auch tigerartige Neger, und ihr Schafpelz ist ein Schafpelz.

Im ›Tasso‹ stand Goethe noch ganz auf dem Boden der ›Iphigenie‹.

Der Mann ist reich, geschweige denn wohlhabend.

Ich habe heute wieder mal solche Not mit dem Plaudern, wie die kleinen Kinder.

Ich, der Herr Professor Ukert und ich, wir drei machten eine Reise.

Ich bin so müde, daß ein Bein das andere nicht sieht.

Das größte Insekt ist der Elefant.

Der Tanzbär

Ein Bär, der lange Zeit sein Brot ertanzen müssen
Entrann und wählte sich den ersten Aufenthalt.
Die Bären grüßten ihn mit brüderlichen Küssen
Und brummten freudig durch den Wald,
Und wo ein Bär den andern sah,
So hieß es: Petz ist wieder da!
Der Bär erzählte drauf, was er in fremden Landen
Für Abenteuer ausgestanden,
Was er gesehn, gehört, getan!
Und fing, da er vom Tanzen red'te,
Als ging er noch an seiner Kette,
Auf polnisch schön zu tanzen an [...]

*Leider geht das Gedicht noch ewig weiter und verliert dabei deutlich
an Höhe. So geht's, wenn Poeten nicht und nicht aufhören können
(P. Weiss, U. Johnson u. a.).*

JOHANN PETER ECKERMANN /
JOHANN WOLFGANG VON GOETHE

Der Kuckuck

Eckermanns ›Gespräche mit Goethe in den letzten Jahren seines Le-
bens‹ von 1835 gehört seit einem guten Jahrzehnt zu meinen Dauer-
favoriten. Zwei Kollegen und ich haben aus dieser Zuneigung auch
schon mal ein ausgreifendes Hörspiel-Theaterstück gemacht (abge-
druckt in ›Unser Goethe‹, 1982); etwas später hat ähnlich u. a. Martin
Walser aus diesem unerschöpflichen Quell geschöpft; Quell auch
einer eigentümlich krausen und doch sehr folgerichtigen Komik. Wie
nicht nur die folgende Szene beweist.

Wir aßen unsern Fisch im Freien und blieben sodann noch bei
einer Flasche Wein sitzen und hatten allerlei gute Unterhaltung.
»Soviel ich weiß«, sagte Goethe, »klassifiziert man den Kuk-
kuck zu den Spechten.«
»Man tut so mitunter«, erwiderte ich, » wahrscheinlich aus
dem Grunde, weil zwei Zehen seiner schwachen Füße eine
Richtung nach hinten haben. Ich möchte ihn aber nicht dahin
stellen. Er hat für die Lebensart der Spechte so wenig den
starken Schnabel, der fähig wäre, irgendeine abgestorbene
Baumrinde zu brechen, als die scharfen, sehr starken
Schwanzfedern, die geeignet wären, ihn bei einer solchen
Operation zu stützen. Auch fehlen seinen Zehen die zum An-
halten nötigen scharfen Krallen, und ich halte daher seine
kleinen Füße nicht für wirkliche Kletterfüße, sondern nur für
scheinbare.«
»Die Herren Ornithologen«, versetzte Goethe, »sind wahrscheinlich froh, wenn sie irgendeinen eigentümlichen Vogel
nur einigermaßen schicklich untergebracht haben, wogegen
aber die Natur ihr freies Spiel treibt und sich um die von be-
schränkten Menschen gemachten Fächer wenig küm-
mert.«
»So wird die Nachtigall«, fuhr ich fort, »zu den Grasmücken
gezählt, während sie in der Energie ihres Naturells, ihren Be-

wegungen und in ihrer Lebensweise weit mehr Ähnlichkeit mit den Drosseln hat. Aber auch zu den Drosseln möchte ich sie nicht zählen. Sie ist ein Vogel, der zwischen beiden steht, ein Vogel für sich, so wie auch der Kuckuck ein Vogel für sich ist, mit so scharf ausgesprochener Individualität wie einer.«

»Alles, was ich über den Kuckuck gehört habe«, sagte Goethe, »gibt mir für diesen merkwürdigen Vogel ein großes Interesse. Er ist eine höchst problematische Natur, ein offenbares Geheimnis, das aber nichtsdestoweniger schwer zu lösen, weil es so offenbar ist.«

Lesehilfe: Nicht kann es schaden, sich Goethen hier reichlich angeschickert vorzustellen; er war's zu der Zeit oft.

Das Krokodil von Singapur

*Ein hochkarätiges, wenn auch offenbar zufälliges Highlight gelang
dem bayerischen Dichter Hermann Lingg (1820–1905) mit dem folgenden Poem, das sich neben den besten von Bernstein und Gernhardt sehr sehen lassen kann.*

Im heil'gen Teich zu Singapur
Da liegt ein altes Krokodil
Von äußerst grämlicher Natur
Und kaut an einem Lotusstiel.
Es ist ganz alt und völlig blind
Und wenn es einmal friert des Nachts
So weint es wie ein kleines Kind
Doch wenn ein schöner Tag ist, lacht's.

Zwei Gedichte

»Der stärkste Lyriker Österreichs seit Georg Trakl« (Carl Zuck-
mayer) war dies mitnichten; sondern in Wahrheit ein Mann von min-
destens Bennschem Ausdruckszwang. Nach Angaben seines Nach-
laßverwalters soll er ca. 10000 Gedichte produziert haben, allesamt
»so etwa 2. Bundesliga« (F. W. Bernstein), zuweilen Kunstgewerbe,
selten Hochkunst, aber auch nie kempnerisch unfreiwillige Komik.
Obwohl die beiden folgenden Gedichtauszüge in diese Richtung zu
deuten scheinen:

Gewaltig, Alte, glaub mir, ist das Leben
in allem, wenn wir es nur richtig tun,
wenn wir dabei sind, wie wir uns erheben,
und ganz dabei, wenn wir ein wenig ruhn.
Ist lahm das Kreuz auch, eine Hand beschädigt,
es ist der Mensch damit noch nicht erledigt.

Wann immer ein Mann trifft auf einen
der im Winkel sitzt, stumm und allein,
so schuldet, so sollte ich meinen,
er ihm ein Glas Bier oder Wein.

Bis die Augen nicht unstet mehr wandern
und sich aufhellt das bittere Gesicht;
dies schuldet ein Mann einem andern,
aber zuhören muß er ihm nicht.

Liedchen aus alter Zeit

Eins. Zwei. Drei. Vier.
Vater braucht Bier.
Vier. Drei. Zwei. Eins.
Mutter braucht keins.

Gedichte

Daß man in Robert Gernhardt und F. W. Bernstein die bedeutend-
sten komischen Lyriker – wenn's sein soll: Nonsenslyriker – der deut-
schen Nachkriegsliteratur, wo nicht des Säkulums zu sehen und zu
würdigen habe: das hat sich, von notorisch exklusiven Ignoranten aus
dem Schul- und Hochschullehrbereich abgesehen, herumgesprochen.
Genug also hier der sich letzten Endes doch nur zäh wiederhudelnden
Lobpreisungen – im folgenden eine kleine Auswahl Gedichte aus den
Büchern ›Die Wahrheit über Arnold Hau‹, ›Besternte Ernte‹, ›Wör-
tersee‹ und dem Sammelband ›Welt im Spiegel‹, welcher die einstige
erlauchte ›pardon‹-Nonsensdoppelseite für die Ewigkeit bereitet
hat.
Hinzuweisen bleibt darauf, daß die Gedichte ›Kurzes Wiedersehn
auf dem Flughafen‹, ›Römische Elegie‹ und ›Frage und Antwort‹ je-
weils ein sehr ansprechendes Foto zur Begleitung haben; wir unserer-
seits hoffen darauf, daß ihre Botschaft auch ohne deren komplemen-
tären Kommentar voll rüberkommt.

Das Gleichnis

Wie wenn da einer, und er hielte
ein frühgereiftes Kind, das schielte,
hoch in den Himmel und er bäte:
»Du hörst jetzt auf den Namen Käthe!« –
Wär' dieser nicht dem Elch vergleichbar,
der tief im Sumpf und unerreichbar
nach Wurzeln, Halmen, Stauden sucht
und dabei stumm den Tag verflucht,
an dem er dieser Erde Licht…
Nein? Nicht vergleichbar? Na, dann nicht!

Kleines Lied

Bin ich auch arm
Bin ich doch dumm
Bin ich auch schief
Bin ich doch krumm
Bin ich auch blind
Bin ich doch taub
Bin ich auch Fleisch
Werd' ich doch Staub.

Kurzes Wiedersehn auf dem Flughafen

»Mensch Erwin! Lange nicht geseh'n!
Wie geht's?« »Mein Gott, wie soll's schon geh'n –
man schlägt sich durch als Aufsichtsrat,
der auch sein Teil zu tragen hat.«
»Du Aufsichtsrat? Mach mal 'nen Punkt!
Ich denke, du bist Forstadjunkt!?«
»Das war ich, lieber Werner, war ich,
doch diese Zeiten waren haarig:
Frühmorgens, wenn die Hähne krähten,
mußt' ich schon mit den Hasen beten,
kaum daß die Zeit zum Frühstück reichte,
kam drauf der Dachs zur Ohrenbeichte,
war die vorbei, da war auch schon
bei Igels heil'ge Kommunion,
und damit wars noch nicht genug…«
»Du, Erwin…« »Ja?« »Ich glaub', mein Flug…«
»Klar, Werner. Tschüss. Ach ja, was macht…«
»Marie? Die hab' ich durchgebracht.
Und zwar nach – Mensch, ich muß jetzt geh'n!«
»Tschau, Werner!« »Erwin! Wiederseh'n!«

Paris ojaja

Oja! Auch ich war in Parih
Oja! Ich sah den Luver
Oja! Ich hörte an der Sehn
die Wifdegohle-Rufer

Oja! Ich kenn' die Tüllerien
Oja! Das Schöhdepohme
Oja! Ich ging von Notterdam
a pjeh zum Plahs Wangdohme

Oja! Ich war in Sackerköhr
Oja! Auf dem Mongmatter
Oja! Ich traf am Mongpahnass
den Dichter Schang Poll Satter

Oja! Ich kenne mein Parih.
Mäh wih!

Reitergedicht

»Sag mal, Reiter!« »Ja, was ist?«
»Wie kommt's, daß du alleine bist?
Wo ist dein Pferd?«

»Ja, das ist so…« »Verrat es nur!«
»Der Gaul macht grad das Abitur –«
»Auch nicht verkehrt.«

Ma chérie

Ma chérie:
Hab acht!
Ma chérie!
Hab acht!
Ich komme zu dir in der Nacht –
Und wer sich bei dir versammelt,
Wird gnadenlos gerammelt…

Römische Elegie

»Hochwürden…« »Ja, mein Kind, was ist?«
»Ich habe heut den Papst geküßt.«
»Den Papst?« »Jawohl, den Papst aus Rom.
Wir gingen durch den Petersdom,

da sprach er seltsam aufgeregt:
›Hat dich schon jemand flachgelegt?‹«
»Sprich weiter, Kind…« »Ich sagte ›Nein‹,
da schrie der Papst: ›Wer war das Schwein?‹

Ich sagte: ›Niemand!‹ Darauf er:
›Aha… Soso… Ist klar… Ach der!
Der hat mir grade noch gefehlt…‹«
»Und dann?« »Dann schwieg er erst gequält…«

»Und dann, mein Kind?« »Dann sah er starr
auf meinen Mund, der rötlich war,
und voller Zähne, wie Ihr wißt…«
»Und dann?« »Dann hab' ich ihn geküßt…«

»Du hast den Papst?« »Ich habe ihn.«
»Und er?« »Hat wie am Spieß geschrien…«
»Na immerhin. Ein schwacher Trost.«
»Zum Wohl, Hochwürden!« »Mädel, Prost!«

Lehrmeisterin Natur

Vom Efeu können wir viel lernen:
er ist sehr grün und läuft spitz aus.
Er rankt rasch, und er ist vom Haus,
an dem er wächst, schwer zu entfernen.

Was uns der Efeu lehrt? Ich will es so umschreiben:
Das Grünsein lehrt er uns. Das rasche Ranken.
Den spitzen Auslauf und, um den Gedanken
noch abzurunden: auch das Haftenbleiben.

Frage und Antwort

Die Gemsen stehen wie gebannt,
sie schauen starr und unverwandt
hinunter auf des Försters Haus,
der kam seit Tagen nicht mehr raus –
sag warum?

»Den Förster hat ein Weib becirct,
das beider Suff durch Scherze würzt.
Er folgt mit klebrigem Interesse
auch noch dem schalsten ihrer Späße –«
Ach darum!

Deutung eines allegorischen Gemäldes

Fünf Männer seh ich
inhaltsschwer –
wer sind die fünf?
Wofür steht wer?

Des ersten Wams strahlt
blutigrot –
das ist der Tod
das ist der Tod

Der zweite hält die
Geißel fest –
das ist die Pest
das ist die Pest

Der dritte sitzt in
grauem Kleid –
das ist das Leid
das ist das Leid

Des vierten Schild trieft
giftignaß –
das ist der Haß
das ist der Haß

Der fünfte bringt stumm
Wein herein –
das wird der
Weinreinbringer sein.

Gebet

Lieber Gott, nimm es hin,
Daß ich was Besond'res bin.
Und gib ruhig einmal zu,
Daß ich klüger bin als du.
Preise künftig meinen Namen,
Denn sonst setzt es etwas. Amen.

Ein Abschied

»Vater, lieber Vater mein,
willst du meine Mutter sein?«

Verlegen fährt sich
der Bub durch den Schopf
und schaut auf den Vater,
doch der schüttelt den Kopf,
blickt in das Licht,
das im Fenster sich bricht,
und spricht:

»Mein Kind, was du da von dir gibst
klingt im Detail zwar allerliebst,
jedoch im großen Ganzen –«

Musik erklingt,
der Knabe winkt:
»Komm Vater, laß uns tanzen!«

Vier Stunden später. Leer ist der Saal.
Der Vater hat müde zum hohen Portal
die Schritte gelenkt
und denkt,
den Blick auf den schlafenden Buben gesenkt:

»Ich hab's erwogen, hab geschwankt,
hätt' gern erfüllt, was er verlangt,
es war nicht drin.
Was er wahrscheinlich erst begreift,
wenn er vom Knaben zum Weibe gereift,
leb wohl, Katrin!«

Und behutsam setzt er
das Kind in den Schnee
und geht in die Nacht,
die hereinbrechende...

Der unwürdige Inquisitor

»Hallo!« rief der Inquisiter,
»läuft denn da nicht unser Dieter,
der bekannte Hexenmeister?
Ja, da läuft er, und jetzt scheißt er
gradewegs auf's Kruzefix!
Na, das macht dem Heiland nix,
der kann schon mal 'n Spaß vertragen.
Dieter!«
»Ja?«
»Ich soll dir sagen:
Morgen ist Walpurgisnacht!«
»Kommst du auch?«
»Na klar, um acht
werf ich mich auf meinen Besen,
um zum Höllenfürst zu pesen
und in Gegenwart des Fürsten
alle Hexen durchzubürsten.
Ferner will ich –«
»Eine Frage!«
»Ja?«
»Ich hab gehört, man sage,
daß der Papst das nicht gern sehe –«
»Lieber Dieter, ich gestehe,
was der meint, ist mir egal,
dieser Herr, der kann mich mal.

Er, der jeden Morgen tonnen-
weise ungebrauchte Nonnen
schon zum Frühstück –«
»Alles klar!
Kann ich noch mal den Altar –«
»Schänden? Aber liebend gern!
Und falls du auch Gott den Herrn
lästern willst, dann –«
»Du, vergessen
wir's für heute, muß zum Essen!«
»War nur'n Vorschlag! Tschüssing Dieter!«
»Tschau! Bis morgen, Inquisiter!«

F. W. BERNSTEIN

Gedichte

Selbst langjährig ausgefuchsten Experten fällt es zuweilen nicht leicht, Gedichte von F. W. Bernstein und von Robert Gernhardt auf Anhieb auseinanderzuhalten. Lesern dieser kleinen Kollektion sei deshalb ans Herz gelegt, sich eindringlich um die Ausspürung spezieller Stilkriterien und -unterschiede zu bemühen und möglichst eine Doktorarbeit darüber zu schreiben. Der Zweizeiler über die »Kritiker der Elche« aber, der nicht nur Gernhardt, sondern auch schon F. K. Waechter und Karl Marx zuvermutet wurde, der ist jedenfalls ein für allemal und ex cathedra einer von Bernstein; bei der Gruppe der ›Animalerotica‹ insgesamt hat freilich wieder Gernhardt mitgetan.

Horch – ein Schrank

Horch – ein Schrank geht durch die Nacht,
voll mit nassen Hemden...
den hab ich mir ausgedacht,
um Euch zu befremden.

An die Mädchen dieser Welt

Das Haferkorn, das reift,
das Glied, das sich versteift,
die Leine, die sich löst,
die Frau, die sich entblößt –:

das sind vier Phänomene.
Warum ich sie erwähne?

Die ersten beiden Zeilen
sind, um euch aufzugeilen.
Die andern zwei? Der Rest?
Der macht *mich* scharf – verstehst?!

Identität – ja oder nein

Bin ich's oder bin ich's nicht?
Wer ist's – wenn ich's nicht wär?
Ein Reh ist Reh im Walddickicht,
und selbst der Bär bleibt Bär.
Ich seh mich so –
die andern so;
ich weiß oft selbst nicht recht:
bin hier ich oder anderswo,
bin Herr ich oder Knecht.
Bin ich ein Fürst? Ein Bettelmann?
Bin Heil'ge ich oder Hur?
Bin ich ein Gi-Ga-Gantenbein?
Oder ein Wuschel nur?

Weinaxgedicht

Am Zweiten Weinaxfeiertag,
als ich grad im Schterben lag,
war im Flur ein großer Krach,
und der drang ins Schlafgemach.

Als ich dieses Lärmen hörte,
das mich so beim Schterben schtörte –
ich wäre eine dumme Sau,
schtürbe ich bei dem Radau,
bei so einem Heidenlärm
kann kein Schwein mehr ruhig schterm –

schtand ich auf und ging nach draußen,
sah dort meine Kinder zausen,
schlug ein Hühnerei entzwei,
briet mir draus ein Spiegelei
in der Küche, wo der Krach
nur noch schwach zur Tür reinbrach.

Derart wurd ich abgelenkt
und dem Leben neu geschenkt.
Dankbar aß ich noch ein Ei,
und dann kam der Tod herbei.

Als der sah, wie es mir schmeckte,
wie ich aß und nicht verreckte:
da legt' er seinen Hobel hin
und sagte mir Adjöh.

Warnung an alle

In mir erwacht das Tier,
es ähnelt einem Stier.
Das ist ja gar nicht wahr,
in mir sind Tiere rar.

In mir ist's nicht geheuer,
da schläft ein Zuckerstreuer.
Und wenn *der* mal erwacht,
dann Gute Nacht!

Animaleroticum

Die schärfsten Kritiker der Elche
Waren früher selber welche.

Behobene Störung

Häufig hörte Mangold Laute,
denen er mit Recht mißtraute.
So ein Schaben und ein Klirren,
Knallen, Rattern, Sausen, Girren,
meistens kurz nach Mitternacht,
manchmal abends auch um acht.
Er beschloß dem nachzugehen,
ging, und kam auch ungesehen

in den Hof an eine Stelle,
wo in einer Bodendelle
jener läst'ge Lärm entstand.
Mangold murmelt: allerhand!
Acht handgroße, runde Wesen,
grün und frech, mit langen Besen,
saßen da und schabten, klirrten,
sausten, ratterten und girrten.
Mangold hat nicht viel gesagt,
sondern alle fortgejagt.

Ode an einen Hammer

O du Werkzeug,
mit dem man klopft,
einschlägt,
zerteppert –,
Du Instrument
des Aufbaus
und des Abbaus,
je
nachdem –,
man kann Dich
zu Kriegszwecken
benutzen,
aber auch
zu Werken des Friedens.
Letzteres will ich loben.
Doch das mit
den
Kriegszwecken:
Hammer!
Das
will mir gar nicht gefallen!

Der Untergang des Steuermannes Karl Bunkel

Karl Bunkel geht – sein Kopf tut weh –
den Rucksack voller Sprit
zur letzten Fahr auf hohe See,
und Freund Hein fährt mit.

Hinter ihm, am Horizont,
weit entfernt und blau,
steht sein Haus und ist bewohnt
von der Steuerfrau,

vor ihm aber dehnt das Meer
sich in weite Ferne,
das mag unser Bunkel sehr,
und er hat's auch gerne,

wenn der Kapitän ihm sagt:
»Bunkel! Hoch die Tassen!
Prost auf das, was uns behagt!
Alle Mann zum Brassen!«

Sturm kommt auf, die Zeit vergeht,
es zieht, und alle trinken,
der Käpt'n grölt ein Stoßgebet:
»Du lieber Gott, wir sinken!«

Bunkel wankt an's Steuerrad,
schaut auf's Barometer.
»Minus Hunderttausend Grad!«
schreit er, und dann geht er

wie ein Panzer über Bord
und ist gleich ertrunken.
Kaum war er zwei Stunden fort,
ist das Schiff gesunken.

Doch die Steuerfrau zuhaus
sieht zur selben Stunde
plötzlich die Klabautermaus
mit dem Mann im Munde.

Später las sie wie es war
in der Seemannszeitung,
denn dort stand ein Kommentar
der Marineleitung:

»Tiefbewegt und tränenblind
kam uns jetzt zu Ohren:
Bunkel sank bei starkem Wind
nördlich der Azoren.«

Ein Anruf

Herr Doktor – was wollt ich gleich sagen?
Ich rufe vom Freibad aus an;
ich leide seit einigen Tagen
Sie werdens kaum glauben, woran!

Mich hat ein Mädchen verlassen.
Ich glaube, sie hieß Ivonn',
Herr Doktor – ich kanns noch nicht fassen!
So einfach auf und davon.

Jetzt habe ich nur noch sieben –
Herr Doktor, kennen Sie den?
Drei Förster beim Kegeln, sie schieben…
Was können Sie da nicht verstehn?

Ein Mädchen ist mir entlaufen.
Na hörn Sie! Das tut ganz schön weh!
Ich sollte ein Neues mir kaufen,
Herr Doktor – ob ich gleich mal geh?

Herr Doktor, ich wollte Sie fragen –
da draußen!, da will einer rein –
Sie müssen die Wahrheit mir sagen.
Es wird doch nichts Ernsthaftes sein?

Ich mach ja schon Schluß! Ja, was ist denn?
Der will was, Herr Doktor, Moment!
Da haben wir ja den Vermißten!
Schaust sehr gut aus, Rolf! Sakrament!

Herr Doktor – nein, nein! Nicht das Mädchen!
Mein Vater, mein Vater ist da!
Wir sehn uns! Bis bald! Gruß an Käthchen!
Es gibt gar kein Käthchen? Aha!

Das müssen Sie mir mal erzählen!
Bis dann dann! Ich hänge jetzt ein.
Ach Paps, was die Weiber uns quälen!
Du gehst mit ins Wasser? Au fein!

*Das folgende Gedicht ›Der Dinggang‹ aus ›Reimwärts‹ kommt dop-
pelt schön zur Wirksamkeit, wenn es F. W. Bernstein öffentlich schön
langsam-bräsig-verschlafen rezitiert:*

Der Dinggang

Langsam ist der Gang der Dinge
wenn es nach den Dingen ginge
dauerte es elend lang.
Sind die Dinge mal im Gang

muß man halt vor allen Dingen
sehr sehr viel Geduld aufbringen.
Hat es aber angefangen
mit den langen Dingendangen

sind sie endlich angesprungen
ist es tatsächlich gelungen
und sie kommen in die Gänge
Mann! Das zieht sich in die Länge

Und das geht so lang es geht
bis das Ding dann steht.

Apokalypsenprogramm

Montag geht die Welt zu Grunde
Dienstag regnets und ist kalt
Mittwoch um die zehnte Stunde
wird kein Geld mehr ausbezahlt

Donnerstag nur Feuersbrünste
Freitag früh ist Jüngster Tag
Samstag Ende aller Künste
und zwar ZACK auf einen Schlag

Sonntag herrscht dann endlich Ruhe
und die Straßen wüst und leer
auf der Post noch ein Getue
Pst – nun ist auch das nicht mehr.

So was Dummes

meine Hern
i lern net gern
Drum
bin i dum
das ist schon recht
wie i gern mecht
insofern
i nix lern.
Meine Hern!

Volk ohne Öl

Was bisher geschah: Der Aufruf der CDU-Politiker Dregger und Wörner, Deutschland müsse sich notfalls mit der Waffe für seine Öl-Interessen am Persischen Golf einsetzen, zeitigt Folgen. Rund um Schulenburg, einen Ritterkreuzträger aus dem 2. Weltkrieg, hat sich das Freikorps Wörner geschart, sieben Männer, die auf eigene Faust von Fulda aus aufgebrochen sind, um dem deutschen Volk wenigstens eine der lebenswichtigen Ölquellen zu erobern. Ihr Ziel sind die Ölfelder von Sham an der Straße von Hormuz. Um zum Golf zu gelangen, müssen sie die von Nomaden wimmelnde Wüste von Jiwa durchqueren…

Wir hatten bereits zur Nachtzeit die Zelte abgebrochen und die Kamele gesattelt.

»Dürfte verdammt heiß werden heute«, hatte Schulenburg in seiner knappen Art gesagt, und dann waren wir losgeritten: der grüblerische Roenninghoff, Merkel, der ehemalige Pazifist, der Berliner Sprüchereißer Gnitschke, die unzertrennlichen Brüder Meyer, Meyer Eins und Meyer Zwo, wie Gnitschke sie zu titulieren pflegte, Schulenburg und ich. Und noch ein achter war da, Omar, das arabische Faktotum, dessen durch diverse Lücken verzierte Zahnreihen nun im Licht des untergehenden Mondes schimmerten, als er sein unvermeidliches, bewunderndes »Deutsch gutt« ausrief. Seit Roenninghoff ihm vor zwei Wochen in der Oase Ahwab einen vereiterten Dorn aus dem verlängerten Rücken gezogen und ihm einen der von den Arabern so sehnlichst begehrten Bubble-Gums geschenkt hatte, war der braune Geselle nicht mehr von seiner Seite gewichen, und Roenninghoff hatte ihn gewähren lassen.

Und jetzt ritten wir wieder. Ritten, wie wir es schon seit Wochen getan hatten. Oder waren es bereits Monate? »Fulda!« dachte ich, und für einen Moment huschte eine Erinnerung durch mein Hirn… Wie uns der Oberbürgermeister Dregger während einer geheimgehaltenen Weihnachtsfeier die Hand gedrückt und wie Wörner jedem von uns einen geweihten Ölkanister um den Hals gehängt hatte… »Was immer ihr tun müßt«, hatte er noch gesagt, »denkt daran, daß ihr es für Deutschland tut.« Deutschland! Aber für welches Deutschland ritten und litten wir hier? Für das Deutschland der Entspannungsphantasten und Alternativ-Energieler etwa? Für jenes Deutschland, das nichts von uns wissen durfte und wollte? Lohnte es sich dafür überhaupt…

»Na, Gernhardt – leiden Sie mal wieder unter ideologischen Bauchschmerzen?«

Schulenburgs spöttische Stimme riß mich aus meinen Grübeleien.

»Schätze, wir kriegen Besuch…«, fügte er überraschend ernst hinzu und zeigte auf eine Staubwolke, die nun rasch näherkam.

»Sieht wie Nomaden aus«, bemerkte Roenninghoff.

»Nomädchen wären mir lieber«, frotzelte der unverwüstliche Gnitschke.

»Scheinen in friedlicher Absicht zu kommen«, riefen Meyer Eins und Meyer Zwo wie aus einem Munde, und schon wollte ich die obligaten Bubble-Gums aus der Geschenktasche holen, als sich Schulenburgs Augen plötzlich verengten.

»Absitzen!« schrie er gepreßt und »Feuer frei!«

Und dann geht alles sehr schnell. Unsere MGs beginnen zu reden, mitten in das »Salaam« des Nomadenführers hinein. Sein Burnus ist auf einmal eine rote, blutige Masse, unendlich langsam, so kommt es mir vor, gleitet er vom Sattel seines Reitkamels, dann fällt er wimmernd in den Wüstensand, umgeben von sich hastig ergebenden Nomaden.

»Schulenburg!« schreie ich. »Sie kamen als Freunde – warum…«

Doch Schulenburg ist bereits über dem stöhnenden Anführer. Reißt seinen Bart ab. Ein Milchgesicht kommt zum Vorschein. Reißt seinen Burnus auf. Zwei Brüste quellen hervor. Wischt ihm wie rasend die braune Schminke vom Gesicht. Kalmückenhaft geschlitzte, brechende Augen blicken uns an.

»Politkommissarin Traptzşeva«, sagt Schulenburg hart.

»Kenne sie noch von Minsk her, als sie unsere braven Ukrainer gegen uns aufwiegelte. Traf sie dann an der FU wieder, wo sie unter dem falschen Namen Rabehl die Anti-Vietnam-Demonstrationen organisierte. Wußte, daß sie seit geraumer Zeit im Mittleren Osten die Araber gegen unsere Energieversorgung aufhetzen sollte...« Er pfeift durch die Zähne. »Und schauen Sie sich mal diese niedliche Empfangsüberraschung an!« Er deutet auf die Handgranate, die die Liegende noch fest umklammert hält. »Sie oder wir!« Er wendet sich kalt ab.

Und auf einmal schnattern die Nomaden alle aufgeregt durcheinander... Der seltsame »Anführer« habe sich bei ihnen vor zwei Wochen als Mullah vorgestellt, der sie im Auftrage des Ayatollah Khomeini in den heiligen Krieg gegen die »Alemannis« führen sollte... Sie seien ihm blindlings gefolgt...

»Ayatollah Khomeini!« Schulenburg lacht knapp auf. »Ihr meint wohl Alexejewitsch Kominski – wie sein richtiger Name lautet. Hatte bereits die Ehre mit ihm, als er noch Folterchef im berüchtigten Tscheka-Gefängnis...« Doch da verstummt er abrupt, wirft einen letzten Blick auf den Leichnam, und plötzlich sehe ich, wie eine Träne sich zögernd auf seine gebräunte Haut hinaustastet.

»Aufgesessen!« schreit er gepreßt.

Und wir reiten weiter.

Am Abend kampieren wir bereits am Persischen Golf. Merkel hatte das Meer als erster gesehen. »Da!« hatte er geschrien, »Wou? Wou?« hatten Meyer Eins und Meyer Zwo, die unverbesserlichen Ostfriesen, gebrüllt, und »Bellt hier nicht so rum!« hatte Gnitschke dröhnend gelacht. Doch nun waren die Zelte aufgeschlagen, über einem munteren Feuerchen verbreitete ein Kessel Erbsensuppe heimatliche Düfte, und langsam versammelte sich das Freikorps Wörner in Erwartung des Abendessens um die mit Recht so geschätzte Atzung. Nur Schulenburg fehlte. Saß wohl noch über seinen Aufmarschplänen.

»Wat denn, wat denn – wir sind doch hier nicht bei der Firma Drängelmann und Söhne!« Das war Gnitschke, dem traditionsgemäß die Suppenausgabe oblag. »Is doch für jeden wat da!«

Und bald hatte denn auch jeder sein randvoll gefülltes Kochgeschirr vor sich. Wir aßen schweigend und blickten nur kurz auf, wenn Gnitschke sein obligates »Jefräßige Stille« und Omar sein näselndes »Deutsch gutt« ausstieß.

Und dann starrten wir noch eine Weile sinnend in das Feuer. »Zu Hause feiern sie jetzt Ostern...«, sagte Roenninghoff nachdenklich, und auf einmal griff Meyer Zwo zu seiner Mundharmonika. »Es ist ein Has' entsprungen...«, sehnsüchtig klang das alte deutsche Osterlied über den dunklen Persischen Golf, und nach und nach fielen wir alle ein: »... aus einer Wurzel zart...«

Doch dann war, wie eine Erscheinung, Schulenburgs schmale Gestalt aus der Dunkelheit in unseren Kreis getreten.

»In die Schlafsäcke, Leute! Morgen wird ein heißer Tag! Gnitschke und Gernhardt beginnen mit der Zeltwache, die Ablösung erfolgt wie gewohnt. Gute Nacht!«

Gnitschke hatte es sich auf seinem Rucksack bequem gemacht, ich stand gegen den Stamm einer Palme gelehnt.

»Du, Gernhardt...«

»Ja?«

»Manchmal frage ich mich...«

Ich ahnte die Frage, die kommen würde. Hatte sie mir ja selbst oft genug gestellt in den letzten Wochen...

»... is det nich doch ein Wahnsinn, wat wir hier machen? Öl! Öl! Jibt et denn nischt Wichtijeres als Öl?«

Ich versuchte meine Stimme fest erscheinen zu lassen.

»Schau, Gnitschke – eine Volkswirtschaft ist wie der menschliche Körper. Und so ein Körper braucht Luft...«

»Braucht er, klar!« bestätigte Gnitschke.

»... und wenn dir nun einer die Hände um die Kehle legt, um dir die Luft abzudrehen...«

»Mann – der Kerl, der könnte wat erleben!« polterte es aus Gnitschke, »dem würd' ick...«

»Öl«, fahre ich fort, »ist die Luft unserer Volkswirtschaft. Deshalb sind wir hier. Damit Deutschland atmen kann. Und Deutschland muß atmen können, Deutschland ist...«, ich suche nach einfachen Worten, doch zu meiner Überraschung fällt mir Gnitschke ins Wort, Gnitschke, der Unstudierte, Gnitschke, das Berliner Schandmaul: »Deutschland is die Lunge det freien Westens. Und wenn die nich mehr funzionalisiert – oder wie det heißt, der olle Gnitschke kennt sich da nich so aus – denn...« Und er macht die Bewegung des Halsabschneidens.

Ich nicke und drücke ihm die Hand.

»Aba«, fährt er fort, »warum wissen det nur so wenije? Warum sind wa hier nur sieben und nicht siebzigtausend Mann? Warum schweigt die Heimat – außer Dregger, Wörner und ein paar anderen Durchblickern? Warum...«

Ein Geräusch läßt uns herumfahren. Hinter uns steht Schulenburg. »Schlaf dich mal aus, Gnitschke. Ich übernehme deine Wache.«

»Aba...«

»Nichts aber! Bist ein feiner Kerl, Gnitschke! Und nun hau dich in die Falle!«

»Ja, wenn det ein Befehl is...«

»Ist ein Befehl!«

Und Gnitschke zieht ab. Schmunzelnd schauen wir ihm nach.

Wir hatten schon eine Weile schweigend nebeneinandergestanden, als Schulenburg plötzlich zu reden begann: »Scheiß Ölkrieg!«

Überrascht blicke ich ihn an. Habe ich richtig gehört?

»Scheiß Ölkrieg, werden sie in der Heimat sagen und uns fallen lassen wie eine heiße Kartoffel, falls irgendwas schiefgeht, die Herren Politiker. Mit dem Völkerrecht werden sie uns kommen. Uns der Aggression gegen die Araber beschuldigen. Als ob die Araber ein Volk wären! Es sind prächtige Kerle – aber wie Kinder. Geben Sie dem Araber eine Handvoll Kamelmist und einen Bubble-Gum, und er wird den Tag selig kauend unter einer Palme verbringen: Mañana – Gott will es so. Öl? Der Araber braucht kein Öl. Der weiß nicht, was das heißt: Heizölkosten. Benzinpreise. Zuwachsraten. Nein – wir kämpfen hier nicht gegen die Araber. Wir kämpfen hier gegen den, gegen den wir uns schon immer zur Wehr setzen mußten. Den, der uns 1940 den Zutritt zu den Ölfeldern von Baku verwehren wollte, den, der uns 1945 die schlesischen Kohlegruben raubte, den...«

»... ewigen Russen«, will ich ergänzen, doch Schulenburg fällt mir ins Wort:

»Gernhardt, wissen Sie eigentlich, warum Merkel bei uns mitmacht? Er hat es mir mal erzählt: Es war 1976, an einem dieser verkehrsfreien Sonntage. Merkel lebte damals noch mit seiner alten, schwachen Mutter zusammen. Und die bat ihn, ihr eine Flasche Bier vom Kiosk an der Ecke zu holen, sie verdurste sonst glatt. Merkel wirft sich also in seinen Wagen, will zum Kiosk – doch er kommt nicht weit. Polizei hält ihn auf – Fahren ohne Sondergenehmigung. Na, und bis Merkel all diese Formalitäten hinter sich hat, bis er mit der Flasche Bier ins Zimmer seiner Mutter stürmt, da...« Er schluckt. »... da ist die alte Frau glatt verdurstet. Verdurstet, bloß weil am Persischen Golf irgendwo ein von Russen aufgehetzter Ölscheich uns den Ölhahn abgedreht hat... Ja – so wurde aus dem Pazifisten Merkel...«

»... ein ölbewußter Deutscher!« ergänze ich, und Schulenburg nickt.

In Gedanken verloren schauen wir über die Bucht, und plötzlich erblicke ich sie: winzig kleine Lichtpunkte am anderen Ufer.

»Die Ölfelder von Sham«, sagt Schulenburg, der meinem Blick gefolgt ist. »Morgen geht's ran. Ich hab' es den anderen verschwiegen. Sollten nochmal eine ruhige Nacht haben. Gilt übrigens auch für Sie, Gernhardt. Schlafen Sie – ich übernehme Ihre Wache!«

Sein Ton ist so bestimmt, daß ich keinen Protest wage. Zögernd wende ich mich zum Gehen, doch dann stelle ich sie noch, die Frage, die mich den ganzen Tag gequält hat...

»Schulenburg...«

»Ja?«

»Wieso haben Sie den vermeintlichen Nomadenführer eigentlich so ohne weiteres als Politkommissarin erkannt? Ich meine...«

Ich verstumme, und als Schulenburg antwortet, ist seine Stimme rauh.

»Gernhardt – wenn Sie mal älter sind, werden Sie es auch erfahren: Ein Mann wird eine Frau, die er einmal geliebt hat, überall und immer wiedererkennen können – in jeder Verkleidung dieser Welt. Doch nun gehen Sie endlich« – er stöhnt es fast – »schlafen Sie sich aus, Menschenskind! Deutschland braucht Öl, und wir erörtern hier Weibergeschichten!«

»Ja«, denke ich, als ich auf das Zelt zugehe, »Deutschland braucht Öl. Und morgen… Was mag der morgige Tag bringen?«

In der Ferne bellte ein Schakal, und alles Leid der Welt schien in diesem Bellen zu liegen…

Dieser überaus ergreifende Text erschien zuerst mit gleichem Titel und dem Untertitel ›Ein Zeitroman in Fortsetzungen‹ 1980 in der Satirezeitschrift ›Titanic‹. Im Nachwort der Buchfassung merkt der Autor an: »Tonfall und Personal dieser Prosa entlehnte ich dem Freicorpsroman ›Wir rufen Deutschland‹ von Edwin Erich Dwinger, Jena 1932.«

Frau Huber in der Straßenbahn

Weil weder dieser Dialogtext noch der parallele ›Frau Huber sucht eine neue Köchin‹ in den verschiedenen Karl-Valentin-Ausgaben des Piper-Verlags abgedruckt ist, zitiere ich im Folgenden nach der Schallplatte ›Das Schönste von Karl Valentin und Liesl Karlstadt‹ der Serie ›Kabarett / Literarische Kleinkunst 47815‹ – wobei der Wortlaut wegen des wahnsinnig-atemlosen Fugatos von Karlstadts wepsiger und Valentins zäh-krächzender Altweiberstimme nicht immer restlos zu entschlüsseln war.

к   Sehn S', Frau Nachbarin, weil ma grad vorher von einer Straßenbahn g'redt ham…

v   Ja… ja…

к   Also, wissen Sie, wie's auf dieser Straßenbahn zuageht

v   Woaß scho…

к   …das ist wirklich keine Art und Manier mehr, ja. Das sind ja die reinsten Sturmangriffe auf heimatlichem Boden…

v   Ja, furchtbar, furchtbar…

к   Finden Sie das nicht auch?

v   Furchtbar geht's zua, furchtbar…

к   Da kann a anständiger Mensch gor nimmer mittoa. Da tät's ja bald not…

v   Jaaa… jaaa…

к   …daß die Straßenbahndirektion an jeden Straßenbahnwagen hint einen eigenen Sanitätswagen…

v   Ja, waar scho bald so, jaaa…

к   …anhänga tät, daß sie die Toten und Derdruckten selber gleich mitnehmen könnten…

v   Ja, ja, stimmt, was jetzt all's passiert…

к   Schaun S', heute früh hätt ich vor'm Arbeitsamt in der Thalkirchner Straße in die 10-er-Linie einsteig'n woll'n…

v …jaaa…

κ Ja, da hört sich ja der ganze G'müashandel auf…

v Da geht's überhaupt so zua, jaaa…

κ Sie meinen, ich bin 'reing'stieg'n?

v …jaaa jaaa…

κ Ja woher! 'Neig'waltigt ham s' mi wie ein Dreipfennig-
   draller!

v Schaun S'…

κ Wie der ganze Haufen drinnen war, schreit der Schaffner:
   Zuerst aussteigen lassen…

v …ja…

κ Drucken uns die wieder raus!

v Ja, dann geht's immer wieder raus…

κ Wie mir heraußen sind, geht's wieder hinein. A so a Ham-
   mel fahrt mir mit der brennenden Zigaretten ins Ohr-
   waschl nei…

v Jössas, Jössas…

κ Ja!

v Jössas, Jössas, Mar…

κ A andere Frau hat g'schrien: Mei Kind, mei Kind…

v Und Kinder nehmen s' aa immer mit auf d'Tram, des is der
   Fehler, jaaa…

κ Wiri glücklich wieder auf der Plattform eingepreßt drom
   steh, schreit ma wieder oane: Grüß Gott, Frau Magistrats-
   funktionär…

v Die hat Ihnen g'kennt…

κ I schau mi schnell um, dabei hau i mir d' Nasen…

v …mei, mei…

κ …an die Messingstanger so, daß i fünf Minuten ganz da-
   misch war, ja…

v Jössas, Jössas, i sag's ja…

κ Im Wagen drin is noch ein Sitzplatz, sagt der Schaffner zu
   mir, schicken S' Ihnen, Frau, sonst setzt sich…

v …ja, jaaa…

κ …a andere hin. Is scho recht, hab i g'sagt, ich danke
   schön. Ich lauf gleich nei…

v …ja…

κ Dabei sitzt schon a andere drin!

v Schau, a solchene Frechheit, a solchene Frechheit…

κ Ja, frech san die Leut!

v   Ja, ja, es is…

ĸ   Ich steh natürlich im Wagen drin, kann mich nirgends an-
     halten, weil die…

v   …jaaa jaaa…

ĸ   Riemen…

v   (aufgeregt) Ja! Ja!

ĸ   … da z'hoch droben sind…

v   Ja, die g'höreten doch viel weiter 'runter…!

ĸ   Die ham s' natürlich nur für die Langhaxeten. Umeinan-
     der g'wackelt bin i wira alter Kuahschwanz…

v   (gluckernd) Jajahahahah…

ĸ   Im Wagen drin darf niemand stehenbleiben, sagt der
     Schaffner zu mir…

v   Ja, des wär no des Schönste, jaaa…

ĸ   No! No! Saudumm's G'red, sog i…

v   …ah!…

ĸ   Soll i mi vielleicht auf Ihren Schweinskopf 'raufsetzen?

v   Da ham S' recht g'habt, da ham S' ganz recht g'habt…!

ĸ   Kaum hab i des g'sagt, kommt die große Kurven in der
     Müllerstraß, mi wirft's auf die Bank, i fall auf a Frau drauf,
     sie laßt ihren Marmeladhafen fallen…

v   Jöööhsass!!

ĸ   Und die ganze Schmier liegt am Boden drunten!

v   So!! So!!

ĸ   Sie saudummes Frauenzimmer, sagt die zu mir…

v   Dös aa no, dös aa no…!

ĸ   Können S' net aufpassen? Wenn S' Trambahnfahren nicht
     versteh'n, dann fahr'n S' 's nächste Mal mit'm Zeppelin
     oder hängen S' Ihnen hinten an die Schutzvorrichtung an,
     daß d' Leut nicht so belästigen!

v   Schau, a so eine…

ĸ   Ja, was sag'n S' jetzt da dazua?

v   …jaaa…

ĸ   Sie reden S' fei net so leicht, Sie Jubiläumskrampfhafer,
     hob i g'sagt, sonst kann leicht sein, daß i in Ihrem Gesicht
     a Watschenrennen abhalt, Sie Gluckern, Sie…

v   Hätt i ihr gleich oane g'stiert…

ĸ   In der Aufregung hätt i's Aussteig'n auch noch bald ver-
     gessen…

v   …mei, o mei, o mei…

к Aussteig'n! hab i g'sagt, so lassen S' mich doch raus!

v Ja, da wird ma ganz nervees, net wahr...

к Meinen S', die blöden Leut' hätten mich aussteig'n lassen?
   Waarn S' net eing'stieg'n, sagt a so a frecher Hundsbua zu
   mir. Ja, sog i, i waar ja froh, wenn i net eing'stiegn wär in
   den magistratischen Folterkarrn...

v Jaajaa...

к Beim Umsteig'n steig i wieder in den gleichen...

v Jööööhs! Maria...

к ...Wagen ei, wo i ausg'stiegn bin, i sag Ihnen, mit dera
   Fahrerei, da wer i no ganz bleed und tappi...

v Ja-ja-ja-ja. Jössas, etzt kommt...

к Jössas, da kommt mei Trambahn. Naa, mit der 13er-Linie
   fahr i net. Da können S' scho selber fahr'n. Steign S' gleich
   ein... (Krach)

v (halb entfernt) Adjes, Frau Huaber...

Karl Valentin – Ja, ich bin ja so sprachlos!

Der folgende kleine Essay aus meiner Feder, erstgedruckt mit identi-schem Titel in der ›Frankfurter Rundschau‹ vom 5.7.1980, gehört zwar zum besseren, was in den letzten Jahren theoretisch über Karl Valentin zu Papier gebracht wurde. Nicht deshalb aber drucke ich ihn hier nochmals ab; sondern vor allem darum, weil er den vorange-stellten Valentin-Karlstadt-Dialog ›Frau Huber in der Straßenbahn‹ mit dem erwähnten parallelen und vielleicht noch genialeren ›Frau Huber sucht eine neue Köchin‹ zusammensieht; welcher letztere im Aufsatz derart zumindest teilzitiert zur Kenntnis gebracht wird.

Zwar weiß der Autor der Plattenhülle in der vollen Ahnungs-losigkeit, mit der Komik in dieser Nation noch allzeit zu rechnen hat, hier sei nur »Liesl Karlstadt solistisch zu hören, ohne nennenswerte Beteiligung ihres Partners« – aber in Wirklichkeit gehört die Nummer gerade zu Karl Valentins allergrößten: »*Frau Huber in der Straßenbahn*«
Zweifellos: ein Schein-, ein Pseudodialog. Frau Huber-Karl-stadt redet an der Trambahnhaltestelle mit einer im Sinne von Partnerschaft sehr untergeordneten und nicht näher bezeich-neten Bekannten – so ratschkathlhaft-unbremsbar, so baye-risch-furiengleich: daß es sich eigentlich um ein großes Solo über das Elend der Welt handelt, dargestellt am Beispiel des Straßenbahnunwesens, und um jedenfalls nichts Vernunft-strapaziertes; denn das muß nicht sein. Die Tratschpartnerin kommt kaum je zum Wort, und gerade daraus hat Karl Va-lentin, Sprecher der anonymen Alten, etwas ebenso gespen-stisch wie sublim Komisches entwickelt; was andres blieb sei-nem Genie gar nicht übrig.
Komisches übers platt Satirische hinaus. Die nicht nur münchnerische Alltagserfahrung, daß zwei Weibsen, sind sie einmal losgelassen, gnadenlos aneinander vorbeireden, sei's aus biologischen Gründen, sei's im Zuge von Freuds »moder-

ner Nervosität« – davon handelt die satirische Schicht des Kurz-Dramas vom Sendlingertorplatz: sie allein wiederzuerkennen, wäre mäßig heiter und Sache der mittleren Münchner Volkshumoristik, nichts als Bestätigung dessen, das ohnehin jeder leidvoll-lustvoll kennt. Hier aber wird der Augenblick Ereignis, und ein transzendierender sowieso.

Im durchschnittlichen Valentin-Karlstadt-Dialog, das wurde oft genug betont, übernimmt Karlstadt fast immer den Part des Irdischen, Diesseitigen, fast Vernünftigen – Valentin seinerseits öffnet schnell und notorisch die Pforten zum Surrealen, Metaphysischen, »Linken«. Der geniale und eigentlich naheliegende Einfall, der »Trick« der Frau-Huber-Nummer besteht darin, daß das Tandem diese Grundkonstellation zugleich wahrt und revolutioniert. Denn Frau Huber-Karlstadts Alltagsreport ist selber so massiv Wahnsinn, Wahnsinn im Bürgerkleid des Schlachthausviertels, daß es quasi dem seiner üblichen Funktion beraubten Valentin die Stimme verschlägt: zurück zu einem nur mehr affirmativen Krächzen, das sich seinerseits mit Konsequenz zum bloßen Klangquatsch tendenziell sinnfreier Vokabeln entlädt, um so den Wahnsinn musikalisch zu potenzieren. Dasselbe mehr aus handwerklicher Perspektive: aus dem auferlegten Zwang zum Chargieren, zur Bescheidung, welche die satirische Darstellung des Ratschkathlwesens verlangt, formiert sich eine der dunkelsten, hinterhältigsten und kritischsten Künste des Karl Valentin unter Mithilfe der Liesl Karlstadt.

Daß alte Weiber, vor allem in Bayern, gern langgezogene »Jaaa's« aus- und ins Blaue hineinstoßen, weiß jeder, der überhaupt noch die Muße aufbringt, zuzuhören und sich zu wundern. Auch Partikel wie »furchtbar«, »schaun S'«, »Jössas, Jössas« (Jesus), »o mei, o mei« usw. spielen dabei eine große Rolle. Scheinkommunikation findet statt, oft bar jeder Korrespondenz und jeden Sinns – aber auch wieder nicht ganz: Valentin hat für seinen Part sehr genau beobachtet, daß die Töne von sich stoßende und gurgelnde Anonyma zwar die ganze Zeit über keinen Funken denkt, aber doch die vagen Kurven des Karlstadt-Sermons halbwegs sicher und souverän – ja fast somnambulisch! – mitkriegt und mitvollzieht, kraft der Technik eines halben, aber sehr routinierten Zuhörens, dem sie zielsichere und in jedem Fall bestätigende Kommentare abgewinnt: »Stimmt, was jetzt all's passiert«, »Da geht's überhaupt so zua«, »Und Kinder nehmen s' aa immer mit«, »Schau, a solchene Frechheit« – bis hin zu dem unsterblichen »Ja, dann geht's immer wieder raus.«

Es waltet die volle Harmonie, und sie verdankt sich exakt und ausgerechnet einer von beiden Partnerinnen im voraus intendierten und eingestandenen Sinnlosigkeit, einer metaphysischen Verblasenheit des Tenors: hier hernieden sei sowieso alles eitel – und die ganze Veranstaltung der beiden Alten streift zwar auch das Zynische, vor allem aber doch in einem ebenso alltäglichen wie höheren Sinn das Humane. Dessen Träger aber ist, sehr brechtisch, das Freudliche und Höfliche und vermittelt wird es durch den Geist der Musik, genauer: aus dem Geist des Varitionsprinzips, dessen Schema Karl Valentin fast in der Form eines Rondos (a-b-a-c-a-d) wahrt. Dem scheinrationalen Sumpfbericht der Karlstadt setzt Valentin ebenso kontrapunktische wie virtuos improvisierte musikalische Stützstimmen entgegen, wobei er, durchaus nicht stur und stupid, sondern im Sinne künstlerischen Anspruchs, den Grundfiguren »Jaaa«, »Jössas« und »o mei, o mei« Köstlichkeiten und Leckerbissen wie »ja-ja-ja-ja«, »Dös aa no, dös aa no«, »Ja, dös wär no das Schönste« alternieren läßt – mit dem dynamischen Höhepunkt der Fortissimo-Einsätze »Jöööhsass!« (langgezogenes Crescendo) und »So!! So!!« (Stakkato).

Was bleibet aber, ist der Eindruck von Rotz und Wasser im Zeichen annähernd göttlicher Harmonie aus dem Geist der Musik, von der Mendelssohn nicht umsonst gesagt hat, sie sei präziser als alle Worte. Was hier vordergründig harmlos als Demonstrationsbeispiel für das Aneinandervorbeireden von Leuten angelegt war, verläuft weiter über die Stadien naiver Komik zu Sprach- und Kommunikationskritik und mündet schließlich in ein wahrhaft tückisches Vertrauen in die Integrationskraft von Musik ins sprachlos dürftiger Zeit. Dasselbe in dichtungsgeschichtlicher Perspektive: an der unverhofftesten Stelle seines Werkes leistet Karl Valentin seinen Beitrag zur Spezies Klangmalerei, zur Onomatopoesie.

Onomatopoesie hat es nie eigentlich zur Gattung oder Schule gebracht, als Technik unter anderen diente sie immerhin schon der Antike, und sie wurde immer wieder einmal hervorgezaubert, von den Barockdichtern, von Goethe, von Brentano, von den Surrealisten, den Expressionisten und apokrypheren Strömungen gleichermaßen. Onomatopoesie: ihre Geschichte und Theorie wäre noch zu schreiben, zu vermuten ist, daß sie von Anfang an nicht primär als Steigerung der menschlichen – dichterischen oder kommunikativen – Sprache konzipiert war, sondern vor allem das tiefe Mißtrauen in diese beiden signalisierte und thematisierte. »Sub aqua, sub aqua«, so malte, in einem der frühesten und berühmtesten Dokumente, Ovid das Quaken der Frösche – der Zufall wäre näher zu verfolgen, daß zweitausend Jahre später Karl Valentins Tratschweib-Phoneme stark an Froschgequak erinnern.

Nicht allein satirische Anspielung dürfte beide Male walten, sondern eher die sozusagen anthropologisch fortschrittliche Erkenntnis der Onomatopoesie, wie offensichtlich rational geordnete und gelenkte Sprache, ja sogar die dichterische, immer wieder zum Ursprung zurücktendiert, zum Laut, zum Geräusch. Der komplizierte Organismus hat die Neigung zum Regredieren, die entwickelte Sprache bewahrt ein starkes Moment von Atavismus. Im Volkstümlichen, »im Volk« vor allem tritt es wieder hervor. Ein Pfiff kann präziser als ein Manifest sein, ein seufzendes Gurgeln notfalls beredter als eine Goethesche Elegie.

Wie aller qualifizierte Nonsens hat der Valentins über die Beobachtung von Sprachzerfall (er wird meist imitatorisch gesteigert) hinaus Sprachkritik zum Thema, in ihrem Gefolge mit Sicherheit Gesellschaftskritik, möglicherweise sogar so etwas wie Existenzkritik. Objektive gesellschaftlich-historische Sprachverkümmerung, -zerbröselung, auch -konfusion sind Gegenstand, parodiertes Moment und zugleich Kunstanstrengung des Nonsens; nahezu seine Definition. Nonsens leidet quasi Sprachkritik vor den Trümmern, die er freilegt und über die er lacht.

Seine so bestimmte Ambivalenz prägt den halben Valentin-Nachlaß. Es gibt ganz schlichte Einfälle wie z. B. die Schein-Analogie von »Heil Hitler« und »Heil Kräuter«, hinter deren Albernheit noch etwas von der Verwirrträchtigkeit und Verwirrsüchtigkeit des Sprachsystems aufblitzt; man denke auch an Valentins Abhandlung über »die Fremden« und seine gnadenlos ausgewalzte professorale Einlassung zum Thema der Doppelbedeutung von Wörtern, die sehr schön »Wortgemeinheit« genannt wird.

Es gibt bei Valentin tausend winzige Sprach-Chocs wie etwa den mehrfach verwendeten Witz, statt »sehr geehrter Herr« im Bedarfsfall nur »sehr Herr« zu schreiben, so auf eine offenbare Lücke in unserem Kommunikationssystem aufmerksam machend, die auch tatsächlich vielen Leuten viel Kummer bereitet, bis hinauf zu einem gewissen Solschenizyn, der einen Hamburger Verleger mit »Herr Augstein!« anzuschreiben sich nicht entblödet. Es gibt durchgehend herzzerreißende Hinweise auf die vergammelte »Sprache in der verwalteten Welt«: etwa in den fast chromatischen Windungen der Buchbinder-Wanninger-Rede oder in dem erschütternden Satz »Ich komme betreffs Not zu Ihnen«; und es gibt die schwer nervengebeutelte Totalkonfusion der Sprache, harmlos entlarvt in einem Satz wie »Ich reise ja fast selten nie« oder die Beobachtung: übermorgen sei selten schlechtes Wetter, die freilich in noch entferntere Regionen der Conditio humana hineinweist.

Wie überhaupt fast alle so inszenierte Sprachkritik bei Valentin schnell in den Zonen des Jenseits und der rationalen Unzugänglichkeit landet – Alfred Polgars Wort vom »Sprung ins Bodenlose«. So Valentins träumerische Einlassung zum Thema und Wesen des »Schlängelns«: »Ja, des teans gern, die Bach« (Ja, das tun sie gern, die Bäche) – über die Mimesis von bayerischem Idiom und die alte komische Technik der Sphären-Verwechslung gelangt der Satz in eine Zone, der auch der wahrhaft tiefsinnige Cantus firmus »Paßt hat er« aus dem »Firmling« angehört: die mit Worten schwer zu fassen ist, deren Nächtlichkeit aber wiederum der Musik zugeordnet ist, die dergleichen aufsaugt.

Musikalisch begründet ist Valentins scheinbar harmlose und mehrfach gepflogene Marotte der dummen, unmöglichen Namen (»Rembrengerdeng«, »Wrrdlbrmpfd«), wo das Schriftbild wie in vielen Teilen die Frau Hubersche Straßenbahnnummer stark ans Chinesische gemahnt: symbolisch für das esperantohaft Musikalische, das auch hier chocartig in die Sphäre von Elend und Alltag, nämlich ausgerechnet in die

Probleme mit dem Schutzmann im laufenden Straßenverkehr, eingreift. Und ob es nun »Semmelknödel« oder »Semmelnknödeln« heißt, dies avanciert plötzlich zur Gretchenfrage einer vollkommen nächtlichen, musikalisch gestimmten Welt. Es ist die der begnadeten Vergeßlichkeit, in der sich die Konfusionen der irdischen Existenz so ausdrücken und gleichzeitig lösen: »Naa, auf der – mir fällt jetzt der Name net ein – auf meiner Hand!«

In diesem System von Aneignung und Wiedervergessen der Sprache nimmt Valentins wiederholte Annäherung ans Onomatopoetische, an den kaum mehr verschleierten Klangquatsch, einen wichtigen Platz ein. Klangquatsch ist das Gegen- und Seitenstück des »Saudumma Daherredens«, das sich die vernünftige Karlstadt und der verdrehte Valentin so oft wechselseitig an den Kopf werfen, beide übrigens durchaus zu Recht. Denn nicht nur Valentins Metaphysik ist »saudumm«, sondern mehr noch sind es die Laute der scheinbaren Ratio. Mit ihr räumt Valentin im Frau-Huber-Dialog gründlich und gleichsam endgültig auf – indem er dem Gewäsch vollinhaltlich recht gibt. Mit dieser Verdopplung bleibt zu guter Letzt jeder Rest von »Sinn« auf der Strecke.

Es gibt zu *Frau Huber in der Straßenbahn* eine Parallelnummer namens *Frau Huber sucht eine neue Köchin*, gestrickt insgesamt nach demselben Muster, die indes den Sinnentzugs-Prozeß formal noch einmal weitertreibt. Im Rahmen einer erneuten Endlos- und Rundum-Suada der Karlstadt über die Misere mit ihrer Köchin gelingt Valentin abermals eine wahre Kakophonie sinnleerer und doch so exzessiv kommunikativer Gesprächsbeiträge: »So«, »So? So?«, »Ah«, »Äh«, »aha-aha-aha«, »so-so«, »so-so-so«, »hm«, »jaajaaah«, »naa«, »aha! ja?«, »was Sie net sag'n«, »geh«, »aha soso«, »vasteh's scho«, »Jöss, Maria, Josef«, »da haben S' recht g'habt«, »da haben S' recht, da haben S' recht, da haben S' recht«, »geh, hören S' auf«, »ah-ah-ah-ah-ah« – mit dem schließlichen, den Wahnsinn vorerst noch einmal festmachenden Einwurf: »Ich bin ja sprachlos!«

Was ebenso pervers wie richtig ist: hier konvergiert die Dialektik. Ihre Auflösung und nochmalige Steigerung findet in der folgenden gloriosen Passage statt:

K   Ich muß jetzt unbedingt schaun, daß ich eine neue Köchin
    auftreib!
V   …a neue Köchin auftreib…
K   Schaun S', i will Ihnen was sagen: das is so schwer heutzu-
    tag…
V   …sooo schwer, ja… ja…
K   Den ganzen Tag renn i umanander vom Pontius bis zum
    Pilatus…
V   …Pilatus…
K   Das heißt, ich fahr mit der Trambahn von mir daheim bis
    zum Arbeitsamt…
V   …Arbeitsamt…
K   Und vom Arbeitsamt wieder heim!
V   …wieder heim.

Psychologisch stellt der Valentin-Part eine sehr bayerische
unentwirrbare Mischung dar aus Dummheit, Ranküne und
barer Humanität; dergleichen kann man in München schon
erleben. Der sprachliche Vorgang läßt Goethes »Name ist
Schall und Rauch« noch einmal hinter sich. Die Kommunikation ist – über die eingestandene Sprachlosigkeit hinaus – zum
blanken Echo gereift, zum sphärischen Widerhall der irdischen Impotenz und Insuffizienz, eine Art Weltformel, eine
Summa scientiae des Karl Valentin, die da lautet: »so schwer –
Köchin auftreib-Pilatus-Arbeitsamt-wieder heim«. Die Kon-
klusion erinnert glatt an den Novalis.
Daß die entwickelte Rede zurück zur Sprachlosigkeit drängt,
haben neuere Poeten von Hölderlin über Rimbaud bis Beckett
immer wieder und sehr unterschiedlich vorgeführt und vor-
gelebt. Ihnen weiß sich Valentin verwandt (oder auch nicht) –
seine künstlerische Leistung bleibt singulär: der Überschuß
an Wort noch im Stadium des Verstummens wäre nämlich,
wollte man sehr große Töne klotzen, Valentins Humanes aus
dem Geist der Musik. Sprachkritik, Frau Huber demonstriert
es, läuft eben doch nicht so glatt auf Gesellschaftskritik hinaus, wie die Linke es, auch im Fall Valentin, gern möchte.
»Mir ist so mies vor diesem Universum«, soll die Frau des
Philosophen Mendelssohn geseufzt haben. Das wäre schon
eher valentinisch empfunden.

Vier Szenen

Die Fleischfliege

EIN WIRT   Ja, in meinem Restaurant sind eigentlich ganz wenige Gäste gestorbn, genauer gesagt, bloß oana, und da is des dann doch eine Gemeinheit, wenn da ständig behauptet wird, daß mir die Gäste da herin nur so wegsterbm, weils immer sagn wega meina Gulaschsuppn. Sollte eine Gulaschsuppn jemals an Oguu ghabt ham – a bißl a Wasser, net, etwas Zitrone, ja, da hab ich noch jeds Supperl auf Vordermann bracht. Wenn einer an so ena Suppn stirbt, na muaß er scho vorher was ghabt habm. – Überhaupts, mit dem Sterbm, des is so eine Sache. Ich erinnere mich genau, mir ham in Niederbayern gwohnt, in der Nähe vom Friedhof, net – es war ein heißer Sommertag, Augusthitze, mir ham gspielt, ich und meine Spielkollegen, na denk ich mir, schaust amal nei ind Auslag. Vom Leichenschauhaus. – In einem herrlichen Eichensarg liegt er drin. Da Grünäugl. Ringsumher wars ganz stad. Auf einmal seh ichs bsssssrrrrsssrrr – so groß, grünlich schillernd, unappetitlich, eine Fleischfliege, ein Brummer, is se am Grünäugl auf d Prat... auf d Händ naufgflogn, de wo er gefaltet ghabt hat zum letzten Gebet. Jetzt kimmts: Brrrsssssoorrroroorr... is s am Grünäugl ins Mäu neigflogn. Der Grünäugl hat überhaupts keinen Muckser net getan. Sie, des san fei scho Sachn, wenn einem amal a Fleischfliege im Mäu umanandfliegt, und es is einem gänzlich wurscht. – Überhaupts, alles woins ham heutzutage: Geschirrspülautomat, Farbfernseher, Schwimmingpuhl – bloß sterbm, des woins net. Aba da beißts aus. – Da werdns noch spitzn...

Ein Amateur
Roland Stump nach seiner Festnahme.

STUMP Selbstverständlich hätt ich Milbertshofen auch
nehma könna, technisch is des doch gar koa Problem. Net.
I hobs euch doch bewiesen! I hab halt Milbertshofen nicht
gnommen, weil da a Tante von mir wohnt. Net. Aber, ich
hab ja auch genau und ausdrücklich gsagt, Pasing! Ich hab
gsagt, ich spreng Pasing ind Luft, wenn ich die zwei Millionen net präzise bis zum 7. 5. krieg, und es habts nicht
bezahlt. Gel. Und ich hab auch nur Pasing gesprengt, ich
hab also, es is nichts anderes is mitgegangen. Laim und as
Westkreuz und all des, da ist garnichts vorgekommen.
Net. Weil, i beherrsch ja des. I bin ja koa Amateur. – Und
ich besteh drauf, daß i nauskomm nach Straubing, ich
möchte nicht nach Stadelheim ins Gfängnis, sondern nach
Straubing, 100 km weg von München, weil, wenn mei
Spezi, der wo jetzt dran arbeitet, an der Bombe, ich sags
euch gleich, mein Spezi ist nicht dieser, ah, dieser Spezia-
list. Der arbeitet seit drei Monaten erst dran an dieser
Bombe, der kann des halt no net a so, des Dosieren. Net.
Wenn der heut sagt, ah, Haidhausen, oder er sprengt
Schwabing, oder irgendsowas, der kann des nicht genau
abgrenzen. Der kanns halt no net. Des is garnet a böse
Absicht von dem, aber, ich mein, a gewisse Überdosis bei
dem, etwas Unvorhergesehenes, net, na zreißts ganz München. Jetzt zahlts!! I sags euch glei, zahlts ihm! Des hat
doch koan Sinn net, ihr seids ja wahnsinnig.

Die Ordnungskraft

SCHWANTALER Ja, was man in diesem Beruf braucht, das ist,
äh, Menschenkenntnis, eh, praktische Psychologie und ein
Auge für das Individuum, für Subjekte, für das Individu-
elle. Sie müssen sich vorstellen, mein Vater war ein Mann
der ersten Stunde, mein Vater hat in der Weimarer Repu-
blik gearbeitet, unter Röhm, äh, Saalaufsicht, wurde auch
lückenlos dann im Saalschutz beschäftigt, es war ein saube-
res Arbeiten, und wenn mein Vater nicht in diese Massen-

turbulenzen reingekommen wäre, eh, und dadurch invalidisiert wurde, würde er auch heute noch mit Freude diesen Beruf ausfüllen. Sie müssen wissen, ich selber hab ja auch die physische und psychische Konstitution mitgebracht, habe mit Begeisterung diesen Beruf, das Handwerkliche und soweiter von meinem Vater gelernt von der Pike auf, nid.

Ich bin jetzt seit, äh, 17 Jahren da heraußen auf dem Oktoberfest tätig, und was ich, glaub ich, von mir behaupten kann, das ist, ich besitze eben das Auge, verstehen Sie, für gewisse soziologische Gruppierungen, man muß sofort merken, wer stört, net, man muß Fehlverhalten von Personen erkennen, netwahr, also Leute, die zu laut prosten, singen, Jugendliche, die so einen Hang zum Krakeelen haben, net, sofort, äh, die Präsenz ist gefordert, net wahr, an Ort und Stelle zu sein und sofort hinauszukatapultieren, netwahr. Ich will Ihnen einen Fall erzählen: Ein Kollege, er kommt aus einer Massenschlägerei heraus gerade, er war etwas blutverschmiert, er war etwas lädiert, äh, er sagt, warum, wo schaust du denn immer hin? Ich sage, ich schaue da hinüber, links an diesem Tisch, mitten unter einem Gewühl von Leuten, wo es nur so gewogt hat, nichtwahr, vor Begeisterung, da saß ein Mann, Sie, der hat keinen Mucks gemacht, keinen Pfiff, gar nichts, also nichts, netwahr, der hat seine Umgebung förmlich ignoriert, netwahr, ganz still war der Mann, net, netemal was getrunken, ich glaube nur ein Mineralwasser, net. Da sag ich zu meinem Kollegen, sag ich, ich gebe dem Mann noch fünf Minuten, ge, fünf Minuten kriegt der Mann, net, aber dann hab ich ihn. Und ich hab ihm noch fünf Minuten gegeben, und dann hab ich ihn aber auch in flagranti erwischt, netwahr. Bis er geschaut hat, war er schon draußen. Ich hab ihn am Genick gepackt und rausbefördert, netwahr. Mein Chef, mein Chef ist dann auch auf mich zu und hat gesagt, Schwantaler großartig. Sie haben eine Menschenkenntnis, also das ist großartig, weil das hätte kein Mensch da herin gemerkt, daß der Mann gestört hat.

Eine Entdeckung

ALTER I Sie, jetzt schaun Sie da rüber, sehn Sie es?

ALTER II Wo?

ALTER I Ja da schaun Sie doch amal. Sehn Sie nicht, da bewegt sich doch was.

ALTER II Was?

ALTER I Ja sehn Sies denn nicht?

ALTER II Ja, ich seh gar nix.

ALTER I Ja psst, psst, ganz still, da hinten bei dem Busch, da rührt sich was.

ALTER II Ich kann nix entdecken.

ALTER I Ja Herrschaft, pssst, ganz leise, jetzt schaun Sie amal hin. Sehn Sies? Was da rauskommt?

ALTER II Ja, jetzt seh ich was.

ALTER I Psst, Sie, das is ja, das is ja a Kind.

ALTER II Ja, a Kind, genau.

ALTER I Ja, psst, ja ruhig, Sie, da is ja noch eins, da sind ja zwei.

ALTER II Ja richtig, da sind ja zwei.

ALTER I Zwei Kinder, gibts denn das au?

ALTER II Ja genau, zwei.

Bleibt nur noch darauf hinzuweisen, daß diese großartigen Miniaturen natürlich noch erhabener werden, wenn man sie, gesprochen von Polt u. a., auf Schallplatte oder Tonband hört.

EUGEN OKER

Wölddboledigg

wäi da nixn
zruggdreen is
drendd en amerika
hod b franzbaas xaggd:
äizz kummd da russ

Der Schubiduu

Sag doch nicht immer wieder Schubidu zu mir,
Sag lieber Schabidawai.
Wenn du mich liebst.
Sag Schnibbeldabu
Aber niemals Schubidubidu.
Schabidawai und Schnibbeldabu,
Aber niemals Schubidubidubidu

gesprochen
»Baby, als du von mir gingst,
waren deine letzten Worte:
Schnibbel Schnabbel Schnibbel dabbel Schubidu.
Du standst in der Tür
mit Tränen in den Augen und sagtest:
Schnibbel Schnabbel Schnibbel dabbel Schubidu.
Du hast mir so weh getan mit deinem
Schnibbel Schnabbel Schnibbel dabbel Schubidu.«

Wenn du mich liebst,
Sag Schnibbeldabu,
Aber niemals Schubi dubi dubi duuu…
Oh no.

Sonderbarer Appell

Merkwürdigerweise findet sich, wie die beiden Frau Huber-Nummern, auch die folgende Szene nicht in den diversen Valentin-Ausgaben des Piper-Verlags abgedruckt; obwohl sie nicht nur zu den populärsten, sondern auch zu den vollkommen genialen des Komikers zählt. Und ich habe sie deshalb gleichfalls selber von der Schallplatte weg aufs Papier übertragen.

(Geräusche, Stimmengewirr)

VALENTIN Achtung! Jeder, der nun von mir aufgerufen wird, hat laut und deutlich ›Hier!‹ zu rufen. Adler Josef!

STIMME Hier!

VALENTIN Achter Franz!

STIMME Hier!

VALENTIN Baader Ignaz!

STIMME Hier!

VALENTIN Brembichler Paul!

STIMME Hier!

VALENTIN Bauhofer Kaspar!

STIMME Hier!

VALENTIN Bayer Ludwig!

STIMME Hier!

VALENTIN Dachgruber Eugen!

STIMME Hier!

VALENTIN Dallmeier Ludwig!

STIMME Hier!

VALENTIN Eckert Gustav!

STIMME Hier!

VALENTIN Edenhofer Vinzenz!

STIMME Hier!

VALENTIN Eichstätter Rudolf!

STIMME Hier!

VALENTIN Eininger Emmerich!

STIMME Hier!

VALENTIN Färber Matthias!

STIMME Hier!

VALENTIN Falk Siegfried!

STIMME Hier!

VALENTIN Gallermeier Quirin!

STIMME Hier!

VALENTIN Gabert Fritz!

STIMME Hier!

VALENTIN Haller Julius!

STIMME Hier!

VALENTIN Irmer Konstantin!

STIMME Hier!

VALENTIN Kronzucker Hans!

STIMME Hier!

VALENTIN Landsberger Domenikus!

STIMME Hier!

VALENTIN Leimenstoll Alois!

STIMME Hier!

VALENTIN Maier Josef!

STIMME I Hier!

STIMME II Hier!

VALENTIN Wos? Sappramento! Schrei'n da zwoa ›Hier!‹ – da san wieder zwoa Maier, Josef, glaub i, dabei. Des is scho saudumm!

STIMME Hier!

VALENTIN Wos ›Hier‹? Wos schrei'n denn Sie ›Hier‹? Wie hoaß'n Sie?

STIMME Peter! Hindelang!

VALENTIN Ja, ja, wer hot denn jetzt von ei'm Peter Hindelang was g'redt?! Ich hab g'sagt, des is saudumm, daß zwei Maier Josef dabei san!

STIMME Und i hob verstanden, Sie ham g'sagt: Peter Hindelang!

VALENTIN Ah, saudumm's Zeug! Also, wir können uns etz doch net so lang aufhalt'n mit den – also: weiter!

STIMME Hier!

VALENTIN Ja, Herrgottsapprament, wos is denn heut los? Wie hoaß'n Sie?

STIMME Weiter! Max!

VALENTIN Hoaßt der Weiter Max! – Also muß derjenige etz ›Hier!‹ schrei'n, den ich ruf!

STIMME Hier!

VALENTIN Ja, Kruzitürkn nomal, jetzt werd i scho bald windig! Jetzt schreit in der Mitt drin wieder oana ›Hier!‹ Lassen S' Eana doch Zeit, bis i Eana ruf!

STIMME Hier!

VALENTIN Warten soll'n S', bis i Eana ruf!

STIMME Ich heiß ja Ruf!

VALENTIN Jaso, Sie hoaß'n Ruf?!

STIMME Jawohl! Ruf Daniel!

VALENTIN Jaso, na, des is was anderes, Sie hoaß'n Ruf. Also, des is aa a Zufall! – Daß ma fei jetzt koana ›Hier!‹ schreit, denn ›Zufall‹ wird doch koana hoaß'n! Offenberger Emil!

STIMME Hier!

VALENTIN Papst Theodor!

STIMME Hier!

VALENTIN Jetz' kimmt oana: Pr... Prz... lewski Iwan!

STIMME Hier sind mich!

VALENTIN So is recht. Schaffel Antonius!

STIMME Hier!

VALENTIN Steinadler Karl!

STIMME Hier!

VALENTIN Trollmann Philipp!

STIMME Hier!

VALENTIN Ulrich Balthasar!

STIMME Hier!

VALENTIN Wagner August!

STIMME Hier!

VALENTIN Und ah: Zimmermann Bernhard!

STIMME Hier!

VALENTIN Ist noch jemand da, den ich nicht aufgerufen habe? Ist noch jemand da, den ich nicht aufgerufen habe?! Niemand mehr? Stillgestanden! Abtreten!

(Stimmengewirr)

Letzte Prophezeiungen

Freut euch, wenn euer End kommt, weil das Nachher voll
Schreck sein wird. Einmal werden die Leut sagen: ach, wären
wir nit geboren. Freut euch, daß ihr in der Weil schon längst
nicht mehr da sein müßt. Eine Zeit wird kommen, in der alles
drunter und drüber geht, und die armen Menschen müssens
auf ihren Achseln tragen. Lug und Wahrheit wird der beste
nit mehr auseinanderkennen, und die Welt wird den Verstand
verlieren. Kommen tut es in der Reih und dauert lange Jahr.
Alleweil gescheiter werden die Leut und alleweil ungläubiger,
das ist dann die erste Zeit. Wenn sich die Bauern kleiden wie
die Stadtleut, wenn sie nimmer arbeiten wollen, wenn sie mit
gewichsten Stiefeln in der Miststatt stehen, wenn man die
Weiberleut wie die Geißen spürt und sie Köpf tragen wie Besen, wenn die roten Hausdächer aufkommen, wenn auf den
Straßen die weißen Gäns kommen, wenn die roten und
blauen Hüt aufkommen, das ist die zweite Zeit. Eiserne Straßen werden in den Wald gebaut und grad vor Klautzenbach
vorbei wird der eiserne Hund bellen. In die Schwarzach wird
eine eiserne Straß gebaut, aber nit fertig werden. Wagen werden gemacht, die ohne Roß und ohne Deichsel fahren, und
was heute noch Weg ist, wird einmal weiße Straßen sein.
In Zwiesel wird ein großes Schulhaus gebaut, für die Soldaten. Alles wird voll Häuser und einmal werden die Brennes-
seln aus den Fenstern wachsen. Wenn die Rabenköpf im
Aussterben sind, dann kommt eine andere Zeit und der
große Krieg. Er wird gehen vom Sonnenuntergang bis zum
Sonnenaufgang, und die letzte Schlacht wird sein vom kalten
Baum bis zum schwarzen Wasser, dort, wo die Kirch ver-
kehrt steht. Die Leut aber werden immer mehr statt weni-
ger.
Niemand wird mehr etwas glauben, und die Zuchtrute des
Herrgotts wird über die Menschen kommen. Sommer und
Winter wird man nimmer auseinanderkennen. Das Geld wird

keinen Wert mehr haben, es wird zu Eisen. Um 200 Gulden wird man keinen Laib Brot kriegen, und es wird doch keine Hungersnot sein. Um einen Goldgulden kann man sich einen Bauernhof kaufen. Eines aber wird das andere nit mehr mögen. Jeder wird einen anderen Kopf haben. Die Zeit wird alleweil närrischer, und die Leut werden in der Luft fliegen wie die Vögel. Ein großer weißer Vogel wird in den Wald kommen und das Unheil ankünden. Der Wald aber wird licht werden wie des Bettelmanns Rock. Vom Hennerkobel bis zum Rachel wird man durch keinen Wald mehr gehen müssen. Das Holz wird teuer wie das Brot, und die Leut werden im Wald frieren. Aber es langt noch. Die hohen Herren machen Steuern aus, die kein Mensch mehr zahlen wird. Der Antichrist wird auf der Welt sein, und die Leut werden ihn nit kennen. In der Stadt wird alles drunter und drüber gehen, und der Bruder wird seinen Bruder nit mehr kennen und die Mutter ihre Kinder nit. Die Leut werden aufs Land rennen und zum Bauern sagen, laß mich ackern. Der wird sie mit der Plugreuten erschlagen. Wer feine Hände hat, wird aufgehängt.

Die Zeit wird ihre Zeichen haben. Die Mannsbilder werden sich gewanden wie die Weiberleut und umgekehrt. Wird ein strenger Herr kommen und den Leuten die Haut abziehen. Ein großes Himmelszeichen wird es geben. Wenns soweit ist, kommt das große Abräumen. Das Bayerlandl wird verheert und verzehrt, das Böhmerlandl mit dem Besen ausgekehrt. Der Wald wird öd werden ohne Hunger und ohne Sterb. Über den Hennerkobel und über den Falkenstein werden sie kommen und rote Janker anhaben. Über Nacht wirds geschehen. Die Leut werden aus dem Wald rennen. Wer zwei Laib Brot unter dem Arm hat und verliert einen, der soll ihn liegenlassen, er langt auch mit einem. Die Leut vom Forellenwasser, die sich am Fuchsenriegel und am Falkenstein verstecken, werden gut überdauern. Wers überstehen will, muß einen eisernen Kopf haben. Die Leut werden krank, und niemand kann ihnen helfen. Wenn man auf dem Berg steht, wird man im ganzen Wald kein Licht sehen. Wenn im Ried der erste Rauch aufsteigt, ist es überstanden. Das Beten wird wieder gelten und der Schaffensmann. Je mehr Hände einer hat, desto besser ist es. Wer ein

Haus will und Grund, der kriegts geschenkt. Man will das Körndl nit mehr zählen und die Kränk, die Leut und Kinder verderbt, wird nicht mehr sein. Auf die Berg wird man Kreuzel stellen und Feuer anbrennen, denn es wird eine große Freud sein. Die Leut werden sich wieder das »Gelobt sei Jesus Christus« zurufen, und es wird eine gute Zeit anheben.

Sagt's euren Kindern und Enkeln, daß sie es weitersagen: sie sollen sich hüten vor falschem Stolz und dem Hochmut, denn sie werden das ganze Unglück bringen. Sagt es ihnen: es kann die Welt nit anders sein, wie der Herrgott es will. Es kann die Welt nit sein ohne reich und arm, Herr und Knecht, und es gibt kein Brot, wenn keinem drum der Buckel weh tut. Wenn die Bruderlieb stirbt, fängt das Unheil an und wird dauern, bis die Bruderlieb wieder aufsteht. Das sagt euren Kindern. Kommen aber tut es, wie es kommen muß, der Welt zur Lehr und zum Anfang der glücklichen Weltzeit.

Deine Kindeskinder werden es nit mehr erleben, aber denen ihre Kindeskinder sehen den Anfang. Wenn auf dem Zwieseler Kirchturm die Bäume wachsen, dann geht es an.

Abertausend Tag und abertausend Nächt hab ich den Wald und die Berg, den Wind und den Himmel, Mond und Stern darüber befragt, und dann hab ich es gewußt: Arschlings geht die Zeit nit, und wer tausend Tag und tausend Nächt darüber nachdenken kann, der kommt dahinter, wie es kommen muß. Mir hat der Herrgott eine Plag gegeben und mich über die Berge schauen lassen. Meine Zeit ist um! Ich geh hin, wo ich hergekommen bin, und wenn ihr mich in das Trühel legt, bin ich schon lange tot. Aber ich geb euch noch ein Zeichen.

Die Weissagungen des »Mühlhiasl« (Mathias Sturmberger oder Stromberger), eines vor zweihundert Jahren im Bayrischen Wald sein Wesen treibenden Volkslegenden-Propheten, sind in verschiedener Form bei durchaus schwankendem Authentizitätsgrad überliefert. Der vorliegende Text stammt aus einem älteren und volkstümlichen Buch, in welchem Leben und Wirken des Sehers in eine romanhafte Form eingebunden sind. So wie oben wird Mühlhiasl – wenn er nicht überhaupt nur ein Mythos ist – nicht gesprochen haben, vorstellen könnte man sich aber, daß dieser mehr oder weniger zeitgenössisch

mythelnde Tonfall sogar reizvoller und in gewisser Weise »authenti-
scher« ist als ein eventueller originaler. Und ich danke ihm jedenfalls
viel. Ohne den obigen Text hätten meine eigenen Prophezeiungen für
das Jahr 1983 ›Kommen tut es in der Reih‹ (in dem Sammelband
›Frau Killermann greift ein‹, 1985) nicht geschrieben werden können.

Pfarrerverse

Abgesehen von ein paar spärlichen Exemplaren in Peter Rühmkorfs Sammlung ›Über das Volksvermögen‹ dürften die vor allem im Landessüden populären sogenannten »Pfarrerverse« noch weithin ungedruckt sein. Schon deshalb habe ich hier ein paar versammelt – allesamt nach mündlicher Überlieferung.

Und der Pfarrer von Kempten,
Der stärkt seine Hemden
Im eigenen Samen,
In Ewigkeit, Amen.

Und der Pfarrer von Mailand,
Der bet' zu sei'm Heiland,
Ob's net wieder geht,
Daß er ihm auch wieder steht.

Und der Pfarrer von Bozen,
Der tut sich recht protzen,
Daß er 'n Pfarrer von Brixen,
Derwischt hat beim Wichsen (Stehl'n).

Und der Pfarrer von Seeshaupt,
Der hat's allerweil net g'laubt,
Aber jetz' weiß er g'wiß,
Daß er Vater word'n ist.

Und der Pfarrer von Sinzing,
Der hat ein recht ein winzing',
Jetz' fickt er sei Reserl
Mit'm silbern' Protheserl.

Und der Pfarrer von Hackl,
Hat blecherne Eier am Sackl,
Mei, macht des ein Spektakel,
Wenn er pimpert, der Lackel.

Und der Pfarrer von Ascherlding,
Der hat ein' Schors im Flascherl drin,
Aber jetz' weiß er nimmer g'wiß,
Ob er noch drinnen is.

Und noch zwei eigene:

Und der Pfarrer von Erlangen,
Der hat ein' recht ein' langen
Bimmel
Unterm seidenen Himmel.

Und der Pfarrer von Roth
Is' jetz' auch schon lang tot.
Warte nur, balde
Ruhest du auch.

He, du, Huberbauer!

Die folgende kleine Glosse erschien zuerst 1980 in der ›Titanic‹ und stammt aus den Klauen des häufig als Autoren-Trias tätigen Dichter-Trios Bernd Eilert, Robert Gernhardt und Peter Knorr (Einzelautorschaft manchmal nicht mehr nachweisbar, weil nicht mehr erinnerlich). Sie trug die Überschrift ›Am Nebentisch belauscht‹ und hatte die folgende Vorrede:

Mein Forschungsprojekt ›Das debile Dorf – ein Bericht über Degenerationserscheinungen auf dem Lande‹ hatte mich in den »Goldenen Aal« geführt – so ein Schwachsinn, seit wann gibt es goldene Aale?! –, und die lautstark geführte Unterhaltung am Seniorenstammtisch ließ denn auch meine schlimmsten Befürchtungen hinter sich:

– He, du, Huberbauer!
– Jo – wos host scho wieder, Xaver?
– Was machst nachad du do?
– I les.
– Ja, freili, dös siach i scho. Oba woas liest?
– Minima Moralia. Vom Adorno.
– Eben drum. Kamma dös nachad a no les'n?
– No – i hon mant, daß man si ob und zu scho no a mol a bissel wos Leichteres gönnen solln dürft – oda?
– No jo. Oba wannst mi frogst, dann is jo dös nimma sonderlich relevant. Dös is enstand do damals, wo die Leit von der Frankfurter Schule in da Emigration warn, und do hob i scho mehr den Eindruck, os ob die Adornoschen Thesen einem Bewußtsein entspringen, das, statt konkret gesellschaftsanalytisch zu sein, mehr so einer allgemeinen kulturkritischen Holtung Plotz gemocht hot.
– Do host vollkommen recht. Oba i wüll jo drüba gor kan kritischen Essay veröffentlichen, i orbeit jo zur Zeit an wos gonz wos anderm, und do les i dös holt so a bisserl zur Zerstreuung, verstehst…

– Is scho recht. Wo i di no frogn wollt: Konnst mi a mol eian Mistkarren borgn, weil, der meine ist gestern...
– Jo freili. Oba bring'n holt z'ruck und vergiß net, mir a mol den Levi-Strauß zu retourniern – den host jetzt scho mehr wie drei Tag, Xaver.
– In Ordnung. I bin scho durch. Gor net mol so uninteressant, obwohl i sonst auf den Strukturalismus eher pfeif. Aso: Pfüat di, Huberbauer!
– Pfüat di, Xaver!

*

»Pfüat di, pfüat di« – sagen Sie selbst: Reden so Menschen? Das fragt Sie
Ihr Jean
(vom Nebentisch)

Gern läse ich übrigens mal einen Roman dieser Art; einen Roman, in dem nichts, aber auch gar nichts stimmt.

HEINRICH LÜBKE

Vom Sinn des Wassers u. v. a.

Vom Bundespräsidenten Lübke, welcher Bundesdeutschland bis 1969 repräsentierte, noch einigermaßen gegenwärtig sind seine mißlungene Helmstedter Rede sowie ziemlich allerweltskomische und zudem wohl erfundene Witze nach Maßgabe von »Equal goes it loose«. In Wahrheit war Lübke partiell eher ein Mann Gallettis; nämlich des schreck- und zaglos faustisch stetig sich Bemühenden. Die folgenden kleinen Texte aus diversen Lübke-Reden, entnommen der alten (und nicht durchaus lobenswerten) ›pardon‹-Schallplatte mit viel Lübke-Originalton, sind zu stark, als daß sie künftigen Geschlechtern entgehen und bald vollends dem Vergessen anheimfallen dürften. Vielmehr zum wenigstens winzigen Eingedenken seien sie hier versammelt eines Mannes, dessen humoristische Einsätze die grausigsten Felsenschlünde ebensowenig scheuten wie die waghalsigsten Hochgebirgsstege; ehe sie sich dann auf den Gipfeln des ewigen Schnees zur Ruhe legten.

(…) Auch die Fischerei und die Fischindustrie hätten allen Anlaß, durch intensivere Aufklärung und Werbung eine solche Kost schmackhaft zu machen. Es war schon mal besser damit, mit dieser Propaganda und mit den Aufklärungsvorträgen und vor allen Dingen mit den Propagandaessen. Ich habe in Frankfurt ein Essen, ein Fischessen, mitgemacht, wo also die Fische aus den Truhen sofort in die Küche kamen und die waren dann von den zuständigen Köchen oder Hausfrauen waren die entsprechend behandelt, und ich kann nur sagen: Es ist zwischen dem und den nicht durch die äh: Truhen und die Tiefkühlketten herangebrachten frischen Fische ist gar nicht zu vergleichen (…)
(…) Ich muß nur sagen, wer das sich nebeneinander hält, der kann überhaupt keine andere Wahl… ah… hm… ah… Wahl… äh… wählen, ohne die ohne die… hm… Tiefkühlketten werden wir uns äh späterhin… nicht mehr die Ernährung verbessern können (…)

(...) Ich habe dann im Westen (Kanadas) vor allen Dingen die Betriebe gesehen, die landwirtschaftlichen Betriebe – aber auch gleichzeitig industrielle Betriebe. Der beste Betrieb, den wir gesehen haben, war ein deutsch-kanadischer mit geteilter Kapital... Kapitalbe... Kapitalan... hm... Kapitalfeststellung – die schufen geschweißte Röhren. Röhren mit einem Durchmesser von über 50 Zentimeter. Es war eine großartige Arbeit, die sie leisteten, ich habe die alten und die neuen gesehen, aber viel alte waren nicht da, denn das geht heute ohne weiteres weg, weil die Röhren in dieser Beziehung sehr gebraucht werden (...)

(...) Die Rückreise (von Kanada) war sehr anstrengend. Wir fuh... wir flogen 19 Uhr 30 gestern abend ab und waren 9 Uhr 30 hier. Das würde... das würde bedeuten, daß wir also 5 Stunden länger unterwegs waren als notwendig war. Denn diese 5 Stunden ist eben die Umdrehung der Erde schuldig und verantwortlich dafür (...)

(...) Daß Herr Professor Hess sich auch von seinem Thema abwandte und uns über das Wesen und den Sinn der Elemente, über die alte, über die mittelalterliche, über die heutige Dichtung über das Wasser sprach, ist nicht nur etwas, was man nicht tun sollte, sondern es ist etwas, was man tun sollte *(Beifall)*. Dadurch wird so ein Vortrag erst interessant, und ich glaube, es ist auch besser für das Publikum, wenn ein so umfassender Vortrag einige Punkte des nachfolgenden Redners freimacht und nicht vorge... weil er nicht vorgetragen zu werden braucht, sondern auch den Redner entlastet in einer Situation, wo er das gerne sieht. Sie haben in einer wundervollen Art die gesamte Notwendigkeit und den Sinn der Pflege des Wassers auch unter die kulturellen Gesichtspunkte gestellt. Sie haben damit angefangen, Sie haben damit aufgehört. Man sollte wirklich denken, wenn wir heute ein gebildetes Europäertum wären, dann würden wir schon aus diesem Grunde der engen Verbindung alles dessen, was mit Wasser zu tun hat, gleichzeitig mit unserer Kultur, auch mit unserer – nicht auch, sondern mit unserer Dichtkunst ist das hier sehr klar in Erscheinung getreten (...)

ARNOLD HAU

Ein Gesetz für die Menschheit

So lautet die vorletzte Kapitelüberschrift der inzwischen legendären Nonsens-Bibel der wacheren Nachkriegsgeneration: ›Die Wahrheit über Arnold Hau‹. Hinter der Biografie des fiktiven Allzweck-Geistesheroen »Arnold Hau« verstecken sich seine Herausgeber-Autoren F. K. Waechter, Robert Gernhardt und F. W. Bernstein. Den »Gesetzen« ist die folgende biografische Lage der Dinge vorangeschrieben:

Berlin 1962
Trotz seiner Zurückgezogenheit weiß Arnold Hau, was in der Welt vorgeht.
»Seit Jahren schon beobachte ich das Zerbrechen aller Ordnungen«, sagt er mir. »Woher die Richtungslosigkeit der heutigen Welt? Woher die regellose Vielfalt? Woher die Risse, die quer durch die Völker, quer durch die Familien gehen? Warum sagt der eine ›Hü!‹ und der andere aber ›Hott!‹ Weil – ich weiß, daß meine Gedanken nicht zeitgemäß sind – weil das Gesetz fehlt. Besser: es ist da, aber man hat es vergessen und verdrängt. Ich habe es jetzt neu formuliert. Ich gebe der Welt ein Gesetz, es liegt an ihr, es anzunehmen. Es liegt an ihr!«
Hau läßt seine Gesetze im Selbstverlag drucken und schickt sie an die Redaktionen aller Zeitungen und Zeitschriften. Doch man schweigt ihn tot.
Hier sollen Hau's Gesetze deshalb abgedruckt werden, damit, wenn es zu spät ist, niemand mehr sagen kann, er habe von nichts gewußt.

Die Gesetze

Hört: was ich euch verkünde:
Was ihr da tut ist Sünde.

Ihr dürft nicht euren Mitmenschen eins ins Kreuz schlagen und dann sagen: »Nicht so gemeint, bitteschön, alles halb so schlimm.«

Ihr sollt nicht nachts auf die Frauen eurer besten Freunde steigen und ausrufen: »Juvivallera! Die Sache macht ja Spaß!«

Geht nicht ans Henkelkörbchen der Witwe, um die besten Sachen herauszuklauen, den Rest aber zu lassen, vielleicht noch mit einem Briefchen: »Wohl bekomms!«

So einer den Waisen Unrecht zufügt, so soll ihm auch Unrecht zugefügt werden.

Wer die Erstgeburt ausrottet, dem soll sie bis an das vierte Glied auch ausgerottet werden.

Ihr sollt nicht den alten Menschen verlachen und sagen: »Seht diesen alten Menschen! So alt und schon so hinfällig! Du machst es auch nicht mehr lange, Opa!«

Wer die Eitelkeit frönt und sich fortwährend im Spiegel betrachtet, der soll vierzig Hiebe bekommen.

Wer seine Notdurft nicht verscharrt, der soll verstoßen sein tausendfach.

So einer dem Weibe beiwohnt, das zur selben Zeit einem anderen Manne beiwohnt, so soll er weder Seiler noch Einzelhändler werden können.

Ihr sollt euren Bruder nicht erschlagen wollen und, wenn es nicht gelingt, sagen: »Pech gehabt! Vielleicht klappts ein andermal.«

Wer der Witwe beiwohnt in dem ersten Monat der Trauer, der soll zwei Scheffel Weizen erhalten. Wer ihr aber in jedem weiteren Monat beiwohnt, der soll leer ausgehen.

Heuchelt nicht!

Ferner verbiete ich euch, in eures Nachbarn Wald Holz zu schlagen, ohne ihn vorher um Erlaubnis zu fragen.

So einer den Schnabel allzuweit aufreißt, so soll ihm der Älteste sagen: »Reiß den Schnabel nicht allzuweit auf!« Fährt er jedoch fort, den Schnabel allzuweit aufzureißen, so soll man ihn gewähren lassen.

Ihr sollt nicht Schweinereien in den Wald rufen und, wenn es herausschallt, in höhnischem Tonfall sagen: »Hört euch an, wie der Wald schweinigelt!«

Auch untersage ich das Eckenstehen, die Unzucht an Feiertagen und alles, was damit zusammenhängt, das Fangen und Braten von Schnepfen, sowie die widerrechtliche Inbesitznahme festen oder beweglichen Guts zum Zwecke der Weiterverarbeitung, Vernichtung, Verwendung oder Aufwertung. Der Versuch ist strafbar.

So einer seinen Schwestervater mit einem Beil bedroht, so soll man ihm einmal ganz deutlich klarmachen, daß es so nicht geht.

Redet nicht alle durcheinander!

Ferner gebe ich euch ein Wort, das ihr stets im Munde führen sollt. Ihr sollt es ausrufen, wenn ihr euch des Morgens erhebt, wenn ihr euch des Mittags zu Tische setzt, wenn ihr euch des Nachmittags anschickt, ein Nickerchen zu machen, wenn ihr des Abends zum Weibe geht und zu jeder anderen Tageszeit. Und ihr sollt es in Ehren halten, denn ich habe es euch gegeben. Das Wort aber lautet: »Schnüss.«

So ihr diese Gesetze beachtet, so soll es euch gut gehen. Ihr sollt in Seide gekleidet schreiten und die Tiere sollen euch untertan sein, sowie alle Völker westlich von Ratzeburg, die Völker aber, die östlich von Ratzeburg siedeln, sollen euch nicht untertan sein. Das gilt auch für die Völker, die gegen

Abend wohnen, für die Völker unter der Mitternachtssonne und die Völker, die sich von Hunden nähren.

So ihr diese Gesetze aber mißachtet, will ich einen Bund zwischen mir und euch stiften. Und das habt zum Zeichen: Ich will einen gewaltigen Lärm machen und ihr sollt ihn nicht hören. Das soll gelten für Greise, Greisinnen, Männer, Frauen, Kinder und Kindeskinder, sowie für alles Volk. Dieser Lärm aber soll 1000 Jahre und einen Tag dauern. Danach aber soll er nicht mehr dauern. Und es soll ein ewiger Friede sein.

HERMANN L. GREMLIZA

Auguren weinen nicht

Manche der eleganten Leitartikel Gremlizas in ›konkret‹ ganz zu verstehen, bin ich zu dumm. Der folgende vom April 1985, vor allem sein Mittelteil, war mir aber sehr aus der Seele gesprochen.

Früher begann der Arbeitstag des öffentlich-rechtlichen Wirtschaftsredakteurs Friedhelm Ost mit einem Tennisspiel gegen ein Vorstandsmitglied der Deutschen Bank. Ob er seinen Partner dabei wg. Aufschlags beraten hat, ist noch nicht bekannt. Aber allen – bis auf eine Handvoll sozialliberaler TV-Prediger – ist es schon heute wurst. Im übrigen gilt die erweiterte Fassung des rechtsstaatlichen Prinzips: Jeder hat als Ehrenmann zu gelten, solange es nicht rauskommt.

Und dann erst recht. Ein Ermittlungsverfahren wegen der Hinterziehung von Steuern in Höhe eines Betrages, den ein Facharbeiter bei voller Entfaltung seiner Anspruchsmentalität in zwanzig Berufsjahren nicht verdienen kann, zieht vielleicht einen Strafbefehl, gewiß aber das Lob aus Kanzlermund nach sich, der Täter habe eine »sehr noble Haltung« bewiesen.

Am Tag, als Boenisch seinen Schreibtisch räumte, trat ein ganz anderer Ehrenmann vor den Deutschen Bundestag, um in einer Rede zum »Tag der Einheit« die nicht ganz neue Erkenntnis zu erhärten, daß der ehemalige Vorsitzende der Bauarbeitergewerkschaft nicht nur ein Reaktionär, sondern und vor allem ein Depp ist, dem es nicht genügt, keinen Gedanken zu haben, sondern der auch beweisen muß, daß er unfähig ist, ihn auszudrücken. Im Kommentar der »Welt«, deren Chefredakteur Boenisch einmal war, aber hieß es: »Mit einer geschliffenen Rede, in der sich Brillanz der Definition mit der Wärme des Herzens verband...«

Boenisch nobel, Leber brillant – das ist nicht mehr der Versuch, die Wahrheit zu frisieren, den Leuten den eigenen, dem

Resthirn abgetrotzten Optimismus aufzuschwatzen. Das ist auch nicht mehr nur einfach gelogen, denn es gehört zur Lüge, daß sie in einem wie immer verqueren Verhältnis zur Wirklichkeit steht. Was hier geschieht, ist von aller Realität entbundene, freie Kunst: vollendeter Nonsense. Sie haben aufgehört, sich selbst ernstzunehmen. Je weniger ihr Schaffen mit der Welt der Tatsachen Berührung hält, desto unangreifbarer wird es. Sie ziehen ihre Zahnbürste hinter sich her und rufen sie »Fiffi«. Wer will mit ihnen streiten?

Was Politik heißt, ist ein endloser Anstaltswitz. Den Dienstherrn der Beamten und Wahrer der Verfassung darf man nur mit ärztlichem Attest (»z. Zt. kein erhöhter Blutzucker«) zur Eidesleistung schicken; der Minister für Arbeit und Soziales hat sich hinter Kalauern und einer Ulkbrille versteckt; der Sonnenschein ist auch kein Lichtblick; Daniel Düsenhuber hat sich einen Propeller umgebunden; der Wirtschaftsminister zahlt einen privaten Konkurs ab; Staatsminister Mümmelmann schwört: mein Eid sei dein Eid; der Rest lebt in wg-Gemeinschaft, und in der Mitte strahlt ein Grinsgram, der sich nicht daran erinnern kann, wo die Umschläge mit all den Tausendern geblieben sind. Also dreihundert Mark hat er eigenhändig für die Hungernden in Afrika gespendet (aber die hat er sich aus der Amtskasse erstatten lassen, als Werbungskosten).

Das ist die freundliche Gang, die eingeteilt ist, das Volk Mores zu lehren: Gehorsam, Fleiß, Bescheidenheit, Treue. Hoch die Ideale, nieder mit dem Materialismus! Denn »der Philister versteht unter Materialismus Fressen, Saufen, Augenlust, Fleischeslust und hoffärtiges Wesen, Geldgier, Geiz, Habsucht, Profitmacherei und Börsenschwindel, kurz, alle die schmierigen Laster, denen er selbst im Stillen frönt; und unter Idealismus den Glauben an Tugend, allgemeine Menschenliebe und überhaupt eine ›bessere Welt‹, womit er vor andern renommiert, woran er selbst aber höchstens glaubt, solange er den auf seine gewohnheitsmäßigen ›materialistischen‹ Exzesse notwendig folgenden Katzenjammer oder Bankerott durchzumachen pflegt«, schreibt ein gewisser Engels.

Es ist natürlich nicht die erste Garnitur; die hat sich die Industrie gegriffen, und die zweite ist bei Handel, Banken und Versicherungen gelandet – dort, wo über die Verwertung des

Sozialprodukts tatsächlich entschieden wird, wo Wirtschafts- und nicht nur Wirtschafts-Kriege erklärt und geführt, Staatsknete abgerufen, Armeen bewaffnet, Preise bestimmt und Löhne diktiert, Arbeitsplätze eingerichtet oder abgeschafft, Märkte erobert und Rüstungsprogramme beschlossen werden. Daß der sog. Regierungschef von Bonn zu Reagans SDI keine eindeutige Meinung äußert, liegt ja nicht daran, daß er nicht gerne eine aufsagen würde; weil aber Siemens und Nixdorf zögern, sich von der US-Konkurrenz abmelken zu lassen, hat die Elektronik-Industrie dem Kanzler seine Meinung noch nicht ausrichten lassen können. Deshalb guckt er jetzt wieder so blöd.

Was da Politik spielt, ist die dritte Garnitur, die das längst Entschiedene verkündet und kommentiert. Das verlangt vor allem mimische Talente: Wenn sie da ans Pult treten und der gegnerischen Partei die Schuld an der Arbeitslosigkeit zuschieben, sich selbst aber den Aufschwung gutschreiben – als wäre es 1966 trotz Erhard nicht abwärts, 1972 trotz Brandt nicht aufwärts, 1979 trotz Schmidt nicht abwärts und 1984 nicht trotz Kohl aufwärts gegangen, als werde es 1987 nicht trotz Kohl oder Rau wieder abwärts gehen; als ließe sich der Zyklus der Krisen nicht mit großer Präzision ablesen, die Verschärfung von Mal zu Mal, bis nur noch ein Akt gigantischer Kapitalvernichtung (bislang durch Krieg – gibt's eine andere Lösung?) einen Neubeginn ermöglicht. Und nach jeder Kurve liegt die Zahl der Arbeitslosen ein paar Hunderttausend höher, ob Blüm Minister heißt oder Ehrenberg.

Welcher seriöse Mensch sollte das ertragen können: als »verantwortlicher Minister«, als »Richtlinienbestimmer« gar, den Macher darzustellen und immer nur den Kopf einzuziehen, wenn die Nürnberger Anstalt und die Bundesbank Tacheles reden? Dazu bedarfs schon dieser perforierten Typen, die uns in immer größerer Zahl beschert werden, hart im Nehmen (von Couverts), anstellig und dabei zu einem moralischen Pathos fähig, das Heilige ins Fegefeuer treiben kann. Und drumherum einer Legion ebenso abhängiger Schranzen, die Farce »Freie Presse« aufführend, nicht zu vergessen das Rudel »Wissenschaftler«, die in der Regel das Politikerschicksal teilen, für die besser bezahlten Jobs ein bißchen zu dösig gewesen zu sein, und die nun für mittlere Münze mit ihren Fehlprognosen den Eindruck verbreiten dürfen, die Regierung habe es nicht besser wissen können.

Weil aber, wie's da drin' aussieht, niemand was angeht, müssen sie alle immer lächeln (und wer's am längsten kann, wird Erster). Auguren weinen nicht. Steck ein, was man dir anbietet – die andern haben schon genommen. Skandal? Die Presse? Es gibt den Skandal nicht mehr – er liegt unter einer Lawine von Skandalen begraben: 365 Tage im Jahr kann sich kein Mensch empören. Und die entdeckungsfreudigen Pressekonzerne gehören längst zur Familie: Wer zwei »Stern«-Chefredakteure, die was verbockt haben, mit sechs Millionen und einen »Spiegel«-Prokuristen, den der Verleger nicht mehr mag, mit drei Millionen »Abfindung« schmiert, kennt die Grenze, die der Enthüllung auch im schärfsten Enthüllungsblatt gesteckt ist.

Gewiß ist der ersten Garnitur manchmal, zum Beispiel bei gemeinsamen Auslandsreisen, die Aufführung ihres lumpenbourgeoisen Personals ein wenig peinlich. Andererseits bereitet die allgemeine Verachtung, die diese Blase ja nicht nur auf sich, sondern auf Parteien überhaupt, auf Parlamente, auf die Demokratie zieht, das Feld für eine Lösung, die am Ende der letzten Krise, nach der fünften Million Arbeitsloser, gefunden werden muß. Wenn der Ruf nach einem starken Mann den nach kollektiver Revolte wieder einmal übertönen soll.

THEODOR W. ADORNO

Sorrow is ended

In seinem Aufsatz ›Theorie der Halbbildung‹ von 1962 kommt Adorno auf den US-amerikanischen Symphonienführer eines Sigmund Spaeth (Great Symphonies, How to Recognize and Remember Them, New York 1936) zu sprechen. Adorno langt in seinem Kommentar zwar ganz schön hin, und wieder einmal mag man hier bedauern, daß die polemische Kraft dieses Autors sich so selten an konkreten Anlässen entzündete; ein bißchen glaubt man aus seinen Zeilen aber auch Sympathie und Bewunderung herauszulesen für einen Wahnsinn, der jenseits aller Ideologiekritik an der Kulturindustrie schon wieder etwas Genuines und also fast Rettendes hat.

[...] Die Vorstellung, daß das Geniale und Große unmittelbar aus sich selbst wirke und verständlich werde, der Abhub einer auf dem Geniekult basierenden Ästhetik, täuscht darüber, daß nichts, was mit Fug Bildung heißen darf, voraussetzungslos ergriffen werden kann.

Ein Extremes mag das erläutern. In Amerika existiert ein außerordentlich verbreitetes Buch, »Great Symphonies«, von Sigmund Spaeth. Es ist hemmungslos auf ein halbgebildetes Bedürfnis zugeschnitten: das, dadurch sich als kultiviert auszuweisen, daß man die im Musikbetrieb ohnehin unausweichlichen Standardwerke der symphonischen Literatur sofort erkennen kann. Die Methode ist die, daß den symphonischen Hauptthemen, zuweilen auch nur einzelnen Motiven daraus, Sätze unterlegt werden, die sich darauf singen lassen und die nach Schlagerart die betreffenden musikalischen Phrasen einprägen. So wird das Hauptthema der Beethovenschen Fünften Symphonie gesungen auf die Worte: »I am your Fate, come, let me in!«; das Hauptthema der Neunten Symphonie entzweigeschnitten, weil sein Anfang nicht singbar genug sei, und nur das abschließende Motiv betextet: »Stand! The migthy ninth is now at hand!« Dem ehedem oft freiwillig parodierten Seitensatzthema aus der Symphonie Pathétique von Tschaikowsky aber widmet Spaeth die Zeilen:

This music has a less pathetic strain,
It sounds more sane and not so full of pain.
Sorrow is ended, grief may be mended,
It seems Tschaikowsky will be calm again!

An dieser Explosion von Barbarei, die sicherlich das musikalische Bewußtsein von Millionen von Menschen beschädigt hat, läßt viel auch über die diskretere mittlere Halbbildung sich lernen. Die idiotischen Sätze, die da gesungen werden, haben mit dem Gehalt der Werke nichts zu tun, sondern saugen sich wie Blutegel an deren Erfolg fest, bündige Zeugnisse des Fetischismus der Halbbildung im Verhältnis zu ihren Gegenständen. Die Objektivität des Kunstwerks wird verfälscht durch Personalisierung: ein stürmischer Satz, der zu einer lyrischen Episode sich beruhigt, wäre danach ein Porträt Tschaikowskys. Während dieser in Wahrheit selbst schon Kulturindustrie betrieb, wird seine Musik, nach dem Cliché des langmähnigen Slawen, auf den Begriff eines rasenden Halbirren abgezogen, der immerhin auch seine ruhigen Phasen hat. Überdies sind die Themen in symphonischer Musik nicht die Hauptsache, sondern weithin bloß Material; die Popularisierung, welche die Aufmerksamkeit auf die Themen verlagert, lenkt vom Wesentlichen, dem strukturellen Verlauf der Musik als ganzer, aufs Atomistische, die stückhafte Einzelmelodie ab. So sabotiert das Hilfsmittel der Verbreitung das Verbreitete. Schließlich aber – und das ist ein Aspekt, dem kaum ein milderer Name als satanisch gebührt – wird es Menschen, die einmal jene Themen mit den Greuelworten auswendig gelernt haben, schwer möglich sein, je wieder von den Worten sich zu befreien und die Musik überhaupt noch als das zu hören, was sie ist. Die als Kunstliebe getarnte kulturelle Information enthüllt sich als destruktiv. Etwas von Spaeth trägt aber potentiell noch die unschuldigste Taschenbuchausgabe in sich. Keine Aufklärung verdient den Namen, die zu eingeschüchtert wäre, um Reflexionen dieses Typus in sich hineinzunehmen.

[...]

Talkshows

Der Romancier und Journalist Hermann P. Piwitt hat 1985 eine Kol-
lektion kleinerer Arbeiten aus den letzten zehn Jahren vorgelegt, die
man überaus empfehlen muß. Der Autor ist nämlich einer, der, ohne
den Meister Adorno zu verraten, nicht sich von ihm hat blöd machen
lassen; sondern bei aller notwendigen Reflexion im Sinne der Kompli-
ziertheit des Weltgefüges noch gerade denken kann. In seiner Antho-
logie hat es große, ausgreifende Aufsätze und journalistische Texte;
wir bescheiden uns hier mit einem schönen kleinen, aus dem Jahr
1976.

Kriegen Sie auch langsam das große Kotzen? Diese schweren,
bescheiden-weltläufigen »Persönlichkeiten«, wenn sie sich
selbst spielen – diese Pokergesichter der tough guys, wenn sie
jene zum Reden bringen müssen, immer gezeichnet von der
Angst, ob sie auch natürlich genug wirken – diese Freaks und
aufgetakelt-abgetakelten Fregatten, die nie fehlen dürfen, damit das Publikum was zu lachen und zum Kopfschütteln hat:
Hand aufs Herz, wie lange halten Sie's noch aus? Diese seu-
chenartig um sich greifenden Dressurveranstaltungen, die wir
immer dann gut finden, wenn jeder die »Spielregeln« einhält
und keiner dem andern »was schenkt« – haben Sie nicht endlich auch die Nase voll davon? Der Voyeur in Ihnen, kotzt er
nicht endlich vor sich selbst, wenn er sich königlich amüsiert
darüber, wenn Toni Sailer Münchenhagen eine Abfuhr erteilt
und sich Ertl bei Rosenbauer ein Pfund abholt? Ich warne
hiermit jeden: der nächste, der mich fragt, wie ich denn Pilgrim gefunden hätte und ob denn Menge nicht besser gewesen
sei als letztes Mal, bekommt von mir eine aufs Maul. Schließlich frage ich auch nicht, in welcher Rolle man Mr. Maggoo
am liebsten gesehen habe, ob als Cyrano oder als d'Artagnan.
Mal besser und mal schlechter: das ist der Elch Bullwinkel
auch.

Talk-Shows und Tendenzwende – nicht zufällig kam beides zur gleichen Zeit in Mode, sieht man einmal von Schönherrs redlich-tragischem Frühstart ab. Seitdem Öffentlichkeit in Betrieben und auf der Straße in Schulen und Universitäten nicht mehr hergestellt werden darf, seitdem der Versuch, sie herzustellen, auf verschiedenste Weise verfolgt wird, wird Öffentlichkeit in Talk-Shows inszeniert. Meinungen, durch ein Temperament gefiltert und in lockerer Runde von Leuten ausgeplaudert, die, von Kompromißnarben gezeichnet, in der Mehrheit bereits auf großer Höhe mit ihrem Leben abgeschlossen haben – da muß man nicht fürchten, daß Information in Aktion umschlägt. Zumal wenn »Ausgewogenheit« gewahrt bleiben muß. Und Ausgewogenheit, das heißt zum Beispiel: ein Filmregisseur, der in der Nazizeit mit Ausstattungsrevuen Geld gemacht hat und sich blauäugig wundert, deswegen nicht verfolgt worden zu sein; ein Schlitzohr von Unternehmer, der sich mit – der Steuer vorenthaltenem – Geld ein kulturelles Stifter-Image anschminkt; und eine Kabarettistin, die so dumm ist, wie sie tut.

Für Informationen stehen Säulenheilige gerade und können mit diesen gestürzt, bzw. weginszeniert werden. Nicht auf Ziele, sondern auf Idole wird unsere Kraft, Tatsachen zu schaffen, gelenkt.

Talk-Shows sind in die Öffentlichkeits-Lücke gestoßen, die entstanden ist, seitdem der Ruf nach »mehr Demokratie« leise geworden ist im Land. Seitdem Kommunisten sich nicht mehr öffentlich bekennen dürfen, darf wenigstens ein Prominenter bekennen, daß sein Herz irgendwann einmal, in seiner Jugend, links geschlagen habe. Insofern sind Talk-Shows besser als gar nichts. Wie schlimm sie sind, läßt sich noch an den für »progressiv« geltenden Programmen ablesen, mit denen seit einiger Zeit Kathrin Brigl und der Sexualclown Volker Pilgrim in Hamburg auftreten. Hier bei Pilgrim kann alles gesagt werden, soweit es die Grenzen des Sexuellen nicht überschreitet. Daß der Regisseur X (Zitat) »auch in den Arsch fickt«, daß die Schauspielerin Y es auch mal lesbisch versucht hat und der Schriftsteller Z fleißig onaniert – Pilgrim verschafft uns Hofgang ins Reich der (sexuellen) Freiheit; die Spielwiese sexueller »Tabuverletzung«,die man uns gelassen hat, wird zum Olympia-Stadion, und ganze Versailler Zimmerfluchten lang stehen Türen zum Einrennen offen.

Entlarvend nur, wie streng bei soviel Freimut ein anderes Tabu gewahrt bleibt, weil es offenbar als eine sehr viel intimere, privatere und persönlichere Sache angesehen wird als die Zweckentfremdung gewisser Körperöffnungen, ich meine die Seele vom Geschäft: das Geld. Ein Freund sagte mir einmal: es gibt in der Hamburger Gesellschaft keine noch so leidenschaftliche Geschlechtsbeziehung, die nicht letzten Endes mit Geld zu tun hat. Tatsächlich hat der redliche Schönherr meiner Erinnerung nach als erster und letzter Talk-Master nach Geld zu fragen gewagt; er hatte zum Mißerfolg den Hohn dazu. Wieso eigentlich? Wenn dann schon so viel vom Ficken die Rede ist, warum dann nicht auch von der Gleitcreme? Ich möchte schon gern mal wissen, wieviel der leutselige Herr Unternehmer X monatlich von den Arbeitsergebnissen seiner »Mitarbeiter« in den Puff trägt und was der Staatsschauspieler Y hinblättert von unseren Steuergeldern, um sich eben dort versohlen zu lassen. Wo bitte, läßt der Herr Intendant Z sein Geld arbeiten? Und was sind das für Leute, die so wenig mit ihrem Leben anzufangen wissen, daß sie heute, 1976, mehr als 1500 Mark monatlich dafür ausgeben müssen?

Nein, sie zählen ihr letztes Arschhaar daher – aber vom Geld zu reden, das gehört sich nicht. Daß das Finanzamt nicht dahinterkommt? Nun, warum lädt man denn überhaupt Leute ein, die zum Thema eins nichts sagen wollen? Arbeiter und Angestellte haben keine Gelegenheit, das Finanzamt zu fürchten. Und wüßten gewiß genausoviel, wenn nicht mehr zu sagen. Talk-Shows? Dann doch lieber gleich »Trickfilmzeit mit Adelheid.«

Die Interessierten

Der folgende Text von F. W. Bernstein in der Überarbeitung von Bernd Eilert erschien zuerst vor fast vier Jahren in der Satirezeitschrift ›Titanic‹ unter dem Titel »Neu auf dem Drogenmarkt – Neue Szenen, die den Titanic-Leser interessieren könnten«. Satirischer Angriffspunkt war der Kasten ›Neue Bücher, die FR-Leser interessieren könnten‹, den die Feuilletonredaktion der ›Frankfurter Rundschau‹ seit Jahr und Tag auf der Bücherseite ihrer Samstag-Wochenendbeilage abdruckt. Den Kasten vom 11.9.82, auf den sich Bernstein/Eilerts Text vornehmlich bezieht, geben wir hier, nebenstehend, gleichfalls wieder.
Im übrigen ist das Ganze ein Beispiel dafür, daß selbst entlarvendste und erlauchteste Satire im Regelfall nichts nützt: Die närrische FR-Buchkastenkolumne steht auch weiterhin wie eine Eins.

Neu auf dem Drogenmarkt

Vorspiel vor dem ganzen Theater. Zwei Menschen gehen aufeinander zu. Das sieht man gern – doch dann passiert es.

»Tsotsi…«
»Gesundheit!«
»Dankeschön. Aber ich meine das Buch *Tsotsi.*«
»Tsotsi? Warten Sie mal – ja…«
»Was wissen Sie darüber?«
»Alles.«
»Was alles?«
»Roman aus einem Negergetto in Südafrika.«
»Sehr gut.«
»Das muß einen doch interessieren, gerade heute.«
»Sie sagen es.«

*

Neue Bücher, die FR-Leser interessieren könnten

Aus den neuen Prospekten der Buchverlage haben wir eine Reihe von Büchern ausgewählt, die FR-Leser besonders interessieren könnten. Die Titel sind teilweise erst in einiger Zeit in den Buchhandlungen zu haben. Eine Rezension behalten wir uns vor.   *Red.*

Athol Fugard: Tsotsi, Roman aus einem Negergetto in Südafrika. Aus dem Englischen. 34 DM. Klett-Cotta.

Margit Irgang: Unheimlich nette Leute. Roman von den Zwängen alternativen Lebens, auf die sich eine Dreißigjährige einläßt und aus denen sie entflieht. 24,80 DM. Benziger.

Hedi Wyss: Flügel im Kopf. Roman von den Hoffnungen der Frauen auf Veränderung. Ca. 26,80 DM. Benziger.

Laure Wyss: Das rote Haus. Roman von der Erforschung der Innenwelt einer Frau. Ca. 28,80 DM. Huber.

Christel Dorpat: Welche Frau wird geliebt so wie du. Eine Ehegeschichte aus dem Nachkriegs-Deutschland. Ca. 9 DM. Rotbuch.

Astrid Schmeda: Wenn die Schluchten weichen. Roman von der Entwicklung von fünf Feministinnen. 24.80 DM. Buntbuch.

Erdal Öz: Du bist verwundet. Roman eines Menschen, der gefoltert wird. Aus dem Türkischen. 19,80 DM. Buntbuch.

Emil Zopfi: Suche nach dem Andern. Roman eines hochqualifizierten Technikers, der vor der Rationalisierung flieht. Ca. 24,80 DM. Benziger.

Georges-Arthur Goldschmidt: Der Spiegeltag. Roman von einem nach Frankreich geretteten jungen jüdischen Deutschen, der nicht zum Franzosen wird. Aus dem Französischen. Ca. 24 DM. Suhrkamp.

Edwin A. Abbott: Flächenland. Ein mehrdimensionaler Roman von einem alten Quadrat. Aus dem Englischen. Ca. 28 DM. Klett-Cotta.

Statistisches Jahrbuch für die Bundesrepublik Deutschland. 88 DM. Kohlhammer.

(Wird fortgesetzt)

Und es hört sich so harmlos an: Das muß einen doch interessieren, gerade heute. Allenfalls rege Anteilnahme am Zeitgeschehen – was ist denn schon dabei? Das kann ich Ihnen genau sagen: Kokain ist nichts dagegen. Die letzte Modedroge heißt: Interesse. Und das ist wirklich hart.

Den Stoff, aus dem sich Interessierer ihre Träume drehen, gibt es an jedem Kiosk. Und der Stoff ist billig. Was kostet schon die Samstagausgabe der »Frankfurter Rundschau«? Eine Mark und vierzig. DM 1,40 für ein Blatt, das sich auch im Jahre 1982 geradlinig weiter zum Zentralorgan hoch interessierter Kreise entwickelt hat. Woche für Woche bietet es kästchenweise »Bücher, die FR-Leser interessieren könnten«.

Eine beispielhaft schwere Dröhnung gab es am 11. September 1982.

Kopf hoch und durch!

Die elf Bücher Mosis waren angezeigt, enthaltend alle interessanten Relevanzen – von inneren und äußeren Schwierigkeiten über mittelschwere und schwerste Probleme bis hin zu Katastrophen der unheimlichsten Art.

Zum Preis von insgesamt DM 244,80. Wenn man die 88 Mark für das »*Statistische Jahrbuch für die Bundesrepublik Deutschland*« noch nicht dazurechnet. Rechnet man es jedoch hinzu, dann macht das DM 332,80.

Dafür gäb's auch schon ein hübsches Häufchen Koks. Aber der Interessierte kauft keinen Koks. Er kauft auch keine Bücher. Der Gewohnheitsinteressierer liest nämlich gar nicht. Anhand von Fallstudien mehrerer Eingeflippter will ich nun zeigen, wie das geht. Und wie weit das geht.

(ein besonders abschreckendes Beispiel)

»Gestatten Sie eine Frage?«
»Bitteschön.«
»Dankeschön. Könnten Sie sich für einen Roman interessieren…«
»Roman? Roman? O Mann…«
»Ganz ruhig bleiben! Für einen Roman…«
»Was für einen? Was für einen?«
»O Gott! Für einen *Roman von den Zwängen* …«
»Zwängen! O!«

»*Von den Zwängen alternativen Lebens…*«
»alternativen Lebens – ich werd' nicht mehr!«
»… *alternativen Lebens, auf die sich eine Dreißigjährige…*«
»eine Dreißigjährige – keuch!«
»…*einläßt und aus denen sie entflieht!*«
»Uffffffff! Starker Stoff! Ahhhhh!«
»Kennen Sie den Roman? Er heißt ›*Unheimlich nette Leute*‹ von Margit Irgang. Was sagen Sie dazu?«
»Whow! das'n unheimlicher Roman von den unheimlichen Zawängen alternativen Lebens, auf die sich eine unheimliche Dreißigjährige total einläßt un' aus denen sie – zawappdiwutsch – echt flieht – stimmt's?«
»Korrekt.«
»Das interessiert mich, und wie mich das interessiert. Zwänge, Mann! Alternative Dreißigjährige… Hechel, Hechel!«

*

Das Interessieren – eine böse Sucht.
Die von Interesse Befallenen verhalten sich ausgesprochen merkwürdig. Früher gab es wohl welche, die zogen, war ihr Interesse erwacht, zu mehreren in die sog. Realität und trafen dort auf grüne Männer mit weißen Schutzhelmen, Gummistöcken und durchsichtigen Schilden; die bewachten die Eingänge zum Erdinneren und die Startbahnen in die Luft.
Der Trend aber geht eindeutig zum Trocken-Interessierer, der sich seinen Stoff von konzentriertem Problemgehalt mit Literatur versetzt, per Lektüre reinzieht. Auf Lesestärke verdünnt, in dicken Büchern, ist er vergleichsweise unschädlich, fast pur jedoch, in Inhaltsangaben von zwei oder drei Zeilen Länge, wird er zu einer Ballung von lawinenartiger Wirkung. Alt und Reich. Jung und Dumm fallen ihr zum Opfer – nein, die Reichen vielleicht weniger. Die koksen ja.
Aber die anderen…

(eine andere kommt)

»Könnten Sie sich für Erdal Öz interessieren?«
»Aber immer.«

»Auch für sein Buch: *Du bist verwundet*?«
»Klar! Issn das?«
»*Der Roman eines Menschen*...«
»Aber ja!«
»...*der gefoltert wird.*«
»Selbstverständlich!«
»Danke, das genügt.«

Das genügt tatsächlich. Schon gibt es kein Entrinnen mehr:
Der Interessierer ist bereits bereit, sich für die unbegreiflich-
sten Probleme interessieren zu lassen.
»Guten Tag! Interessieren Sie sich?«
»Ja, gerne.«
»Auch für das ›Flächenland‹ von Edwin A. Abbott?«
»Warum nicht? Das ist doch ein Roman, der einen FR-Leser
interessieren könnte?«
»Nun ja – das ist *ein mehrdimensionaler Roman von einem
alten Quadrat.*«
»Und dafür soll ich mich interessieren?«
»Ein bißchen, wenn's recht ist.«
»Hmmm... interessant... interessant...«
»Wie meinen?«
(der Leser verdummt vor Interesse...)

*

Ein neues Opfer. Männlich. Weiß. Und noch so jung. Doch
Alter, Farbe und Geschlecht spielen schon längst keine Rolle
mehr. Denn wenn aller Dreck und Schreck dieser unserer Zeit
den Schriftsteller durchlaufen hat – was haben die Leut' für
ein kurzes Gedärm! – zum Druck und Schmuck befördert
und in aller Öffentlichkeit von gehaltvollen Organen den
haltlos Interessierten angeboten wird, die sich das geduldige
Papier, mit aktueller Problemade beschmiert, voll Gier ins
Hirn drücken – dann gute Nacht!
Nun sage keiner: kann mir doch nicht passieren! Die Dealer
haben es auf Dich, Gelegenheitsinteressierer, abgesehen.
Kaum ist Dein Interesse geweckt, schon wirst Du schonungs-
los aufgeklärt, informiert, animiert, angeschmiert. Du flippst
ein – sie holen Dich raus. Sie bringen Dich ab vom Weg zu

Dir, zu mir, zum Bier… Drück Dich, noch ist's Zeit – zu spät.

»Kennen Sie von Hedi Wyss *Flügel im Kopf, Roman von den Hoffnungen der Frauen auf Veränderung*?«
»Find ich unheimlich interessant!«
»Was?«
»Nun – halt die Flügel, den Kopf, die Hoffnungen, die Veränderung, das alles. Das interessiert mich!«
»Aha! Und wie ist es mit *Das rote Haus*?«
»O! Ist das ein *Roman*…«
»Ja!«
»…*ein Roman von der Erforschung*…«
»Jawoll! Genau!«
»…*ein Roman von der Erforschung von Bielefeld*?«
»Leider nein! Noch mal! Gerade Sie als Interessiererin sollten draufkommen!«
»*Roman von der Erforschung der*…«
»Ja! Ja! der… der…«
»Ha! Ich hab's! *der Innenwelt einer* Dings, *einer Frau! Roman von der Erforschung der Innenwelt einer Frau!*«
»So ist es! Sie wissen es noch!«
»Und ich interessier' mich auch dafür! Seit mehr als drei Monaten! Bielefeld – wie konnt' ich nur auf Bielefeld kommen, ich Dummerle…«
Und schon steht sie da mit ihrem Problem. Ganz allein. Gerade Menschen, die Probleme suchen, sind immer in Gefahr. Gerade dann, wenn sie in Rudeln auftreten, und sich besonders sicher fühlen. Das kommt dem Dealer eben recht.

(ein Rudel Problemsucher tritt auf und kommt dem Dealer eben recht)

»Halt! Ihr da! Interessiert Euch! Wer kennt *den Roman eines hochqualifizierten Technikers*…«
»Ich! Die rote Maus!«
»Unfug!«
»Ich weiß: Geflügel im Klopf?«
»Klopf?«
»Äh-Fügel im Topf… oder… ech!…«

»Nein! *Roman eines hochqualifizierten Technikers, der vor der Rationalisierung flieht.* Heißt wie?«
»Der verflixte Mikro-Chip!«
»Das finden Sie wohl interessant, wie?!«
»Mikro-Chip, heavy Duty! Bitteschön... hi, hi, hi!«
»Ihnen wird das Problematisieren schon noch vergehen! Ich rede von ›*Die Suche nach dem Anderen*‹ von Emil Zöpfli! Verstanden?«
»Jawoll!«
»Interessieren!«
(Er zieht interessierend weiter.)

*

Und er wird neue Opfer finden. Es sei denn – es sei denn, er trifft auf einen Desinteressierten der alten Schule. Die sind zwar selten geworden – doch im Innern des Landes, da hokken sie noch.

»Und was könnte Sie interessieren?«
(Völlig interesselos sitzt einer da.)
»Mich interessieren? Haben Sie was? Hmjmjm...«
»Aber ja doch, gleich doch!... bschscht! Ganz ruhig bleiben! Hier: ›*Flächenland*‹«
»Ganz interessant!«
»*Roman*...«
»Hch-Ch-Hch... Roman Roman Roman...«
»Ruhig! Bschschscht! Roman von...«»Ruhig! Bschschscht! *Roman von*...«
»Hch! Romanvon Romanvondererforschungderinnenweltenvonfünfundzwanzighochqualifiziertentechnikerinnendie...«
»Halt! Bscht! Stop!«
»Hchlchl... dieineinemfrauengettoverändertwerdenund... und... und...chlchlchl...chl...«
»Nein! Nix da! Aus! Aus sag ich!«
»Ffffff! Wieder nix. Arschloch!«
(Er geht uninteressiert ab.)
Der Glückliche. Was hat ihn bewahrt? Was schützt ihn? Dummheit? Dreistigkeit? Denk- oder Sprachfehler? Legas-

thenie? Der Liebe Macht? Das Fernsehen? Alles zusammen?
Ja, es gibt Gegengifte. Nicht immer freilich hat man eines bei
sich. Und selbst wenn: der Dealer hat immer noch ein Argu-
ment.
(Ein Dealer, legt seine entsicherte Problematik auf Dich
an.)

»*Welche Frau wird so geliebt wie Du?*«
»Hach! Schieß los! A…«
»*Welche Frau wird so geliebt wie Du!* Los, interessieren! Und
mach kein' Quatsch!«
»Welche Frau…? interessant! *Ist das der Roman von der
Entwicklung von fünf Feministinnen?*«
»Fast.«
»Hm! *Der Roman von den Veränderungen der Zwänge der
Innenwelten einer…*«
»Nein. Nicht ganz! Wir meinen natürlich *eine Ehegeschichte
aus dem Nachkriegsdeutschland.*«
»O! Natürlich! Interessiert mich! Und wie!«
»Das möcht' ich doch schwer hoffen!«

Zumeist jedoch hat es der Dealer gar nicht nötig, zu solchen
Mitteln zu greifen. Die Bereitschaft, Interesse zumindest zu
heucheln, ist in der BRD im Jahre 1982 schon wieder um
150 % gestiegen.
Eine erschreckende Zahl, die ich mir da gerade ausgedacht
habe.
Doch soviel steht schon mal fest:

(einige interessieren sich jetzt schon im Gehen. Wie die
Tiere!)

»He! Ihr da! Warum interessiert Ihr euch nicht mal für das
*Statistische Jahrbuch für die Bundesrepublik Deutsch-
land*?«
»Wofür? Was? Was hat er? Negergetto?«
»*Statistisches Jahrbuch!*«
»Nö. Kein Interesse!«
»Aber hört mal: was interessiert Euch nicht alles: Die Zwänge
vom alternativen Dings, die Entwicklung von Fünf, der

Mensch, der Dings, der hochqualifizierte junge Dings, der nicht zum Dings wird. Wohl Euch – die Zeit ist aus den Fugen! Ihr solltet nicht so rasch aufgeben – als alte Interessierer schafft man doch so ein Jahrbuch mit links... Also! Interesse zeigen! Ja?«

»Hier! Ich... ich könnt' mich unheimlich für das *Statistische Jahrbuch für die Bundesrepublik Deutschland* interessieren.«

»Danke! Warum nicht gleich!« (zu mir gewendet)

»Sind wir durch? Gottseidank!«

*

Halt! Noch nicht ganz, Moment! Das allerdümmste Beispiel kommt ja noch.

(In einem öffentlichen Garten)

»Interessenten für ›*Der Spiegeltag*‹ hierher!«

(Mehrere FR-Leser, denen es schon vor gar nix mehr graust, kommen und interessieren sich mächtig für *den Roman von einem nach Frankreich geretteten jüdischen Deutschen, der nicht zum Franzosen wird*.)

(Es wird düster.)

Und das zu Recht. Suchtinteressierer schrecken aber auch vor gar nichts mehr zurück. Ist ihnen noch zu helfen? Und wenn ja – von wem?

Sie selbst schaffen es nicht. Die Freiwillige Interessierer-Selbsthilfe war nicht bloß kein Erfolg – nein, sie potenzierte noch das Problem: Allzu rasch bildeten sich aus kleinen Zellen größere Zirkel, Debattier-Clubs, Wochenend-Seminare, Volkshochschulen, Universitäten, Parlamente...

Was nun?

Ich frage Frau Erna W. aus M.

»Frau M., Sie interessieren sich für Probleme, gelt?«

»O, Probleme! Ja, ich sag immer: wir dürfen kein Problem übersehen. Ich find' die großen Probleme wichtig, wissen Sie. Da les' ich gerne darüber. Probleme, die eine – wie soll ich sagen – gesellschaftliche Bedeutung haben. Doch. Dafür interessier' ich mich.«

»Sagen Sie uns doch ein Beispiel, Frau W.«
»Ja – zum Beispiel: Ich interessiere mich – Du interessierst Dich; das ist ein Roman von den Zwängen der Mensch-Problem-Beziehung. Das find' ich ja so unheimlich wichtig.«
»Dankeschön, Frau W. aus M.«

Sie weiß also auch keinen Rat. Wer dann?
Herr Dr. M. aus W. ist meine letzte Hoffnung.
Und so sieht er auch aus.

»Herr Doktor – Sie sind Fernsehwissenschaftler und äußern sich zu jedem Scheiß. Sind die Interessierten heilbar und wie kommt es überhaupt dazu, ich meine, die Bücher, das Interesse heute…«
»…Ömnöm… – das Interessieren… ömnöm… fängt meist schon früh an, und wenn die Betroffenen immer größere Probleme brauchen, dann… ömnöm… ist das schon sehr problematisch. Schweißausbrüche, Klugscheißerei und Haarwuchs auf den Handflächen treten auf. Eine – ahem! Entinteressierung ist kaum mehr möglich… Ömnöm… Was getan werden kann von seiten der… ömnöm verantwortlichen Stellen: Ersatzstoffe anbieten. Die Einrichtung von öffentlichen Interessiersalongs soll erprobt werden. Bewährt hat sich in großem Rahmen schon die Verabreichung von Problemverschnitt in Romanform. Wir müssen die Leut' doch von der Straße… ömnöm… kriegen, das ist doch das Problem, aber…«

                                    *

Aber wie ist es zu lösen? Wie?
Er weiß es nicht. Ich weiß es schon gar nicht.
Wissen Sie es?
Oder interessieren Sie sich dafür etwa nicht?

Doch, Fritz, aber ich weiß es auch nicht. Aber eins ahne ich: Dein Text hat vier Sterne verdient.

Express

Immer wenn mir der Willy Brandt übern Weg läuft, muß ich daran denken, daß die Liebe ein seltsames Spiel ist – nicht nur, daß sie vom einen zum andern geht, bei jenem aber ausharrt bis in die Kalkzeit, sondern auch daß sie uns zwar alles nimmt, aber andererseits viel zuviel gibt und mitunter mehr, als auf eine Kuhhaut geht:

Wir wollen das Engagement der Umweltschutzbewegung voll anerkennen und als Wasser auf die Mühlen einer vernünftigen Politik leiten. Aber mit Verlaub: So ganz unrecht hatte Karl Marx nicht, als er die Geschichte als eine Geschichte der sozialen Auseinandersetzungen analysierte.

Sie sind, mit Verlaub, Herr Parteipräsident, doch ein rechter Schlingel! Aber so ganz unrecht haben auch Sie nicht: Die Geschichte aller bisherigen Sozialdemokratie ist die Geschichte der vollen Anerkennung der marxistischen Analyse von der Geschichte aller bisherigen Gesellschaft als einer Geschichte von Klassenkämpfen – unter vernünftiger Streichung von Klassen und Kämpfen, so daß alle bisherige Geschichte eine Geschichte wird, wo es manchmal ziemlich hoch herging.

*

Aus einem »Stern«-Interview mit André Glucksmann:
Rabelais hat vor 450 Jahren gesagt, der Appetit kommt beim Essen.
Aus einem »Zeit«-Interview mit André Glucksmann:
Richelieu hat gesagt: »Der Appetit kommt beim Essen«.
Aus einem Glucksmann-Interview mit der »Zeit«:
Der »Stern« hat gesagt, Rabelais kommt zum Essen.
Aus einem Rabelais-Interview mit dem »Stern«:
Richelieu hat gesagt, gebt mir 450 Jahre Zeit.
So originell können französische Philosophen sein.

*

Die spätbürgerliche Liebe zur Heimat, zu den Sitten und Gebräuchen der Eingeborenen, birgt leider die Gefahr, daß unter dem Bambusröckchen des tanzenden Gastnegers die Unterhose der Redaktionsmarke »Schiesser men fit« hervorblitzt:

» Mer make jet mit – Wir machen jetzt mit«
übersetzte die »Frankfurter Rundschau« das Motto des Düsseldorfer Karnevals. Aus dem Seufzer der Entnervten (»Wir machen vielleicht was mit!«) wurde der heimatschützende Appell: Rettet die Hel-Au!

*

Nur damit nachher keiner kommt und klagt, das hätte man ihm doch gleich sagen können, soll hier das neue Programm der SPD vorgestellt werden, und zwar in den Worten des Vorsitzenden der Programmkommission, Erhard Eppler:
Ziel der Diskussion sei eine » Verständigung der Partei über sich selbst und über ihren Bewußtseinswandel«. Erhard Eppler will ein »linkes, modernes, aber integrationsfähiges Programm, das die Richtungen angibt und konkret Pfähle einschlägt«:
Ich weiß, was er will: eine maschinenlesbare Bergpredigt.

*

Früher war alles besser:
Darmstädter Geist wehte im Saal. Ruhmvolle Männer der Feder saßen, meist bedeutungsvoll schweigend, auf dem Podium... Poeten saßen im Präsidium, nicht gerade stramm, eher individualistisch. Geist der Freundschaft beherrschte die Szene. Es waren wirkliche hommes de lettres. Schwer zu sagen, was das auf Deutsch genau meint: Leute, die nur der Kraft ihrer Feder vertrauen, würde ich meinen. Nur die Poesie war ihre Waffe, nur ihr Kunstwerk zählte. Davon ging für mich Faszination aus.
So schreibt ein Horst Krüger »über den Niedergang des deutschen PEN-Clubs«. Denn anstatt froh zu sein, daß von einem Mitglied nicht mehr verlangt wird, Deutsch schreiben zu können (und nicht: ich würde meinen oder was das genau meint oder davon ging für mich Faszination aus), spannt

er seine Feder auf den Kugelkopf der IBM und nörgelt herum:

Heute muß ich bilanzieren: Mein Club ist das nicht mehr. Er ist nicht mehr das geistvoll-witzige Caféhaus der hommes de lettres. Der Geist der Bohème ist verblichen. Die Machtergreifung des Nichtschriftstellers im PEN schreitet voran. Woran erkennt man diesen Nichtschriftsteller?

Eine gute Frage, die Krüger besser nie gestellt hätte. Nun aber hilft ihm nichts mehr – sie wird beantwortet. Einen Nichtschriftsteller erkennt man daran, daß er Sphären nicht auseinanderhalten kann und etwa »stramm« gegen »eher individualistisch« setzt; daß er schreibt: »Die Vorgänge liegen« und sogar: »Die Vorgänge liegen verzwickter«; daß er weiße Schimmel (»auf eine Faustformel gebracht, könnte man vereinfachend sagen«) aufs Manuskript äpfeln läßt; daß er sich nicht am nächsten Fensterkreuz aufhängt, statt sowas in Satz zu geben:

Wenn ich ehrlich bin: Mein Gefühl der Fremdheit jetzt setzt sich aus lauter solchen personalpolitischen Veränderungen zusammen. Sie sind nämlich nicht zufällig; sie sind in Wirklichkeit lauter Figuren im Schachspiel der Zeit,

in der ehrlich ist, wessen Gefühl sich aus personalpolitischen Veränderungen zusammensetzt, jetzt, die wiederum lauter Figuren sind in einem Klischee, wirklich. Einen Nichtschriftsteller erkennt man aber auch daran, daß er »dank seiner streng ideologischen Finanzgebaren« nur noch Deutsche, aber kein Singularetantum kennt und die Bilder durcheinanderschmeißt wie Theo und Rüben, »denn natürlich hat der allmähliche Klimawechsel hier seine Wurzeln«. Und ganz besonders gut erkennt man einen Nichtschriftsteller daran, daß er nicht weiß, wohin mit sich in seinem Text:

Lauter kleine Steinchen, die mir das Bild meiner Entfremdung zusammensetzen… Ganz andere Stimmen drangen da zu mir. Es gab Zustimmung auf meiner Seite,

womit er nicht sagen will, er habe zugestimmt, sondern, es sei ihm zugestimmt worden – davon ging *für ihn* die Faszination aus. Aber kommt es darauf noch an bei einem homme de lettres, der den Satz fertigbringt:

Was machen die da mit uns, uns vereinnahmend?

Ich wüßte was: Fensterputzer, homme de Leiter – doch da

stock ich schon: Auch das will gelernt sein, und H. Krüger schreibt ausdrücklich:

Der Verbandsfunktionär ist ungemein tüchtig, er ist fleißig und arbeitsam, wie ein professioneller Schriftsteller es nie wäre.

Wir kennen doch das Völkchen, die Brüder Liederlich, Shakespeare, Goethe, Joyce, Brecht, Kafka, Schmidt: arbeitsscheu und schläfrig, professionelle Bohemiens, in geistvoll-witzigen Caféhäusern verwickelt liegende Vorgänge vereinfacht auf Faustformeln bringend und der Absinthax verfallend, während der spießige Verbandsfunktionär in seinem sprichwörtlichen Übereifer immer mit der Grammatik unterm Arm Kommaregeln repetiert und niemals ein homme de lettres von wehendem Geist (Darmstädter incognito, ohne Gefolge) wie der H. Krüger wird.

*

Der schleswig-holsteinische Bundestagsabgeordnete der Grünen, Walter Sauermilch, muß in den Pürierstab gekommen sein:

Und die Küchen sollten nicht aussehen wie Labors, eher wie eine Kreuzung zwischen Almhütte und Werkstatt.

Aber hat er sich das auch gründlich überlegt? Werkstatt? Ist das nicht zu technisch? Stört der Schlagbohrer der Köchin den Putzmann nicht beim Jodeln?

*

Die westberliner »Tageszeitung« wendet ihren alternativen Journalismus montags auch an die Berichterstattung von Fußballspielen wie dem zwischen dem VfB Stuttgart und dem Karlsruher SC:

Und wenn in der Ländles-Metropole noch zwei Landsmann-schaften (Württembergisches Derby) gegeneinander antreten, dann west das Volksvermögen wie die Hasen aufm Wasn: Prügeleien zwischen den Fans gehören zum festen Standart-Programm…

Ein Kenner von Land und Leuten, ihren Gebräuchen und Volksliedern, nicht so ein Fachidiot, der nur angeschnittene Flanken kennt und unhaltbare Flachschüsse ins rechte Eck. Daß die Hase uffm Wase allerdings gewest oder gar sich geprügelt haben sollen, anstatt, wie besungen, friedlich zu grasen, ist eine ebenso neue Deutung wie die der badischen Residenz Karlsruhe als einer Stadt Württembergs, paßt jedoch andererseits nicht schlecht zum Standard des Journalismus mit alternativer Standarte:

Der Verein für Ballspiele (VfB) war die stärkere und glücklichere von zwei schwachen Teams.

Die Team ist eine Konzession an die Frauenseite. Was aber sucht hier der Verein für Ballspiele? Soll er einer Floskel, die von Ernst Huberty in tausend Sportschauen gesprochen wurde, zu neuem altheimatsprachlichem Wohlklang verhelfen, Emotionen fürs unabgekürzte vortechnische Zeitalter evozierend, wo Urahne, Großmutter, Mutter und Kind in kleinbäuerlicher WG noch beisammen sind? Dann ist er aber ganz schön reingefallen, der alternative Reporter: Der VfB Stuttgart wurde 1896 als Verein für Bewegungsspiele gegründet, gell.

*

Eine Perle der Zeitkritik, vor mich, die Sau, geworfen:

Ob die Insassen einer Linienmaschine eine Stunde in der stickigen Kabine auf dem Rollfeld ausharren müssen; ob die Passagiere eines Intercity zwanzig Minuten auf dem zugigen Bahnsteig stehen dürfen; ob den »verehrten Hausgästen« eines renommierten Hotels der Service nicht geboten wird, für den sie – auch – bezahlen: »Wir danken für ihr Verständnis« schallt es durchs Bordmikro, aus Lautsprechern, von Klebe-Sprüchen. Die Damen und Herren dieser Dienstleistungsgewerbe fassen uns in die Tasche – und danken grinsend. Dabei verkaufen uns diese Leute ja etwas – Flüge, Pünktlichkeit, Sicherheit, Service. Sie nehmen feste und oft hohe Preise, aber sie liefern die Ware nicht. Und sie entschuldigen sich nicht für eine Panne; sie bitten auch nicht um Verständnis für ein Versehen; sie danken für etwas, was viele überhaupt nicht haben. Auf jedem Markt sind angestossene Äpfel oder alte Blumen billiger. Mit welchem Recht nehmen Fluggesellschaften, Bahn, Hotels den vollen Preis für »angestoßenen« Service? Ich lasse mir jetzt Kärtchen drucken, ganz feine, auf denen steht: »Ich danke für Ihr Verständnis.« Und die lege ich am Flugplatz-Bahn-Hotel-Schalter zu dem Scheck, auf dem die Hälfte der verlangten Summe eingetragen ist. F. J. R.

Ist das nicht ganz im Geist jenes Tucholsky, den dieser

Feuilletonist reisend vertritt? Wie hier am alltäglichen Detail die Menschheitsfragen exemplifiziert erscheinen, bissig und doch von einer Heiterkeit, die Tränen an den Waden macht; wie da das Tragische mit seinem Hinterteil, das Nützliche mit dem Praktischen, das Grobe mit dem ganz Feinen, die Spesenabrechnung mit der Weltanschauung zu verknüpfen ihm gelang: allerhand! Man könnte glatt vergessen, welch ein Schmock das geschrieben hat, wenn einen nicht jedes Wort daran erinnerte.

*

Er nun wieder:
Auch hinter Gorbatschows Moratorium sind kräftige Fragezeichen zu setzen. Es stammt aus der Krabbelkiste der Kremlpropaganda.
Ach du kuter Kott! (Dies Oratorium, Theo, stammt aus der Grabbelkiste der Gremlpropaganda.)

*

Und wie zum Beweis, daß er ein toller Hecht ist, der sich vor Untiefen nicht fürchtet, druckt F. Raddatz mitten hinein in seine Buchkritik den Aphorismus eines Ernst Meister:
Gegen das Erleiden des Todes gibt es nur eine Rettung: zu sterben.
Ich kann die Wahrheit dieses Kunstwerks aus eigener Erfahrung bezeugen: Gegen das Jucken in der Nase gibt es auch nur ein Mittel: das Bohren.

*

Es muß etwa die 500. Paraphrase auf die ersten Worte des Kommunistischen Manifests gewesen sein, nach deren Lektüre ich mich entschloß, nie wieder einen Text zu lesen, der mir verraten will, ein Gespenst gehe um in der nordhessischen Knopfleistenindustrie. Ich bin also über die Zeilen
Ein Gespenst geht um im Verband deutscher Schriftsteller,
mit denen das Vorstandsmitglied E. Loest eine seiner gewiß bahnbrechenden Anklagen begann, nicht hinausgekommen, ohne darum nicht, wie die Dunkelmänner diesmal heißen. Aber was ich schon ahnte, weiß ich nun gewiß: Im Anfang der Schriftstellerei war das Wort. Und das ist zu Schiff nach Frankreich.

Welcher »brillante Lyriker und Essayist« hebt im »Stern« also an?
Ein Gespenst geht um in der deutschen, auch in der europäischen Literatur: Es heißt:
Günter Kunert.

*

Ein deutsches Manneswort von R. Held in der »FAZ«, die hinten vor Antisemiten warnt:
Mehr als in jedem anderen Land wird in der Bundesrepublik der Blick auf die notwendige Verteidigung verstellt von einer Prüderie im Umgang mit Militärischem, die zum Teil aus schlechtem historischen Gewissen, zum Teil aus einem beschädigten Nationalcharakter stammt. Die Deutschen sind das gebrannte Kind des Kontinents.
Wie ist das passiert? Vielleicht haben sie beim Anzünden der Gasöfen nicht aufgepaßt.

*

Eine Schlagzeile der »Bild«-Zeitung:
Kohl in Gedanken – fast überfahren
Das wird dem Kanzler eine Lehre sein.

Ich denke gar nicht daran

Dies ist der jüngste und aktuellste aller im Buch vertretenen Texte. Er stammt aus der ZDF-Sendung ›Journalisten fragen – Politiker antworten‹ vom 13.2. 1986. ›Zeit‹-Chefredakteur Theo Sommer sprach Bundeskanzler H. Kohl im Verlauf der Diskussion auch auf die Strafanzeige des Grünen-Abgeordneten Otto Schily wegen uneidlicher Falschaussage an:

SOMMER Manche Prominente unter Ihren Parteifreunden fragen sich besorgt, wie lange Sie noch Bundeskanzler sind, und sie fragen dieses im Zusammenhang mit der Anzeige, die der Bundestagsabgeordnete Schily in Sachen Parteispendenaffäre gegen Sie erstattet hat. Wenn die Staatsanwaltschaft das Ermittlungsverfahren einleitet oder aber wenn die Erhebung der Anklage zugelassen würde, würden Sie dann zurücktreten? Ich erinnere an den Grafen Lambsdorff.

KOHL Also, zunächst einmal sind doch die Sachverhalte und die Vorwürfe, die erhoben werden, sehr unterschiedlich. Zum zweiten: Sie wissen doch so gut wie ich, daß es hier um die Eröffnung einer wirklich beispielhaften Schlammschlacht für das Jahr 1986 geht. Sie wissen dies so gut wie ich aus all den Veröffentlichungen, und daß ein Großteil der Zielsetzung dieser ganzen Kampagne genau darin mündet, eine Diskussion zu entfesseln: Muß der, wenn ein solcher Vorwurf erhoben wird, jetzt zurücktreten? Warten Sie doch ab, bis die Behörden das in aller Ruhe geprüft haben. Warum soll ich mich über einen Vorgang auseinandersetzen, der mir durch eine Publikation in einem Magazin bekanntgeworden ist? Jetzt lassen Sie mir doch überhaupt mal die Chance, dazu Stellung zu nehmen.

SOMMER Ich bitte Sie gerade, Stellung zu nehmen.

KOHL Ich werde in der deutschen Öffentlichkeit vor einem

Millionenpublikum nach einem Vorgang gefragt, in dem einer einen Vorwurf erhebt, das den Behörden abgibt, und ich habe bis zu dieser Stunde überhaupt noch gar keine Gelegenheit gehabt, mich dazu zu äußern. Ich weiß gar nicht, was da im einzelnen wirklich belegbar gesagt wird. Ich kenne das nur, was ich höre, aus Zeitungsberichten.

Wir haben vorhin von politischer Kultur und von der Entwicklung im Zusammenhang mit den Datenbeauftragten gesprochen und ihren Sorgen. Ist es nicht einmal eine berechtigte Frage, daß ein Mann, der unbescholten ist, der versucht, seine Pflicht zu tun, in einer solchen Sendung vor die Frage gestellt wird, und er hat selbst bis zur Stunde überhaupt noch gar keine Gelegenheit gehabt, die Vorwürfe kennenzulernen?

SOMMER Ich mache mir ja doch nicht die Motive von Herrn Schily zu eigen, sondern ich frage, ich lese auch etwas über Diskrepanzen in Ihren Aussagen nach. Ich habe volles Vertrauen in unsere Justiz.

KOHL Das würde ich auch bitten.

SOMMER Meine Frage war eine hypothetische Frage – würden Sie, wenn ein Ermittlungsverfahren eingeleitet würde oder wenn Anklageerhebung zugelassen würde, würden Sie dann sagen, ein Kanzler, gegen den eine Anklage läuft, der kann nicht im Amt bleiben.

KOHL Aber das ist doch genau das, was ich gesagt habe. Sie setzen eine Hypothese in den Raum, und die Hypothese ist weder bewiesen noch wird darüber geredet. Und ich soll jetzt zu einer Hypothese hier antworten – ich denke gar nicht daran –, die doch gar nicht hier ausdiskutiert werden kann. Wenn wir über die Sache reden, müssen wir für den Rest der Sendung eingehend darüber reden. Aber an einem Vorwurf, der in einem Magazin festgelegt wird in der Öffentlichkeit, und wo ich die Texte der Behörde noch überhaupt nicht zur Stunde kenne, soll ich mich äußern. Das ist doch ein Verfahren, das ist völlig abwegig. Ich denke gar nicht daran.

Ouuuuaah, ja komm!

Horst Tomayers ›Deutsche Gespräche‹, erstveröffentlicht allesamt in ›konkret‹ und 1984 zu einem Buch gebündelt (Konkret Literatur Verlag), wurden wenig getadelt und viel gelobt. Meines Erachtens zu Recht, obschon sicherlich nicht alle Einspielergebnisse gleich funken und funkeln und obschon das journalistische Prinzip fraglos seine Tücken hat: Zum Beispiel ist der Rechthaber ja a priori immer der rollenverkleidete Anrufer-Journalist – der Geprellte fast allemal jener Reaktionär und Dummkopf, den Tomayer anzuläuten pflegt und den's nun erwischt; obwohl er möglicherweise nur aus Gefälligkeit auf Tomayers seinerseits reaktionären Rollenunfug eingeht.

Aber die Regel ist das natürlich nicht. Und wie anders wäre heute noch ein Quentchen Wahrheit über den Weltzustand ans Licht der Aufklärung zu zerren?

Das hier abgedruckte Gespräch ist in der Buchausgabe der ›Deutschen Gespräche‹ noch nicht enthalten und stand in ›konkret‹ 5 / 85. Fast gleichzeitig wurde in der Null-Nummer der Zeitschrift ›Fritz‹ ein Tomayersches Deutsches Gespräch abgedruckt, in dem der Musikproduzent Ralph Siegel Tomayer alias »Dr. Hit« mitteilt: für Geld mache er alles.

Es fiel schwer, sich hinsichtlich des Lesebuchs zwischen diesen beiden journalistisch gleichermaßen brillanten Leistungen zu entscheiden. Nachdem Siegels Auskunft aber letzten Endes erwartbar war, traf die Wahl endlich doch das futuristische Telefonat, das in ›konkret‹ auch noch diesen Vorspann hat: »Wetten, daß es in ein paar Jahren private Pornokabel gibt, über die moderne Prostitution Befriedigung verschafft? Bis dahin muß vorlieb genommen werden mit dem Telefonat. Horst Tomayer war auf Draht.«

Telefon-Service

Neu Telefonpartnerin Neu
(0711) 4570590 + 4570452 od. (07163) 7299
NEU: Telefongesprächspartnerin (04161) 3524
Telefongesprächspartnerin (07043) 6832

Hallooh – Die Nummer 07 11 ...

Jaah

Gn Tag

Taaag

Ich ruf aus Hamburg an

Ja, in welcher Zeitung hast du unser Inserat gelesen?

In der »Hamburger Morgenpost«

Ja, ich mach Telefon-Sex, wir stellen uns bei einem Gespräch eine geile Situation vor, reden darüber und onanieren bis zum Orgasmus, das kostet siebzig Mark, die zahlst du dann im Nachhinein auf unser Postfach, und wenn du ein Gespräch möchtest, brauch ich Rufnummer und Adresse von dir, ich ruf dich dann zurück.

Soll ich dir das jetzt geben? Die Nummer?

Wenn du möchtest?

Ja, 040 ...

Moment

Ja

Also – null vier null

45

45

33

33

12

12 und wie heißt du?

Ich heiße Horst

Horst. Und weiter?

Tomayer. Bist du die Lola?

Ja.

Guten Tag Lola

(lacht) Woher weißt du das? Hast du mich an der Stimme erkannt? Du, ich brauch noch deine Adresse.

Beim Schlump

Beim Schlumpf, wie der Schlumpf?

Nein, ohne f, 24

Hamburg 24

Nee, beim Schlump 24, und das ist Hamburg 13

Hamburg 13. Gut. Läuft das Telefon auf deinen Namen?

Ja.

Ich überprüf und ruf dich dann zurück, ja?

Danke.

…

(Lola ruft zurück. Sie hat damit den Anrufer identifiziert. Sie sagt):
Ich sag dir jetzt eine Nummer und die rufst du dann zurück. Null sieben elf,…
(Erneuter Anruf bei Lola auf Kosten des Kunden:)
Halloooh?
Ja, Lola?
Jaaah. Du wir besprechen jetzt erst mal das Geschäftliche, ja? So'n Gespräch wird bei uns unter Wahrung der Diskretion auf Band aufgezeichnet, dann wird gelöscht, und die Adresse vernichtet, sobald das Geld da ist, du schickst es an folgende Adresse: P wie Paula und dann ein Punkt und dann Siebeck, S-i-e-b-e-c-k – Hauptpostamt 73, 7300 Esslingen und zwar postlagernd und per Einschreiben, ja, wenn das Geld nicht rechtzeitig da ist, müssen wir mahnen, und übergeben dann die Adresse unserm Anwalt, jetzt mußt du noch dafür sorgen, daß du ungestört bist, ja
Postlagernd, Einschreiben, ja, mhmmhm, und siebzig Mark
Ja. Wenn das Gespräch jetzt von deiner Seite aus unterbrochen wird, wenn du einfach auflegst, dann gilt das als geführt, nä.
Ja.
Okay. Hattest du nicht schon mal ein Gespräch mit mir?
Nein.
Noch nicht?
Nein.
Woher kennst du mich dann?
Mich hat jemand aufmerksam gemacht, weißt du, und hat gesagt, daß du die Nummer bist.
Aha. So. Okay. Liest du mir noch einmal die Adresse vor, wo du das Geld hinschickst?
Ja. P Punkt Siebeck, Hauptpostamt 73, 73 Esslingen, Postlagernd, Einschreiben.
Ja. Schön, du. Ich machs mir jetzt mal bequem, ja, das heißt, ich beschreib mich kurz, oder hat dir das dein Freund schon erzählt?
Nein, das hat er nicht gesagt.

Ich bin einssiebzig groß, ich bin etwas dunkelhäutig, hab schwarze lange Haare, ich hab braune Augen, BH-Größe fünf und Konfektionsgröße 38. Was magstn besonders in Bezug auf Sex?

Haach, weiß ich jetzt gar nicht.

Also machs dir auf alle Fälle mal bequem, ja, hast du dirs auch bequem gemacht?

Soll ich mich hinlegen, oder?

Ja, wie du möchtest.

Ja, gut, leg ich mich hin.

Also ich leg mich hin. Ich lieg auf meinem Bett, ich hab über mir zwischen Decke und Wand so einen schrägen Spiegel, im Moment hab ich noch ein schwarzes Negligée an. Schlüpfer, ich zieh jetzt meinen Schlüfper aus, bist du auch schon ausgezogen?

Nein, noch nicht.

Noch nicht.

Soll ichs machen?

Ja.

Moment.

(Raschelraschelraschelraschel) So. Ja. Bin ich auch ausgezogen.

Jaa, schön. Ja ich massier inzwischen schon mal meinen Kitzler, ja, mach die Augen schön zu, stell mir vor, du wärst bei mir, ja, und dann nimmst du jetzt meine Hand weg von der Fotze und beginnst mich zu lecken, magst du das gern?

Ja. Eigentlich schon.

Meinen Kitzler in den Mund nehmen und dran saugen. Dann knie ich mich jetzt so über dich, daß ich deinen Schwanz in den Mund nehmen kann. Ich zieh da mit der Hand die Vorhaut zurück und leck dir die Eichel, mit einer Hand massier ich dir schön deine Eier. Du schiebsch jetzt deinen Schwanz ganz tief in meinen Mund rein, komm rein, ich schleck so gern deinen Schwanz, du schtecksch jetzt deine Zunge ganz tief in meine Fotze rein, ich bin schon ganz feucht, haaach, schöön, haach, jetzt press ich meine Titten zusammen und nehm deinen Schwanz aus meinem Mund, Du schtecksch ihn jetzt zwischen die Titten ja?

Ja

Aaaah, jetzt preßt du deinen Schwanz zwischen meinen Busen, aah, hin und her, aaah
Ja
Jetzt gehst du etwas tiefer, bis zu meinem Bauchnabel, legst meine Beine über deine Schultern und steckst deinen Schwanz in meine Fotze rein, komm
Ja, ja
Oouh, komm ganz tief rein, haach, stoß zu, ouhja, komm, stoß mich
Ja
Spieß mich auf, aaah, und ich kraul dir die Eier dabei
Ja
Oouh, komm, stoß zu, haaach, aaah, ahhaaach, – hast du schon gespritzt?
Nein, noch nicht
Du drehst mich jetzt um
Jawoll
Und ich knie auf allen Vieren vor dir
Wie bitte?
Ich kniee auf allen Vieren vor dir und du beugst den Oberkörper ganz weit vor, du ziehst jetzt mit deinen Händen meine prallen Pobacken nach
Sind die prall?
Jaaaah,
Ja, schön
Und jetzt steckst du deinen Schwanz ganz langsam in mein Arschloch rein, komm
Ja, der ist so dick
Mhhhm, ist das eng – jetzt stoß zu, komm, mhhmähmhng
Ja, wenn ich dir nu nicht weh tu
Aah, s'geht schon, jetzt komm ganz tief, huuuch! Aaah, ist das eng, aah, komm, steck mir gleich den Finger in die Fotze
Ja, das mach ich
Ouuh, jaaa, fick mich von allen Seiten, komm, aachoachoach, ja, komm, spritz mir deine geile Sahne rein
Ja, ich bin noch nicht so weit
Komm, stoß zu, spieß mich auf, komm, aah, komm, jetzt geh wieder raus, ich kraul dir die Eier und steck dir den Finger ein bißchen in den Arsch rein
Ja, schön, aber nicht zu tief

Nein, nur'n bißchen, weißtu
Ja, schön
Nur ein bißchen kitzeln, aah, ja, ich knabber jetzt ganz leicht
mit den Zähnen an deinem Schwanz
Sehr schön
Jetzt saug ich dran
Aah, jetzt saug ich dran, aah komm, ich will alles runter-
schlucken
Ja, entschuldige, ich bin noch nicht so weit
Jaaa, ich saug noch fester, aaah jou, komm, jetzt lecken wir
uns wieder gegenseitig, ja
Wie? Wie?
Na, du legst dich jetzt hin aufn Rücken, ja, und ich setz mich
mit meiner Fotze auf dein Gesicht und dräng mich vor und
jetzt nehm ich deinen Schwanz in den Mund und saug dran
Ja, gut
Jaaaah, und du leckst mir meine Fotze aus, komm
Ja, schön
Aach, komm, steck mir'n Finger in den Arsch, aaah
Den mittleren?
Aaaah ja, den mittleren, aaouaahoouah
Tut's dir gut?
Jaaa, das tut gut
Du, darf ich dich auch mal küssen?
Ja, komm, küß mich. Wo denn?
Auf den Mund vielleicht?
Ja, komm, leg dich ganz dicht zu mir her, jetzt küß mich, ich
laß meine Zunge in deinen Mund kreisen, und jetzt nehm ich
deinen Schwanz und saug daran wie an deiner Zunge, aaa-
haah, jetzt leck ich mit meiner Zunge deine Lippen und jetzt
nehm ich deinen Schwanz und schieb ihn mir tief rein.
Aaahja, du bist ganz tief in mir.
Äh, Lola, hast du noch was an?
Ich hab noch a Negligée an. Soll ichs ausziehen?
Jaa! Zieh's aus! Ziehs am besten aus, ja!
Jaaa, jetzt spür ich deinen nackten Körper auf meinem
Busen.
Aach, schön! Hast du große Brüste?
Mhhm.
Schöön.

Preß dich ran an mich. Aah, schieb deinen Schwanz rein in mich und preß dich ganz dicht an mich, o yeah, komm küß mich, ouhja, gib mir deine Zunge, ich streichle jetzt deine Haare.

Ja, ich hab so lange Haare, so gekräuselte, weißt

Echt?

So ziemlich lange.

Welche Farbe?

So blondbraungrau, ich bin ja nicht mehr der jüngste, Lola, ich bin ja auch schon sechsundvierzig

Sechsundvierzig, aaah

Wie alt bist du, Lola?

I bin siebenundzwanzig

A, das is a schöns Alter, schön, Lola, toll

Ouja, komm, ich dreh mich jetzt wieder auf den Bauch, das gefällt mir am besten, wenn ich auf dem Bauch liege, und Du schiebst jetzt von hinten deinen Schwanz in meine Fotze rein, aah, meine Beine schiebsch ausnander und jetzt – komm!

Aah, i tu ein Kissen unter meinen Bauch

Ah, interessant, dann liegst höher, gell?

Ja, jetzt komm, aah, stoß mir deinen Schwanz rein, ouhja, komm, halt mich an meinem Becken fest

Soll ich unterhaken? Untergreifen?

Jaaa. Streich mir mit deinem Finger vor den Kitzler

Mit der rechten Hand?

Ja, des ist mir egal

Ja, is gut, bin scho da, bin scho da

Ouuaahaa

Schön ist das mit dir, Lola

Hast du schon gespritzt?

Noch nicht, bin aber gleich so weit

So, dann nehm ich jetzt deinen Schwanz nochmal in den Mund, du liegst aufm Bett, aufm Rücken

Moment, ich dreh mich um, aufn Rücken ja?

Ja, ja, du machst deine Beine auseinander und ich leg mich jetzt davor und nehm deinen Schwanz und spiel ein bißchen mit den Fingern, zieh die Vorhaut zurück, und umkreis mit der Zunge deine Eichel, ouhjaa

Ja, das ist schön

Und mit Daumen und Zeigefinger massier ich deinen

Schwanz, und dann nehm ich deine Eichel in den Mund und steck die Zunge in das Loch rein.
Ja, sehr schön
Und dann schieb ich ihn mir ganz tief rein
Sitzest du jetzt auf mir?
Ouhja – nee, ich leck dir deinen Schwanz
Ah so, Entschuldigung
Und jetzt geh ich wieder weg und setz mich auf dich drauf
Also daß du praktisch auf mir drauf sitzest
Auf dir drauf
Ja, schön, dann seh ich ja dein Gesicht über mir
Auch meine Titten
Sind die schön?
Ja, schön
Prall?
Prall, ja
Schön
Ouuuuaah, ja komm, und jetzt steck ich ihn mir rein, ja
Soll ich ihn tief reintun?
Ja, ganz tief. Ouuuah ah ja
Lola, wennst a bißl schreien könntst noch
Ja, du ich reite dich jetzt
Na, schreien, nicht reiten, schreien mein ich
(sehr laut jetzt) Ouhja, ouhjaa jajajaja
Weißt, daß es dir gut geht
Ja, du, es geht mir sehr gut Ouhja, ja, komm ich reite dich jetzt
Du, Lola, ich glaub ich bin gleich soweit
Komm, komm, gibs mir
Ja ja ja ächzouhjajajajajouhaöewukefsnskfggeiztöüe
Uuuuuäääähangdiehaä8uz4ecnüewtrhergfljemd
Uäääähgenoiehjggnehjgjekieng
Jfdiejtfiewhteigdmlismvujmrfc
Aah, das hat gutgetan, war Spitze, du
Du, ich wünsch dir noch'n schönen Abend, machs dir gemüt-
lich, nä
Ja, Dank dir schön, ich schicks gleich los, das Geld
Okay
Danke, Lola, bussi, tschüßi
Tschüß

Ännchen von Tharau

Ännchen von Tharau ist, die mir gefällt;
Sie ist mein Leben, mein Gut und mein Geld.

Ännchen von Tharau hat wieder ihr Herz
Auf mich gerichtet in Lieb' und in Schmerz.

Ännchen von Tharau, mein Reichtum, mein Gut,
Du meine Seele, mein Fleisch und mein Blut!

Käm' alles Wetter gleich auf uns zu schlahn,
Wir sind gesinnt bei einander zu stahn.

Krankheit, Verfolgung, Betrübniß und Pein
Soll unsrer Liebe Verknotigung sein (…)

Ich will dir folgen durch Wälder und Meer,
Durch Eis, durch Eisen, durch feindliches Heer.

Ännchen von Tharau, mein Licht, meine Sonn,
Mein Leben schließt sich um deines herum.

*Warum mir das – hier verkürzt wiedergegebene und ehedem Simon
Dach zugeschriebene – Gedicht so einleuchtet, ist schwer zu sagen.
Weil man seine Vertonung unweigerlich und unlösbar mithört? Weil
im altdeutsch Gemüthaften trotz allem eher verweilen ist als weißgott sonstwo? Weil der Mensch am früh Vernommenen hängt und
ihm gegenüber wehrlos wird? Weil er überhaupt nicht ganz dicht
ist?
Man weiß es nicht.*

RAINER BARZEL

Inländerbehandlung und Meistbegünstigung

Herbert Marcuse hat einst gegen die angebliche Obszönität von Se-
xualität die Obszönität eines Generals in vollem Wichs betont. Eine
Obszönität noch jenseits von dieser gelang dem deutschen Bundes-
tagspräsidenten Rainer Barzel im Oktober 1984 kurz vor seinem
Hingang mit der folgenden Verteidigungsrede vor dem Unter-
suchungsausschuß des deutschen Bundestags in Sachen Flick-
Schmiergelder: Es ist dies für mich einer der schmierigsten und
schamlosesten und insofern signifikantesten Texte der achtziger
Jahre.

I. Der Beweisschluß hat zwei Teile.

a) Zu seinem wesentlichen zweiten Teil erkläre ich: Ich habe
weder mittelbar noch unmittelbar auf die Steuerbefreiung
Einfluß genommen, welche die Bundesregierung Schmidt
nach Paragraph 6 b EinkStG erteilt hat.

b) Zum ersten Teil der Frage des Beweisschlusses erkläre ich:
Ich habe von 1973 bis 1982 in der Praxis Dr. Dr. Albert Paul,
Frankfurt, als wissenschaftlicher Mitarbeiter gearbeitet, dieses dem Deutschen Bundestag angezeigt und meine Ein-
künfte ordnungsgemäß versteuert.
Jedem Mitglied des Deutschen Bundestages ist es unbenom-
men, einen Beruf auszuüben. Wie er das tut, bestimmen die
Verhaltensregeln. Sie sind beachtet worden.
Die Verabredung mit der Kanzlei Paul in Frankfurt vom
9. August 1973 lautet: »Herr Dr. Barzel ist mit Wirkung vom
1. August 1973 als wissenschaftlicher Mitarbeiter für die An-
waltssozietät Prof. Dr. Paul tätig. Er erhält für diese Tätigkeit
ein Entgelt, das jeweils nach dem Umfang der ausgeübten Tätigkeit festgelegt wird. Die Tätigkeit ist im einzelnen zwischen Herrn Dr. Barzel und Herrn Dr. Dr. Albert Paul abzu-
stimmen.«

II. Ich füge diese Aussage ein, weil der Vorgang eine Rolle spielt.

Ich gehöre dem Deutschen Bundestag seit 1957 an. Von 1963 bis 1973 war ich Vorsitzender der CDU/CSU-Bundestagsfraktion, von 1971 bis 1973 Parteivorsitzender der CDU. Ich trat aufgrund politischer Meinungsverschiedenheiten am 9. Mai 1973 von beiden Vorsitzen zurück.

Am 8. Mai 1973 hatte sich die Bundestagsfraktion der CDU/CSU mit knapper Mehrheit gegen den Beitritt der Bundesrepublik Deutschland zu den Vereinten Nationen entschieden. Darauf erklärte ich am 9. Mai 1973 meinen Rücktritt.

Diese Erklärung hat folgenden Wortlaut: »Die Fraktion hat gestern in einer wichtigen und grundsätzlichen Frage, die ich als fundamental für die Richtung unserer künftigen Politik bezeichnet habe, mit knapper Mehrheit gegen meinen Rat entschieden… Demokratie kennt Ämter nur auf Zeit. Ich habe dieses Amt nach besten Kräften geführt. Ich bin nicht bereit, eine Mehrheitsentscheidung, die in einer wichtigen Sache gegen meine engagierte Überzeugung erfolgt, nun als Vorsitzender zu vertreten. Ich habe, wie ich Ihnen gestern sagte, die Konsequenzen überdacht. Hiermit trete ich vom Amt des Fraktionsvorsitzenden der CDU/CSU-Bundestagsfraktion nach gewissenhafter Prüfung des Für und Wider zurück.«

Dieser Vorgang spielte in der Sitzung der CDU/CSU-Bundestagsfraktion am 19. Oktober 1984 eine Rolle. Ich erklärte u. a.: »Am 3. Mai 1973 hat die Fraktion über den UNO-Beitritt zu verhandeln gehabt. Die Fraktion hat mit einer sehr knappen Mehrheit gegen den Rat des Vorsitzenden, des Parteipräsidiums der CDU und der Ministerpräsidenten der CDU-geführten Länder entschieden, diesen Beitritt nicht mitzuvollziehen. Für den nächsten Morgen habe ich eine Sondersitzung der Fraktion einberufen. Ich ging in mein Büro und entschied mich – nach einem Gespräch mit meiner Frau –, beide Vorsitze niederzulegen. Obwohl viele Kollegen versuchten, mich zu bewegen, wenigstens in einem Amt zu bleiben, blieb ich bei meinem Entschluß. Dazu bedurfte es keines Rates und keiner Hilfe. Es ist infam, dem Kollegen Kohl und mir vorzuwerfen, daß dabei Geld im Spiel war. Ich bin froh, daß das vom Tisch ist.« Her Katzer, mit dem ich mich u. a. an diesem Abend beriet, ist bereit, den Vorgang zu bezeugen.

III. Nach dieser politischen Niederlage machte ich eine kurze Pause und suchte dann eine zusätzliche Tätigkeit. Ich wer erst 49 Jahre alt und gewohnt, 14 Stunden pro Tag zu arbeiten. Außerdem hielt ich es für richtig, mich auch im Interesse meiner Nachfolger politisch zurückzuhalten und neue Lebenserfahrungen zu sammeln.

In der Folgezeit erhielt ich sehr bald Tätigkeitsangebote u. a. von großen Firmen und internationalen Organisationen, darunter auch ein Angebot meines Freundes Albert Paul, in seiner Kanzlei mitzuarbeiten. Für dieses Angebot entschied ich mich.

Das war dann von Anfang an bekannt, ordnungsgemäß angezeigt und im Handbuch des Deutschen Bundestages veröffentlicht. Viele fragten: »Was machen Sie nun?« Ich antwortete: »Ich arbeite in der Praxis Dr. Paul.« Viele fanden das gut und für sie selbst interessant. Einige wurden Klienten der Praxis Dr. Paul.

IV. Für die Kanzlei Paul war ich beratend tätig, mündlich wie schriftlich. Der Beweis dafür ist ebenso evident wie die Tatsache der Nicht-Übereinstimmung der Zahlungen von Flick an die Kanzlei Paul mit den Bezügen, die ich von dort erhielt.

V. Öffentlich sind – soweit ich das verfolgen konnte – diese Fragen gestellt worden:

a) ob ich überhaupt für und in der Kanzlei gearbeitet hätte;

b) ob ich von der Firma Flick Geld bekommen hätte;

c) ob ich von Verträgen der Kanzlei Paul mit dieser oder mit anderen Firmen gewußt hätte;

d) ob das Honorar der Firma Flick an die Kanzlei Paul in der Summe identisch sei mit der Vergütung, welche ich von der Kanzlei bezog und versteuerte.
Ich will das konkret abhandeln.

a) Ich habe gearbeitet, mündlich wie schriftlich. Ich will hier die Themen einiger Rechtsgutachten, die ich erstatte, nennen:

Mitbestimmung und Unternehmensrecht

Europäische Aspekte

– Mitbestimmung
– Steuerharmonisierung
– Agrarreform
– Kapitalverkehr

Erste Konturen des neuen Bau-Bodenrechtes

Gesellschaftsrecht und Europäische Gemeinschaft

Zur bevorstehenden Reform der Erbschaftssteuer

Gesellschaftsrechtliche Fragen

– Vermögensbildung
– Bodenreform
– Baurecht
– Berufliche Ausbildung
– Medienpolitik
– Innere Pressefreiheit
– Innere Rundfunkfreiheit
– Mitbestimmung
– Reform des Unternehmensrechts

Übersicht über zu erwartende, wichtige gesellschaftspolitische Gesetzgebung (73/74):

– Kartell-Gesetz
– Schenkungs- und Erbschaftssteuer
– Vermögensteuer
– Grundsteuer
– Gewerbesteuer
– Bodenrecht
– Vermögensbildung
– Berufliche Bildung
– Mitbestimmung
– Hochschulgesetz

Aspekte der Mitbestimmungs-Diskussion in der Europäischen Gemeinschaft Unternehmensverfassung und multinationale Unternehmen

Unternehmensrecht I

Mitbestimmung und Freundschafts-, Handels- und Schifffahrts-Vertrag zwischen der Bundesrepublik Deutschland und den USA vom 29. 10. 1954

Zur Verfassungsmäßigkeit des Vermögensbildungs-Gesetzes

Neue Aspekte in Europa zum Thema: Mitbestimmung

Zum künftigen Unternehmensrecht II

Zum Statut einer Europäischen Aktiengesellschaft

Allgemeine Handlungsfreiheit und Unternehmensrecht

Vereinbarkeit des Gesetzentwurfes der Bundesregierung zur Mitbestimmung mit dem Vertrag mit den USA vom 29. 10. 1954, insbesondere: Inländerbehandlung und Meistbegünstigung

Zum Mitbestimmungs-Vorschlag des Europäischen Parlaments

Zum künftigen Unternehmensrecht

Ich füge hinzu, daß ich regelmäßig nach Brüssel reise, um in den EG-Fragen auf dem laufenden zu bleiben. Herr Haferkamp, Vizepräsident der Kommission, kann das – neben anderen – bezeugen.

Das Haus Flick hat nach der »Welt« vom 18. 10. 1984, S. 8, bestätigt, daß die Kanzlei Paul »erhebliche Leistungen erbracht« habe; daß »das Honorar an die Kanzlei nichts Außergewöhnliches« sei, zumal es »in der Firma nur einen Juristen gegeben« habe, sie also notwendigerweise ständig »auf Rechts- und Steuerberatungen fremder Kanzleien« habe »zurückgreifen« müssen.

Mein Entgelt von der Praxis für meine Arbeit gestaltete sich nach unserem Vertrag entsprechend meiner Arbeit. Nachdem ich am 20. 1. 1977 zum Vorsitzenden des Wirtschaftsausschusses des Deutschen Bundestages gewählt war, verminderte ich meine Arbeit in der Kanzlei. Den Vorsitz im Wirtschaftsausschuß legte ich Mitte Februar 1979 nieder – wegen eines Rückenleidens. Ich übernahm die Arbeit eines Kolumnisten.

Zur Frage b), ob ich von der Firma Flick Geld bekommen hätte: Nein.

Ich arbeitete in der Praxis Dr. Paul und für die Klienten dieser Praxis im Auftrage Dr. Paul. Ich wurde aus den Gesamteinnahmen der Praxis honoriert. Natürlich wußte ich, soweit es mich anging, welche Klienten diese Praxis hatte.

Mir war bekannt, daß die Praxis einen Vertrag u. a. mit der Firma Flick hatte. Von den leitenden Herren dieser Firma, die ich alle schon vorher kannte, habe ich die Herren Flick, Kaletsch, von Brauchitsch von Zeit zu Zeit und Herrn Paefgen regelmäßig getroffen – wie andere Klienten auch.

Zur Frage c), ob ich von Verträgen der Kanzlei Paul mit dieser oder anderen Firmen gewußt hätte: Natürlich, soweit es mich anging.

Zur Frage d), ob das Honorar der Firma Flick an die Kanzlei Paul in der Summe identisch sei mit der Vergütung, welche ich von der Kanzlei bezog und versteuerte: Nein.

VI. Ich betone: Nie war ich – Gott Dank – ein »Sozialfall«. Als Ministerialrat a. D., als Bundesminister a. D. und als Autor gab es solche Probleme für mich glücklicherweise nicht.

VII. Mir wird vorgehalten, mich nicht rechtzeitig publizistisch gewehrt zu haben. Allein gegen so viele und aus mir unbekannten Akten – das ist schon schwierig.

Hier meine drei öffentlichen Erklärungen:
1. »Welt am Sonntag« vom 7. Oktober 1984
2. »Bild-Zeitung« vom 15. Oktober 1984
3. Erklärung für ARD und ZDF vom 22. Oktober 1984.

VIII. Ich habe die Fragen, die mir bekannt und öffentlich gestellt wurden, beantwortet. Ich bin bereit, alle weiteren Fragen von öffentlichem Interesse zu beantworten, soweit sie mit dem Beweisthema und deren Beweisbeschluß zusammenhängen.

ROR WOLF

Wetterverhältnisse

es schneit, dann fällt der regen nieder,
dann schneit es, regnet es und schneit,
dann regnet es die ganze zeit,
es regnet und dann schneit es wieder.

Von Ror Wolf gibt es wunderbare Fußball- und speziell Eintracht-Frankfurt-Poeme; Sonette und ähnlich virtuose Formen. Ich habe mich im letzten Moment trotzdem für diesen Vierzeiler aus dem jüngsten Werk ›Hans Waldmanns Abenteuer‹ entschieden. Er bringt das Wesen der besten aller möglichen Welten so überzeugend zum Ausdruck und fügt sich derart einleuchtend zum vorhergehenden und nachfolgenden Text.

Erlebniswelt

*Der hier zitierte Ausschnitt aus der Anzeige eines Wiener Hotelbe-
triebs u. a. in der ›Neuen Zürcher Zeitung‹ und der ›Frankfurter Allgemeinen Zeitung‹ findet sich zwar schon für die Ewigkeit bewahrt in
Robert Gernhardts Satire-Kompendium ›Letzte Ölung‹ und in dem
von mir mitverantworteten Lexikon ›Dummdeutsch‹ (Band 1); aber
eigentlich kann man ihn gar nicht oft genug zur Kenntnis bringen
und später mal seinen Enkeln in der Spinnstuben vorlesen – wenn der
Weltuntergang wieder vorbei ist.*

(...) El Dorado. Hotel Erlebniswelt. Die neue Hoteldimen-
sion. First Class Wohnen mit individuellem Pleasure Flair.
Sunshine. Fitness. Sport Dorado. Der Sport und die Freiheit.
Sport Check up, Cyclothek, Multiroomsauna, Relaxing Cor-
ner. Tropen Flair. Body Luxus. Der Cocktail aus Palmen und
Wasser: Tropic Garden, Tropenpools, Palmeninseln. Gau-
men Festival. Unterhaltungstoptip. Das Après Business Programm: Superb das Park Royal. Pyramidenbummel. Pool-
Bar. Showfloor. Hot-Hour(...)

BERND FRITZ

Michael Graeter: »Papst umarmt Karajan«

*Unter dieser Überschrift sowie unter der Dachzeile »14000 jubelten
im Petersdom« erschien aus der Feder des sog. Klatschkolumnisten
Michael Graeter am 1.7. 1985 in der ›Bild‹-Zeitung ein Bericht, der
seither zu meinen journalistischen Favoriten zählt. Ist die im Text
angesiedelte Obszönität mal Dreckspatzengesinnung fiktional zu
steigern? Ich habe meinen Freund und Kollegen Bernd Fritz von der
›Titanic‹-Redaktion gebeten, als Fach-Satiriker den Text zu kommentieren und womöglich Verbesserungsvorschläge zu unterbrei-
ten.*

Kaum hatte *Papst Johannes Paul II.* das Sakrament der Heiligen Kommunion an *Herbert von Karajan, Frau Eliette* und
den *Töchtern Isabella* und *Arabella* vollzogen,
 Statt »vollzogen« böte sich »begangen« an; oder, noch falscher, »ausgeteilt«, ja: »das Sakrament der Heiligen Kommunion ausgeteilt«. Das hätte die geschmeißtypische Ver-
 logenheit des hier angeschlagenen Tones tiefer Gläubigkeit
 noch einen Tick schärfer gefaßt.
da schritt das katholische Kirchenoberhaupt überraschend
die Altartreppe nochmal herunter und umarmte den Stardiri-
genten brüderlich.
 Alles in allem sauber hingeschmiert. Die tatsächliche
 Ahnungslosigkeit in Sachen Liturgie wird in der richti-
 gen Dosierung merklich: Der Papst muß die Altartreppe
 in Windeseile hinaufgewetzt sein, um nach kaum vollzo-
 gener Kommunion schon wieder heruntergeschritten
 kommen zu können. Das »brüderlich« hingegen ist etwas zu blaß; also, »zärtlich« hätte ich hier mindestens
 geschrieben.
In diesem Moment brauste Applaus im vollbesetzten Petersdom von Rom auf, wo Platzanweiser in Fräcken für reibungslosen Ablauf sorgten.
 Verschenkt wurde hier der »erhabene«, wenn nicht gar

»verwegene« Moment. Des weiteren hätte ich mir als Satiriker eine Genitiv-Ergänzung nicht verkneifen können: »...für reibungslosen Ablauf der Heiligen Kommunion sorgten.«

Krönungsmesse in der Kirche

Zwischenüberschriften – das will gelernt sein. Die Dopplung Messe – Kirche leuchtet ein. Man täte gut daran, sich für andere Gelegenheiten schon mal ähnlich Faszinierendes hinzulegen. Z. B. »Verkaufte Braut im Standesamt«, »Lustige Witwe im Leichenschauhaus« oder »Der eingebildete Kranke im Hospital«. Doch genug der Abschweifung, weiter im Text.

Als der Papst mit zwölf Kardinälen nach der zweistündigen Messe durchs Kirchenschiff hinauszog, klatschten ihm die 14 000 wieder zu,

Schön plaziert, die beiden Beifallskundgebungen: Einmal bei 1 Papst plus 1 Stardirigent, dann bei 1 Papst plus 12 Kardinäle. Daraus folgt: Beifallswert eines Kardinals = 1 / 12 Karajan. Ich als Satiriker hätte hier freilich doch noch ein Schock orthodoxer Kardinäle nebst Bischof Tutu dazubeordert.

die vom Vatikan zu dem wohl ungewöhnlichsten

Vor mir stand Kardinal Ratzinger

Gottesdienst seit Bestehen der Peterskirche eingeladen worden waren.

Die vollständige Verruchtheit dieser zweiten, wie ein erratischer Block in den Text ragenden Zwischenüberschrift, wird sich, wenn überhaupt, erst an späterer Stelle ausloten lassen.

Karajan dirigierte Mozarts »Krönungsmesse« – die Wiener Philharmoniker spielten.

»...spielten zur Heiligen Kommunion auf, die von goldbetreßten Meßdienern an 14 000 Gläubigen verübt wurde«, möchte ich anfügen, um mir die letzte Gelegenheit, M. Graeter zu übertrumpfen, nicht entgehen zu lassen.

Man vergesse in diesem Dreckspatzenzusammenhang übrigens nicht: Mozarts Krönungsmesse ist ein Werk spirituellster, ja geradezu überirdischer Lieblichkeit.

Kunst und Kirche lockte auch die Prominenz, darunter *Maria Pia Fanfani*, *Giovanni Leone*, *Susanna Agnelli* (Fiat), *Karim Aga Khan*, Großreeder *Stavros Niarchos*, Couturier *Valentino* (gab später am Abend eine Party) mit Filmstar *Marthe Keller*, Champagnerbotschafter *Henri Francois-Ponet* mit Frau *Francoise*, Kaffeekönig *Walter Jakobs*, Baronin *Helene de Rothschild*, Generalkonsul *Dimitri Z. Pappas*, *Peter Bacher* (HörZu).

Wäre nicht vielleicht »Pressezar Peter Bacher«?... nein: Susanna Agnelli (Fiat) und Peter Bacher (HörZu), das haut schon hin! Klasse freilich wäre gewesen, hätte Jakobs den Krönungs-Jakobs-Kaffee zur Krönungsmesse gestellt.

Karajan-Fotograf *Emil Perauer*, Ex-Tennisas *Grinda Jean-Noel* mit Frau *Anneli* sowie Salzburgs Landeshauptmann *Dr. Wilfried Hasslauer.* Vor mir stand Kurienkardinal *Joseph Ratzinger.*

Unglaublich, in der Tat, den Kurienkardinal aufgespart, um in einem extra Satz Michael Graeter (Bild) in die Liste der Erlauchtheiten einreihen zu können! Ein solch anbetungswürdiger Glanzcoup verdient allemal die Wiederholung als praescriptio praecox. Eine Steigerung scheint kaum möglich. Und doch: Nach einem Passus mit rein retardierender Funktion

Der Maestro düste zum Segeln

In der Grabkammer der Päpste war das Tonstudio für die Fernsehübertragung eingebaut, und die Petersdom-Kapelle Pio Papae diente als Erste-Hilfe-Station.

folgt das schwindelerregende Finale:

Gestern jettete Herbert nach St. Tropez. Er will sich ein bißchen beim Segeln entspannen, bis er in etwa zwei Wochen mit seiner Arbeit für die Salzburger Festspiele beginnt.

Und Michael düste nach München. Wie sehr ihn sein Duzfreund, der zwölf Kardinäle schwere und vom katholischen Kirchenoberhaupt wie ein Bruder geliebte Stardirigent, auch bekniet haben mochte, auf der Party von Couturier Valentino, doch ein bißchen mitzujetten, nach St. Trop, bißchen segeln, bißchen entspannen. Bis er, Michael, seine Arbeit für den Geist der Zeit wieder aufnimmt.

Übrigens, ich als Satiriker hätte Karajan aber dann doch nicht nach St. Tropez düsen lassen, denn da war er schon so oft; sondern mindestens nach Acapulco zum toten Porfirio Profumo, um in dessen Mausoleum eigenhändig Mozarts Requiem zu geigen. Und als Graeter wäre ich nicht nach München zurück, sondern direkt in die Hölle gefahren – um dort das große überfällige Versöhnungs-Meeting Satan-Gott promotionsmäßig zu managen. Mit Massenkommunion sämtlicher ehedem abgefallener Engel und Erzengel.

Wünschelrute

Schläft ein Lied in allen Dingen,
Die da träumen fort und fort,
Und die Welt hebt an zu singen,
Triffst du nur das Zauberwort.

RALPH STORCH

Blonder Engel und süßer Spatz

Über den folgenden Hochzeits-Report aus dem Weidener ›Neuen Tag‹ (Auflage: ca. 100000) vom 24.8. 1983, der sich zusammen mit zwei Fotos über fast eine ganze Zeitungsseite erstreckt und der unter der oben wiedergegebenen Headline auch noch die Unterzeile ›Der Märchenprinz und seine Fee: Peter Hofmann und Deborah Sasson heiraten‹ trägt – über diesen Report wäre wohl eine komplette zeitungswissenschaftlich-germanistisch-psychosoziologische Doktorarbeit zu schreiben, wollte man ihn voll ausleuchten. Allein die Betitelung »Blonder Engel und süßer Spatz« ergäbe einen kleinen Essay mit vielen Fragestellungen: Dachte der Autor eher an Marlene Dietrich oder an den Hl. Gabriel? Gar an den blonden Matrosen in Hans Albers' Blauem Bock? Zuckte er im letzten Moment von dem »süßen Fratzen« zurück und verfiel deshalb auf den »Spatzen«? Aber ist nicht das so entstandene Firmamentspärchen Engel-Spatz wirklich ein einleuchtendes? Indem es der wagner-stimmbandmäßigen Kluft zwischen dem Tenor Hofmann und seiner piepsigen Blumenmädchen-Gattin adäquat zum Ausdruck verhilft?

Kemnath. Darf es wahr sein! Es gibt moderne Märchen, Träume werden noch wahr. Dieser Bilderbuchsommer bescherte unserer Heimat eine Bilderbuchhochzeit, die von ihrer hochkarätigen gesellschaftlichen Bedeutung her eigentlich eher ins glamouröse Las Vegas oder an Hollywoods Gestade als ins Oberpfälzer Grenzland passen würde. Doch der Wagner-Boom in Bayreuth macht es möglich: Peter Hofmann, Wagner-Tenor und Pop-Sänger mit einem echten Schloß und Herrensitz in Schönreuth bei Kemnath, vor den Toren der Festspielstadt, ehelichte am gestrigen Dienstag die Amerikanerin Deborah Sasson standesamtlich in Kemnath und kirchlich in der St.-Michaelis-Kirche in Weidenberg, ein paar Kilometer nordwestlich von Kemnath. Ein Hauch von der weiten Welt umfächelte sogleich diese Region. »Das ist richtiggehend verrückt«, kommentierte man am Kemnather Marktplatz das Geschehen, als Hofmann und seine amerikanische Braut mit exotischem Gefolge aus den Staaten, in exzentrischer Aufmachung den letzten Schrei der internationalen Avantgarde repräsentierend, mit Rolls Royce Silver Cloud und protzigem Wagentroß in die Stadt einfielen. Da staunte das Publikum nicht schlecht. Kesse Amazonen ritten der Nobelkarosse voran, ein Bild für Götter, eine Variante Bayreuther Kulissengestaltung, nur eben echt. »Das hat Kemnath seit 2000 Jahren nicht gesehen«, meinte ein geschichtsbewußter Zeitgenosse. Bürgermeister Rudi Ponnath sieht es als Standesbeamter, der den Bund durch die Unterschrift der beiden Partner besiegeln half, weniger prosaisch: »Es war meine erste Hochzeit aus dem Showbusiness.«

Die Kemnather Stadtuhr zeigt 12.30 Uhr. Alles wartet gespannt. Dann kommen sie: Die Polizei hat entsprechende Sicherheitsvorkehrungen getroffen, die Leute müssen zurück. Ein Sanka steht bereit, die Damen werden nervös. Ihr Schwarm, der blonde Herkules, der teutonische Modellathlet, bei dem vom Scheitel bis zur Sohle einfach alles stimmt, erscheint schließlich als der perfekte Bräutigam, und die »liebe Debby« an seiner Seite, die amerikanische Sopranistin Deborah Sasson, so schön wie Milch und Blut, nennt ein gewinnendes, ungezwungenes, so ganz ohne Starallüren aufgesetztes Lächeln ihr eigen, dem sich niemand entziehen kann. »Ist sie schön«, so die einhellige Meinung auf dem Marktplatz. Nicht unter der Sonne Kaliforniens heiratet sie, sondern hier in unserem Lande. Der germanische Häuptling mit lockigem Haar, so ganz der Typ des nicht nur an Stimmbändern durchtrainierten Zehnkämpfers, hat nicht nur heroische Züge, die die Damen zu verzückenden Äußerungen hinreißen, er wandelt auch stets auf den Spuren eines kühnen Abenteuerlebens, was eigentlich das Besondere aus diesem Mann ausmacht. So sorgt die Reservistenkameradschaft Kulmain für willkommenen Schatten vor dem Eingang zum Ämtergebäude: Man hat einen echten Fallschirm aufgezogen. Nicht nur die amerikanische Verwandtschaft von Hofmann wundert sich. Die Erklärung aber ist einfach. Der »Parsifal« der diesjährigen Wagner-Festspiele ist ein alter Kämpfer, wenn man so will. Auch hier stimmt das Bild des markigen Helden. Hofmanns äußere Männlichkeit kulminiert unter anderem in der Tatsache, daß er als Zeitsoldat bei der Bundeswehr Fallschirmspringer war. Die Reservisten mit ihrem Vorsitzenden Hans Bäte entbieten ihm denn ein dreifaches »Glück ab« und überreichen ein »Hausbesteck«, bestehend aus Nudelholz und Kochlöffel.

Im Standesamt ist die Unterschrift geleistet, Peter Hofmann hat entschieden, daß das Heer der internationalen Presse beim entscheidenden Ja vor der Türe zu bleiben hat, dann aber die Szene noch einmal nachgestellt wird. Echt dagegen ist der Kuß, den er seiner Debby, wie er sie liebevoll nennt, vor der Journalistencrew auf die Lippen haucht. Zweimal noch muß die Szene wiederholt werden, damit alles »im Kasten« ist. »Komm Debby«, er legt zärtlich seine Hände um ihre Schultern, zieht sie zu sich heran, bevor ein Blitzlichtgewitter auf das Traumpaar des Jahres niedergeht. »Noch mal, noch mal«, Gerangel bei den Fotografen, der blonde Hüne muß sie wieder küssen, the show must go on…

In seiner breitschultrigen, maskulinen Pracht sei er »ein schöner Mann«, sind sich die Damen einig. Und die Boulevardpresse wird ihn als solchen, als neues Idol feiern, daran besteht angesichts eines bekanntgewordenen, teuren Exklusivvertrages mit einer Illustrierten kein Zweifel. Besondere Aufmerksamkeit gilt natürlich der Braut, eines jener hübschen Geschöpfe, die gewöhnlich die Stargazetten schmücken. Deborah trägt eine helle, schulterfreie Bluse, mit Pailetten bestickt, zu einem langen, dunkelblauen Taftrock, und ein Blumengebinde im Haar. Auch die Verwandtschaft ist von edler Wesensart. Im Kemnather Standesamt schwitzt man an diesem Tag gehörig. Willkommen sind da die »guten Geister« der Geschäftsstelle, Ingrid, Lydia und Maria, die zur Erfrischung Sekt reichen.

Ein paar Kilometer weiter, in Weidenberg, nimmt der Menschenauflauf panische Züge an. In der ehrwürdigen Michaelskirche ist kein freier Platz mehr zu ergattern, als sich die beiden das Jawort geben und die Ringe anstecken. Man weiß, daß beide, er evangelisch, sie offenbar einer amerikanischen Sekte angehörend, geschieden sind, was für viele gläubige Christen vielleicht ein kleiner schwarzer Fleck auf dieser so strahlenden Weste sein mag. Doch des Schicksals Wege sind eben vielfältig. Zur Trauung singt der Chor der Festspiele den Brautchor aus Wagners »Lohengrin« und »Wach auf« aus den »Meistersingern«. Hornbläser und ein Streicherensemble des Festspielorchesters ergänzen die Zeremonie. Und dann schallt es aus voller Brust »Lobet den Herren…« Der Burschenverein »Concordia« hat für Hofmann nach der Kirche einen Baumstamm zum Durchsägen vorbereitet. Er wird als Ehrenmitglied aufgenommen, die Schnapsflasche ist entkorkt. Jetzt steigert sich die Stimmung des Publikums vor der Kirche zum Inferno. Tausende wollen ihren Star und seine Braut, die amerikanische Gesellschaft, die Trauzeugen, die Eltern der Braut, Hofmanns Söhne aus erster Ehe, sehen. Dann die Abfahrt mit der noblen Flotte. Deborah schüttet aus dem Auto Silbergeld in die jubelnde Menge, Peter Hofmann steigt aus und wirft den Leuten lachend ein Bündel Geldscheine zu. Prominente Gäste kämpfen sich einen Weg durch die Menge. Thomas Gottschalk gibt am laufenden Band Autogramme. Plötzlich donnern Starfighter im Tiefflug über den Schauplatz. Zufall? So und nicht anders hat man sich eine Traumhochzeit vorgestellt.

Im Ernst ist der Text u. a. ein wahrhaft zeitgeschichtlicher Beleg dafür, daß Journalisten im Ernstfall immer weniger genau wissen, was die Wörtchen exakt bedeuten möchten, welche sie andauernd und scheint's von ihnen überzeugt verwenden. Dieser hier versteht zum Beispiel unter »Inferno« eindeutig Remmidemmi, Auflauf, freudiges Ereignis – und tut gut daran: Ist so ein »Inferno vor der Kirche« nicht wirklich allerliebst? Nur in der Kirche drin wär's noch eine Idee sinniger gewesen.
Bleibt zu ergänzen, daß Autor Storch keineswegs Volontär des Blatts ist, sondern seit Jahr und Tag den verantwortlichen Ressortleiter für Reportagen darstellt.

PAUL A. HASSOLD

Blick in die Heimat

Meinen alten Freund Paul A. Hassold, verantwortlicher Redakteur des fränkischen ›Weißenburger Tagblatts‹, habe ich mit Kollektionen von Originalbeiträgen aus seiner erlauchten Feder schon in meinen beiden Sammelbänden ›Ein scharmanter Bauer‹ (1980) und ›Frau Killermann greift ein‹ (1985) zu Wort kommen lassen. Inzwischen weiß ich, daß Hassold nicht nur unter seinen Nürnberger Kopfblatt-Kollegen Fans und Sammler hat. Die Nürnberger Stadtzeitung ›Plärrer‹ druckt seit geraumer Zeit gleichfalls auszugsweise Hassolds Polizeiberichte, die unter dem Kolumnentitel »Blick in die Heimat« stehen, wieder ab. Und in einem Hamburger Publizistik-Institut erfuhr ich, auch dort sei Hassold bestens archiviert und finde für den Unterricht der Volontäre und Jungredakteure Verwendung.
Nämlich als etwas ganz Rares. Offenbar ist es so, daß der Journalist die üblicherweise meist unleserlichen Polizeibeamtenberichte in der Redaktion »umschreibt«, um sie leserlicher, d. h. farbiger, lebensnaher zu machen – und eben dadurch erst werden sie vollends reif, nämlich dämonisch und wahnsinnig zugleich. Auf daß ich nicht mißverstanden werde: Natürlich hat ein derart betriebener Journalismus auch sein Trauriges und zuweilen Tückisches; zumal Hassold es mit der Wahrheit zum Nachteil Betroffener nicht immer recht genau nimmt. Aber unterm Strich bleibt doch ein Riesenhaufen purer erkenntnistheoretischer Segen.

Gehen Sie auf den Strich...

WEISSENBURG – Beim Hinausgehen aus einem Laden fragte ein Weißenburger eine Weißenburger Hausfrau: »Stimmt es, daß Sie auf den Strich gehen?« Die Hausfrau erstattete Anzeige wegen Beleidigung.

Wollte die Polizei sehen

PLEINFELD – Aus einer Gaststätte wurde angerufen, daß ein Gast seine Zeche nicht bezahlt. Als die Polizei kam, erklärte die Dame an der Bar, daß der Gast nun seine Zeche bezahlt habe und gegangen ist. Die Polizei ermittelte, ob es einen Zechbetrüger gab.

2 Fahnenmasten vor der Karmeliterkirche

WEISSENBURG – Vor der Karmeliterkirche sollen 2 Fahnenmasthalter eingebaut und 2 Fahnenmasten gekauft werden. Für eine Europa-, Bundes-, Landes-, Bezirks-, Kreis- und Stadtfahne ist das etwas wenig.

Was meinen Sie bei Vorbestraften?

WEISSENBURG – Was sagen Sie zu Vorbestraften?« frug ein junger Mann bei einem Weißenburger an und füllte einen Fragebogen aus. Der Befragte verständigte die Polizei, sie solle sich den »Vogel« einmal ansehen. Der Interviewer blieb jedoch verschwunden.

Kam zurück

WEISSENBURG – Am Mittwochabend wurde nach einem 15jährigen Mädchen gefahndet. Die Maid hatte nach einem kleinen Streit ihr Elternhaus verlassen. Um 2.30 Uhr am Donnerstag rief eine Freundin an, daß die Tochter bei ihr ist, sie werde die Tochter jetzt heimbringen. Um 2.30 Uhr wurde die Fahndung wieder eingestellt.

Gute Nachbarn

HOLZINGEN – Ein Holzinger zeigte seine Nachbarin nach dem Abfallbeseitigungsgesetz an. 15 bis 20 Blätter Zeitungspapier lagen auf dem Rasen vor seinem Haus. Das mußte die Nachbarin gewesen sein, die die Blätter dort hinlegte, meinte der Holzinger.

Sicherheit auf der Kirchweih

WEISSENBURG – Ein der Polizei bekannter Kreis von Leuten soll auch heuer Zeltverbot haben. Diesen Leuten ist das Betreten der beiden Zelte, des Fest- und des Weinzeltes, verboten.

Geburtstag am Tag der Betriebe

WEISSENBURG – Bundestagsvizepräsident Richard Stücklen kann heuer am »Tag der Betriebe« seinen Geburtstag feiern.

Der Abend

Schweigt der Menschen laute Lust,
Rauscht die Erde wie in Träumen
Wunderbar mit allen Bäumen
Was dem Herzen kaum bewußt,
Alte Zeiten, linde Trauer,
Und es schweifen leise Schauer
Wetterleuchtend durch die Brust.

Quellenverzeichnis
Die Titel in eckigen Klammern stammen vom Herausgeber

THEODOR W. ADORNO
[Sorrow is ended] (S. 217)
Aus: Theorie der Halbbildung. In: Max Horkheimer und Th. W. A.:
Sociologica II. Frankfurt am Main 1962, S. 312–313.
Abdruck mit freundlicher Genehmigung des Suhrkamp Verlags,
Frankfurt am Main.

HEINRICH ALBERT
Ännchen von Tharau (S. 249)
Aus: Deutsche Gedichte. Hrsg. von Karl Carstens. München 1983,
S. 28.

RAINER BARZEL
Inländerbehandlung und Meistbegünstigung (S. 250)
Zitiert nach der Frankfurter Rundschau vom November 1984.

F. W. BERNSTEIN
Gedichte (S. 164)
– Horch – ein Schrank
– An die Mädchen dieser Welt
– Weinaxgedicht
– Warnung an alle
– Behobene Störung
– Ode an einen Hammer
– Der Untergang des Steuermannes Karl Bunkel
– Ein Anruf
Aus: Robert Gernhardt / F. W. B.: Besternte Ernte. Frankfurt am
Main 1976.
– Identität – ja oder nein
– Animaleroticum
Aus: F. W. B.: Welt im Spiegel. Frankfurt am Main 1979.
Abdruck mit freundlicher Genehmigung des Autors.
– Der Dinggang
– Apokalysenprogramm
– So was Dummes

Aus: F. W. B.: Reimwärts. Gießen 1981, S. 101, 139
Abdruck mit freundlicher Genehmigung des Anabas Verlags, Gießen.

F. W. BERNSTEIN / BERND EILERT
Die Interessierten (S. 222)
Aus: Neu auf dem Drogenmarkt. In: F. W. B./B. E.: Titanic. Ham-
burg 1982, S. 59–62.
Abdruck mit freundlicher Genehmigung der Autoren.

WILLY BRANDT / HELMUT KOHL
Ein Fernsehkrach (S. 94)
Zitiert nach der Bild Zeitung vom 14. 5. 1985.

BERTOLT BRECHT
Kuh beim Fressen (S. 140)
Liedchen aus alter Zeit (S. 155)
Aus: B. B.: Gesammelte Werke. Frankfurt am Main 1967, S. 162,
976.
Abdruck mit freundlicher Genehmigung des Suhrkamp Verlags,
Frankfurt am Main.

CLEMENS BRENTANO
Eingang (S. 17)
Aus: C. B.: Gedichte. Ditzingen 1962, S. 65.

MATTHIAS CLAUDIUS
Kartoffellied (S. 138)
Aus: Der Wandsbeker Bote. Stuttgart 1965, S. 31.

FJODOR M. DOSTOJEWSKI
[Ein Menschenauflauf] (S. 74)
Aus: F. M. D.: Der Idiot. Deutsch von E. K. Rahsin. München
1954, S. 167–183.
[Stepans Gedicht] (S. 91)
Aus: F. M. D.: Die Dämonen. Deutsch von E. K. Rahsin. München
1956, S. 12–15.
Abdruck der Übersetzung mit freundlicher Genehmigung des R. Pi-
per Verlags, München.

JOHANN PETER ECKERMANN /
JOHANN WOLFGANG VON GOETHE
[Der Kuckuck] (S. 151)
Aus: J. P. E.: Gespräche mit Goethe in den letzten Jahren seines
Lebens. Frankfurt am Main 1908.

JOSEPH VON EICHENDORFF
Zwei Gedichte (S. 56)
– Frische Fahrt
– Die zwei Gesellen
Wünschelrute (S. 262)
Der Abend (S. 270)
Aus: Das Große Deutsche Gedichtbuch, Hrsg. von Carl Otto Conrady. Königstein 1978, S. 382, 385, 386.

BERND EILERT → F. W. Bernstein
→ *He, du Huberbauer!*

HANS MAGNUS ENZENBERGER
Die Scheiße (S. 141)
Aus: H. M. E.: Gedichte 1955–1970. Frankfurt am Main 1971.
Abdruck mit freundlicher Genehmigung des Suhrkamp Verlags, Frankfurt am Main.

Erlebniswelt (S. 257)
Aus: Dummdeutsch. Ein satirisch-polemisches Wörterbuch unter Federführung von Eckhard Henscheid und Mitwirkung von Carl Lierow und Elsemarie Maletzke. Frankfurt am Main 1985, S. 30.
Abdruck mit freundlicher Genehmigung des Fischer Taschenbuch Verlags, Frankfurt am Main.

GUSTAVE FLAUBERT
Ein schlichtes Herz (S. 52)
Aus: G. F.: Drei Novellen. Deutsch von Ernst Zander. Frankfurt am Main 1975, S. 58–60.
Abdruck der Übersetzung mit freundlicher Genehmigung des Suhrkamp Verlags, Frankfurt am Main.

BERND FRITZ
Michael Graeter: »Papst umarmt Karajan« (S. 258)
Abdruck mit freundlicher Genehmigung des Autors.

JOHANN GEORG AUGUST GALLETTI
[Über den Elefanten u. a.] (S. 148)
Aus: J. G. A. G.: Das größte Insekt ist der Elefant. Professor Gallettis sämtliche Kathederblüten. München 1965.

CHRISTIAN FÜRCHTEGOTT GELLERT
Der Tanzbär (S. 150)
Aus: Das Große Deutsche Gedichtbuch. Hrsg. von Karl Otto Conrady. Königstein 1978, S. 173.

ROBERT GERNHARDT
Gedichte (S. 156)
– Frage und Antwort
– Deutung eines allegorischen Gemäldes
– Paris ojaja
– Der unwürdige Inquisitor
  Aus: R. G.: Wörtersee. Frankfurt am Main 1981, S. 248–249.
  Abdruck mit freundlicher Genehmigung des Autors.
– Kleines Lied
– Kurzes Wiedersehen auf dem Flughafen
– Reitergedicht
– Römische Elegie
– Lehrmeisterin Natur
– Gebet
– Ein Abschied
  Aus: R. G./F. W. Bernstein: Besternte Ernte. Frankfurt am Main
  1976, S. 14–15.
– Ma chérie
  Aus: R. G.: Welt im Spiegel. Frankfurt am Main 1979.
  Abdruck mit freundlicher Genehmigung des Autors.
Volk ohne Öl (S. 172)
Aus: R. G.: Letzte Ölung. Ausgesuchte Satiren 1962–1984. Zürich
1984, S. 170–176.
Abdruck mit freundlicher Genehmigung des Haffmans Verlags,
Zürich.
→He, du, Huberbauer!

JOHANN WOLFGANG VON GOETHE
Nähe des Geliebten (S. 66)
Aus: Goethes Gedichte in zeitlicher Reihenfolge. Frankfurt am
Main 1982, S. 355.

JOHANN WOLFGANG VON GOETHE → Johann Peter
Eckermann

HERMANN L. GREMLIZA
Auguren weinen nicht (S. 213)
Aus: H. L. G.: Konkret. Hamburg April 1985.
Express (S. 232)
Aus: H. L. G.: Konkret 9/84, 12/84, 2/85, 3/85, 5/85, 7/85.
Hamburg.
Abdruck mit freundlicher Genehmigung des Autors und des Neuen
Konkret Verlags, Hamburg.

BRÜDER GRIMM
Herr Korbes (S. 96)
Aus: Die Kinder- und Hausmärchen der Brüder Grimm. Hrsg. von Friedrich Panzer. Wiesbaden, S. 167–168.

PAUL A. HASSOLD
Blick in die Heimat (S. 267)
Zitiert nach dem Weißenburger Tagblatt.

ARNOLD HAU
Ein Gesetz für die Menschheit (S. 209)
Aus: F. W. Bernstein, Robert Gernhardt, F. K. Waechter: Die Wahrheit über Arnold Hau. Frankfurt am Main 1966–1974, S. 177–179.
Abdruck mit freundlicher Genehmigung der Autoren.

JOHANN PETER HEBEL
Unverhofftes Wiedersehen (S. 130)
Aus: J. P. H.: Geschichten von Johann Peter Hebel. Zürich 1984, S. 104–108.

He, du, Huberbauer! (S. 205)
Aus: Bernd Eilert / Robert Gernhardt / Peter Knorr: Titanic. Hamburg 1980.
Abdruck mit freundlicher Genehmigung der Autoren.

ECKHARD HENSCHEID
Karl Valentin – Ja, ich bin ja so sprachlos (S. 183)
Zitiert nach der Frankfurter Rundschau vom 5. 7. 1980.
Abdruck mit freundlicher Genehmigung des Autors.

FRIEDRICH HÖLDERLIN
Auf falbem Laube (S. 68)
Aus: Homburger Folioheft. Frankfurter Hölderlin-Ausgabe. Herausgegeben von D. E. Sattler. Basel/Frankfurt am Main 1975 ff., S. 90.

FRANZ KAFKA
Der Heizer (S. 21)
Aus: F. K.: Amerika. Frankfurt am Main 1982, S. 9–17.
Abdruck mit freundlicher Genehmigung des Fischer Taschenbuch Verlags, Frankfurt am Main.

LIESL KARLSTADT → Karl Valentin

GOTTFRIED KELLER
Romeo und Julia auf dem Dorfe (S. 61)
Aus: G. K.: Werke Bd. III. Zürich 1978, S. 148–154.

JUSTINUS KERNER
Der Wanderer in der Sägmühle (S. 55)
Aus: Das Große Deutsche Gedichtbuch. Hrsg. von Karl Otto Conrady. Königstein 1978, S. 394.

PETER KNORR → *He, du, Huberbauer!*

HELMUT KOHL UND THEO SOMMER
Ich denke gar nicht daran (S. 239)
Zitiert nach ›Der Spiegel‹, Februar 1986.

HELMUT KOHL → Willy Brandt

THEODOR KRAMER
Zwei Gedichte (S. 154)
Aus: Th. K.: Orgel aus Staub. Gesammelte Gedichte. München 1983, S. 51–52.
Abdruck mit freundlicher Genehmigung des Carl Hanser Verlags GmbH, München.

HERMANN LINGG
Das Krokodil von Singapur (S. 153)
Zitiert nach der Frankfurter Rundschau vom 3. 3. 1973.

HEINRICH LÜBKE
Vom Sinn des Wassers u. v. a. (S. 207)
Niederschrift von Eckhard Henscheid nach der Schallplatte: »Heinrich Lübke redet für Deutschland«. Frankfurt am Main.

HERMAN MELVILLE
Bartleby (S. 31)
Aus: H. M. Redburn Israel Potter und sämtliche Erzählungen. Deutsch von Richard Mummendey. München 1967, S. 697–715.
Abdruck mit freundlicher Genehmigung des Artemis & Winkler Verlags GmbH, München.

EDUARD MÖRIKE
Zwei Gedichte (S. 59)
– Das verlassene Mägdlein
– Früh im Wagen

Aus: Das Große Deutsche Gedichtbuch. Hrsg. von Karl Otto Conrady. Königstein 1978, S. 453, 447.

MÜHLHIASL
Letzte Prophezeiungen (S. 199)
Aus einem verschollenen Bibliotheksexemplar einer romanhaften
Biographie von »Mühlhiasl« (ca. 1950?).

HANS CHRISTIAN MÜLLER → Gerhard Polt

ROBERT MUSIL
Das Fliegenpapier (S. 18)
Aus: R. M.: Gesammelte Werke Bd. 7. Reinbek 1978, S. 476–477.
Abdruck mit freundlicher Genehmigung des Rowohlt Verlags
GmbH, Reinbek.

VLADIMIR NABOKOV
Mit Begeisterung Torwart (S. 145)
Aus: V. N.: Sprich Erinnerung sprich. Deutsch von Dieter E. Zim-
mer. Reinbek 1984, S. 270–272.
Abdruck mit freundlicher Genehmigung des Rowohlt Verlags
GmbH, Reinbek.

EUGEN OKER
Wölddboledigg (S. 194)
Aus: E. O.: So wos schüins mou ma soucha. Rothenburg ob der
Tauber o. J.

Pfarrerverse (S. 203)
Mündliche Überlieferung.

OSKAR PANIZZA
Aus der Pastoral-Medizin (S. 69)
Aus: O.P.: Der Korsettenfritz. Geschichten. München 1981, S. 325
bis 328.
Abdruck mit freundlicher Genehmigung des Verlags Matthes &
Seitz, München.

HERMANN PETER PIWITT
Talkshows (S. 219)
Aus: H. P. P.: Die Umsegelung von Kap Hoornd durch das Voll-
schiff Susanne 1909 in 52 Tagen. Hamburg 1985, S. 174–177.
Abdruck mit freundlicher Genehmigung des Konkret Literatur Ver-
lags, Hamburg.

GERHARD POLT / HANNS CHRISTIAN MÜLLER
[Vier Szenen] (S. 190)
– Die Fleischfliege
– Ein Amateur
– Die Ordnungskraft
– Eine Entdeckung
Der Schubidu (S. 195)
Aus: G. P./H. Chr. M.: Da schau her. Alle alltäglichen Geschichten. Zürich 1984, S. 67–69, 145, 150.
Abdruck mit freundlicher Genehmigung des Haffmans Verlags AG, Zürich.

MARCEL PROUST
[Tod der Großmutter] (S. 98)
Aus: M. P.: Auf der Suche nach der verlorenen Zeit. Deutsch von Eva Rechel-Mertens. Frankfurt am Main 1953–1957, S. 410–414, 443–444, 457–459.
Abdruck mit freundlicher Genehmigung des Suhrkamp Verlags, Frankfurt am Main.

THEO SOMMER → Helmut Kohl

FRIEDRICH LEOPOLD STOLBERG
Auf dem Wasser zu singen (S. 67)
Aus: Das Große Deutsche Gedichtbuch. Hrsg. von Karl Otto Conrady. Königstein 1978, S. 218f.

RALPH STORCH
Blonder Engel und süßer Spatz (S. 263)
Aus: Weidener ›Neuer Tag‹ vom 24. 8. 1983.
Abdruck mit freundlicher Genehmigung des Autors.

ITALO SVEVO
Der Tod meines Vaters (S. 106)
Aus: I. S.: Zeno Cosini. Reinbek 1974, S. 56–60. Deutsch von Piero Rismondo.
Abdruck mit freundlicher Genehmigung des Rowohlt Verlags GmbH, Reinbek.

LEO N. TOLSTOJ
Der Tod des Iwan Iljitsch (S. 118)
Aus: L. N. T.: Die Großen Erzählungen. Deutsch von Arthur Luther und Rudolf Kassner. Frankfurt am Main 1961, S. 54–57, 60–65, 74–77.

Abdruck mit freundlicher Genehmigung des Suhrkamp Verlags, Frankfurt am Main.

HORST TOMAYER
Ouuuuaah, ja, komm! (S. 241)
Aus: H. T.: Konkret 5/85. Hamburg 1985, S. 30–31.
Abdruck mit freundlicher Genehmigung des Neuen Konkret Verlags, Hamburg.

ANTON TSCHECHOW
Eine langweilige Geschichte (S. 111)
Aus: A. T.: Die Steppe. Erzählungen aus den mittleren Jahren. Deutsch von Ada Knipper und Gerhard Dick. München 1968, S. 7–13.
Abdruck mit freundlicher Genehmigung des Artemis & Winkler Verlags, München.

KARL VALENTIN
Sonderbarer Appell (S. 196)
Niederschrift von Eckhard Henscheid nach der Schallplatte: »Karl Valentin und Liesl Karlstadt«, Ariola LC 0116.
Mit freundlicher Genehmigung des R. Piper Verlags, München.

KARL VALENTIN / LIESL KARLSTADT
Frau Huber in der Straßenbahn (S. 179)
Niederschrift von Eckhard Henscheid nach der Schallplatte »Das Schönste von Karl Valentin und Liesl Karlstadt«.
Mit freundlicher Genehmigung des R. Piper Verlags, München.

Vier Wunderhorn-Lieder (S. 133)
– Rewelge
– Der Tambourgesell
– Verlorene Mühe
– Wo die schönen Trompeten blasen
Aus: Des Knaben Wunderhorn. Herausgegeben von Achim von Arnim und Clemens Brentano 1806/1808.

JOHANN HEINRICH VOSS
Die Kartoffelernte (S. 139)
Aus: Das Große Deutsche Gedichtbuch. Hrsg. von Karl Otto Conrady. Königstein 1985, S. 220–221.

ROR WOLF

Der letzte Biß (S. 143)

Aus: R. W.: Die heiße Luft der Spiele. Königstein 1979.

Abdruck mit freundlicher Genehmigung des Athenäum Verlags, Königstein.

Wetterverhältnisse (S. 256)

Aus: R. W.: Hans Waldmanns Abenteuer. Sämtliche Moritaten von Raoul Tranchirer. Mit Collagen des Verfassers. Zürich 1985, S. 118.

Abdruck mit freundlicher Genehmigung des Haffmans Verlags AG, Zürich.

Eckhard Henscheid

»Man kann sagen, daß von diesem Autor,
von diesem Werk ausgehend eine neue Form
von literarischer Hochkomik in die Welt geht.«
Der Rabe

Beim Fressen beim Fernsehen fällt der Vater dem Kartoffel aus dem Maul
[Roman.] Band 8130

Eckhard Henscheid entlarvt hier auf satirisch-unterhaltsame Weise die gar nicht so harmlosen Auswirkungen des Fernsehkonsums auf das Familienleben.

Immanuel Kant / Eckhard Henscheid
Der Neger (Negerl)
Band 8131

Mit seiner verdrehten Logik und den bizarren Assoziationsketten entlarvt Henscheid die Dummheit rassistischer Klischees ebenso wie die verharmlosende Anpassungstendenz der »Black is beautiful«-Mentalität.

Eckhard Henscheid / Chlodwig Poth /
Elsemarie Maletzke / Carl Lierow
Dummdeutsch
Ein satirisch-polemisches Wörterbuch
Fischer Boot Band 7583

Dummdeutsch sammelt, bewertet, löst auf, erklärt, kritisiert, verulkt dummdeutsche Wörter wie: Erlebnisinhalt, Friedenskampf, Denkanstoß, Erlebnisbühne und vieles andere, was sich in den Sprachgebrauch eingeschlichen hat.

Fischer Taschenbuch Verlag

fi 393/1

cartouns

im Fischer Taschenbuch Verlag

Band 8150

Band 8190

Band 8198

Band 8154

fi 474/1

Band 8167

Band 8155

Mein Lesebuch

Alfred Andersch
Mein Lesebuch
oder Lehrbuch der
Beschreibungen
Band 2033

**Joachim-Ernst
Berendt**
Mein Lesebuch
Band 5052

Horst Bienek
Mein Lesebuch
Band 5841

Heinrich Böll
Mein Lesebuch
Band 2077

Michael Ende
Mein Lesebuch
Band 5323

Hubert Fichte
Mein Lesebuch
Band 1769

Max von der Grün
Mein Lesebuch
Band 2235

Peter Härtling
Mein Lesebuch
Band 2198

Eckhard Henscheid
Mein Lesebuch
Band 5762

Walter Kempowski
Mein Lesebuch
Band 2182

Pavel Kohout
Mein Lesebuch
Band 5350

Günter Kunert
Mein Lesebuch
Band 5760

Luise Rinser
Mein Lesebuch
Band 2207

Peter Rühmkorf
Mein Lesebuch
Band 5960

Günter Wallraff
Mein Lesebuch
Band 5794

Wolf Wondratschek
Mein Lesebuch
Band 5269

Fischer Taschenbuch Verlag

fi 147/4

Charles Bukowski

›Ich bin kein lyrischer Entertainer. Wenn du einen ganzen Monatslohn in vier Stunden auf dem Rennplatz verloren hast und abends um zehn wieder in deine Bude kommst und dich an die Schreibmaschine setzt, dürfte es dir verdammt schwerfallen, irgendwelchen schöngeistigen, rosaroten Bullshit hinzuschreiben.‹

Aufzeichnungen eines Außenseiters
Band 1332

Das Leben und Sterben im Uncle Sam Hotel
Erzählungen. Band 5164

Die Ochsentour
Bild-Text-Band 5255

Fuck Machine
Erzählungen. Band 2206

Kaputt in Hollywood
Erzählungen. Band 5005

Schlechte Verlierer
Erzählungen. Band 5135

Charles Bukowski/Carl Weissner (Hrsg.)
Terpentin on the rocks
Die besten Gedichte aus der amerikanischen Alternativpresse 1966–1977. Band 5123

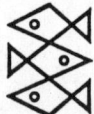

Fischer Taschenbuch Verlag

fi 179/1

CHLODWIG POTH

Elternalltag
Band 2441

Taktik des Ehekrieges
Band 2484

Wie man das Volk vertritt
Band 2491

**Die Vereinigung von Körper und Geist
mit Richards Hilfe**
Ein heiterer Liebesroman
Band 8034

Fischer Taschenbuch Verlag

fi 245/1

Exempla historica
Epochen der Weltgeschichte in Biographien
in 70 Bänden

Die Konstituierung der neuzeitlichen Welt

Fischer Taschenbuch Verlag

Hubert Fichte

Der Aufbruch nach Turku
ca. 432 Seiten. Brosch.

Lazarus und die Waschmaschine
Kleine Einführung in die Afroamerikanische Kultur
440 Seiten. Engl. Brosch.

Das Waisenhaus
Roman. 172 Seiten, Brosch.
(auch als Fischer Taschenbuch Band 5434 lieferbar)

Detlevs Imitationen »Grünspan«
Roman. 242 Seiten, Brosch.
(auch als Fischer Taschenbuch Band 5074 lieferbar)

Die Palette
Roman. 347 Seiten, Brosch.
(auch als Fischer Taschenbuch Band 5057 lieferbar)

Wolli Indienfahrer
499 Seiten, Brosch.
(auch als Fischer Taschenbuch Band 5425 lieferbar)

Versuch über die Pubertät
Roman. 298 Seiten, Brosch.
(auch als Fischer Taschenbuch Band 5402 lieferbar)

Petersilie
Die afroamerikanischen Religionen
Santo Domingo, Venezuela, Miami, Grenada
Fischer Taschenbuch Band 5437

Xango
Die afroamerikanischen Religionen
Bahia, Haiti, Trinidad
Fischer Taschenbuch Band 5436

Mein Lesebuch
Herausgegeben von Hubert Fichte
Fischer Taschenbuch Band 1769

S. Fischer / Fischer Taschenbuch Verlag

fi 170/5

Enzo Siciliano
Pasolini

Leben und Werk

Band 5643

Pier Paolo Pasolini (1922–75) hat sich vor allem
als Filmregisseur einen Namen gemacht. Enzo
Siciliano befaßt sich in seiner Biographie auch mit
Pasolinis umfangreichem schriftstellerischen Werk
und seiner Einstellung zu Politik und Religion,
ohne deren Kenntnis das Bild dieser Persönlich-
keit unvollständig bliebe.

Fischer Taschenbuch Verlag